2014年经济专业技术资格考试辅导教材

经济基础知识

（初级）

讲义·真题·预测全攻略

全国经济专业技术资格考试研究院　编著

清华大学出版社
北京

内 容 简 介

本书以 2014 年全国经济专业技术资格考试教材为依据，对大纲进行了全面分析，重点突出，帮助考生把握重点，攻克难点，提高复习效率。本书中的"大纲解读"对考情、考点进行了详细分析；"考点精讲"深入分析重点、难点，清晰透彻；并针对考点，直击 2009—2013 年 5 年真题，提高考生应试能力；"同步自测"针对性强，贴近考题，帮助考生夯实基础知识，提高解题能力。本书是考生快速贯通考点、顺利通过考试的必备书籍。

图书在版编目(CIP)数据

经济基础知识(初级)讲义·真题·预测全攻略/全国经济专业技术资格考试研究院　编著. —北京：清华大学出版社，2014

(2014 年经济专业技术资格考试辅导教材)

ISBN 978-7-302-35646-2

Ⅰ.①经… Ⅱ.①全… Ⅲ.①经济学—资格考试—自学参考资料 Ⅳ.①F0

中国版本图书馆 CIP 数据核字(2014)第 050785 号

责任编辑：张　颖　高晓晴
封面设计：颜森设计
版式设计：思创景点
责任校对：曹　阳
责任印制：刘海龙

出版发行：清华大学出版社
　　　　　网　　　址：http://www.tup.com.cn，http://www.wqbook.com
　　　　　地　　　址：北京清华大学学研大厦 A 座　　　　邮　　编：100084
　　　　　社 总 机：010-62770175　　　　　　　　　　邮　　购：010-62786544
　　　　　投稿与读者服务：010-62776969，c-service@tup.tsinghua.edu.cn
　　　　　质 量 反 馈：010-62772015，zhiliang@tup.tsinghua.edu.cn
印 装 者：北京鑫海金澳胶印有限公司
经　　销：全国新华书店
开　　本：185mm×260mm　　　　印　　张：17.25　　　字　　数：427 千字
版　　次：2014 年 5 月第 1 版　　　　　　　　　　　　印　　次：2014 年 5 月第 1 次印刷
印　　数：1～4500
定　　价：38.00 元

产品编号：057611-01

本书编委会

主　　编：索晓辉

编　　委：晁　楠　吴金艳　雷　凤　张　燕

　　　　　方文彬　李　蓉　林金松　刘春云

　　　　　张增强　刘晓翠　路利娜　邵永为

　　　　　邢铭强　张剑锋　赵桂芹　张　昆

　　　　　孟春燕　杜友丽

前　言

　　经济社会的发展对各行各业的人才提出了新的要求，为了顺应这一发展趋势，经济行业对经济师的要求也逐步提高，审核制度也逐步完善。

　　为了满足广大考生的迫切需要，我们严格依据人力资源和社会保障部人事考试中心组织编写的《全国经济专业资格考试用书》（内含大纲），结合我们多年来对命题规律的准确把握，精心编写了这套"2014年经济专业技术资格考试辅导教材"丛书。

　　本着助考生一臂之力的初衷，并依据"读书、做题、分析"分段学习法的一贯思路，本套丛书在编写过程中力图体现如下几个特点。

紧扣大纲，突出重点

　　本套丛书严格按照人力资源和社会保障部最新考试大纲编写，充分体现了教材的最新变化与要求。所选习题的题型、内容也均以此为依据。在为考生梳理基础知识的同时，结合历年考题深度讲解考点、难点，使考生能够"把握重点，迅速突破"。

同步演练，科学备考

　　本套丛书按照"读书、做题、模考"分段学习法的一贯思路，相应设置了"大纲解读"、"考点精讲"、"同步自测"和"同步自测解析"几个栏目，以全程辅导的形式帮助考生按照正确的方法复习备考。

命题规范，贴近实战

　　众所周知，历年真题是最好的练习题，本套丛书在例题的选取上，以历年真题为主，让考生充分了解考试重点、难点，有的放矢，提高命中率。同时还配备了高保真模拟题，让考生以最接近真题的模拟自测题检验学习效果，提高自己的实战能力和应变能力。

解析详尽，便于自学

　　考虑到大部分考生是在职人士，主要依靠业余时间进行自学。本套丛书对每道习题都进行了详尽、严谨的解析，有问有答，帮助考生快速掌握解题技巧，方便考生自学。

思维导图，加深记忆

　　在学习了基础知识以后，就要进行强化练习了。本系列的习题集分册，都配有思维导图，在每章的开始帮助考生梳理重点，然后进行有针对性的训练，使复习效率更高。

　　总而言之，通过凸显重点、辨析真题、同步自测、深度解析，希望能够使考生朋友们对考点烂熟于心，对考试游刃有余，对成绩胸有成竹。

　　本书由索晓辉组织编写，同时参与编写的还有晁楠、吴金艳、雷凤、张燕、方文彬、李蓉、林金松、刘春云、张增强、刘晓翠、路利娜、邵永为、邢铭强、张剑锋、赵桂芹、张昆、孟春燕、杜友丽，在此一并表示感谢。

　　最后，预祝广大考生顺利通过经济专业技术资格考试，在新的人生道路上续写辉煌。

目 录

第一部分

经济学基础

第一章　社会经济制度

大纲解读

本章测查应试人员是否掌握社会经济制度变革的基本规律和基本过程，自然经济、商品经济、市场经济的概念和基本特征，资源配置的基本方式，经济制度与经济体制之间的关系。

1. 物质资料生产和基本经济规律

物质资料生产及其必备的基本要素，社会基本矛盾及其运动过程，以及社会经济规律的客观性及其类型。

2. 社会经济制度的变革和演化

人类社会经济制度演变的原因和所经历的主要阶段。

3. 自然经济与商品经济

自然经济的概念和基本特征，商品经济产生的基本条件，商品经济发展的基本过程。

4. 市场与市场体系

市场和市场体系的基本概念，市场体系所具有的基本功能。

5. 商品经济与市场经济

商品经济与市场经济的区别和联系。

6. 资源配置方式与经济体制

合理配置社会资源的必要性，社会资源配置的基本方式，经济制度与经济体制之间的关系。

考点精讲

第一节　物质资料生产和基本经济规律

考点一　物质资料生产

物质资料生产，是指劳动者按照预期目的，运用劳动资料加工劳动对象，改变劳动对象的形状、性质或地理位置，使它适合人们需要的过程。物质资料生产为人类提供基本的吃、穿、住、行等生活和生存资料，是人类最基本的实践活动。人类要世代生存和发展下去，就必须反复不断地进行生产。生产连续不断地进行，就是再生产。再生产过程包括生产、交换、分配、消费四个环节。它们相互联系，相互制约，形成一个有机整体。其中生产居于支配地位，起着决定性作用。生产的性质决定分配、交换和消费的性质；生产的规模决定着可供分配、交换和消费的产品的种类和数量。交换、分配和消费也反作用于生产，加速或延缓生产的发展。

人类进行物质资料生产应当具备的三个基本要素。

(1) 人的劳动，即劳动力的支出。主要是指具有一定生产经验和劳动技能的劳动者有目的地改造自然的活动。它是生产的最基本的要素。

(2) 劳动资料，即劳动手段。主要是指人们在生产过程中用以改变和影响劳动对象的一切物质手段和物质条件，包括生产工具、生产场所、道路、运河等，其中最重要的是生产工具。

(3) 劳动对象，即劳动者在生产过程中所加工的一切物质资料。它分成两类：一类是未经人加工可直接纳入生产过程的自然物，如原始森林的树木、地下埋藏的煤层和矿石等；另一类是经过人的劳动加工过的物质资料，如棉花、钢铁等原材料。

【例1-1】人类进行物质资料生产应当具备的基本要素包括(   )。(2012年多选题)

A. 人的劳动　　　　B. 劳动资料　　　　C. 自然条件

D. 劳动对象　　　　E. 生产关系

【解析】ABD　本题考查人类进行物质资料生产需具备的基本要素。人类进行物质资料生产需具备三个基本要素：①人的劳动，即劳动力的支出；②劳动资料，即劳动手段；③劳动对象，即劳动者在生产过程中所加工的一切物质资料。

考点二　社会基本矛盾运动

生产力和生产关系的矛盾、经济基础和上层建筑的矛盾构成了人类社会的基本矛盾。社会基本矛盾的运动总是从生产力的变化开始，生产力发展到一定阶段，使相对稳定的生产关系越来越不能适应生产力进一步发展的要求，必然要求突破旧的生产关系，建立起适应生产力发展的新的生产关系；生产关系(经济基础)变革的客观要求，又导致上层建筑的变革。新的上层建筑的建立，保证了新的生产关系的形成和发展，从而促使生产力从旧的生产关系束缚中解放出来。因此，生产力和生产关系的矛盾是社会经济制度变革的最基本、最深刻的动力，生产力的变化决定生产关系的变化，并最终推动上层建筑的变化和整个社会形态由低级向高级不断地进化和发展。

考点三　社会经济规律

在人类社会物质资料生产活动中，在复杂的经济现象背后，往往存在着某些内在的、本质的、必然的联系。经济规律就是经济现象和经济过程内在的、本质的、必然的联系，体现着社会经济活动的必然趋势。

经济规律具有客观性，是因为：①任何经济规律都是在一定的客观经济条件的基础上产生，并随着客观经济条件的变化而变化；②任何经济规律都是不以人的主观意志为转移的，人们既不能消灭、废除或改造它，也不能随意地创造或制定它。不管人们能否认识它，它都会客观存在并发生作用；③人们从事经济活动必须尊重经济规律、按照经济规律的要求办事，否则就会受到经济规律的惩罚。

按照经济规律赖以产生的经济条件的不同，可以将其分为三种类型：①在人类各个社会阶段中都起作用的经济规律，如生产关系一定要适合生产力性质的规律；②在几个社会阶段中起作用的经济规律，如在商品经济社会形态中发生作用的价值规律；③只在一个社会阶段中起作用的经济规律，如资本主义社会特有的剩余价值规律，社会主义社会的按劳分配规律等。

【例1-2】 下列关于社会经济规律客观性的表述，正确的是(　　)。(2012年多选题)

A. 任何经济规律都是在一定的客观经济条件的基础上产生的

B. 人们只有认识了经济规律，它才能发生作用

C. 任何经济规律都是不以人的主观意志为转移的

D. 人们从事经济活动必须尊重经济规律，并按经济规律的要求办事

E. 人们可以根据科学的方法制定经济规律

【解析】 ACD　任何经济规律都是在一定的客观经济条件的基础上产生的，并随着客观经济条件的变化而变化；不以人的主观意志为转移的，人们既不能消灭、废除或改造它，也不能随意地创造或制定它；人们从事经济活动必须尊重经济规律，按照经济规律的要求办事，否则就会受到经济规律的惩罚。

第二节　社会经济制度的变革和演化

考点四　社会经济制度演变的原因和主要阶段

社会经济制度是一定时期占统治地位的社会生产关系的总和，它构成一定社会形态的最基本、最本质的经济基础；社会经济制度规定着社会的政治制度、法律制度和人们的意识形态，是区分人类历史上不同社会形态的根本标志。

在人类社会形态由低级向高级不断演进的过程中，社会基本矛盾的运动起着决定性的作用，是社会经济制度变革的根本原因。迄今为止，人类社会经济制度的演变经历了5个阶段，即原始社会制度、奴隶社会制度、封建社会制度、资本主义社会制度以及社会主义社会制度。

【例1-3】 构成一定社会形态最基本、最本质的经济基础是(　　)。(2013年单选题)

A. 生产方式　　　B. 经济规律　　　C. 生产关系　　　D. 社会经济制度

【解析】 D　社会经济制度是一定时期占统治地位的社会生产关系的总和，它构成一定社会形态的最基本、最本质的经济基础。

【例1-4】 区分人类历史上不同社会形态的根本标志是(　　)。(2012年单选题)

A. 社会文明水平　B. 社会经济制度　　C. 市场发达程度　D. 科技发展水平

【解析】 B　社会经济制度规定着社会的政治制度、法律制度和人们的意识形态，是区分人类历史上不同社会形态的根本标志。

第三节　自然经济与商品经济

自然经济和商品经济是人类社会发展至今存在的两种基本经济形态。商品经济是作为自然经济的对立物产生和发展起来的。

考点五　自然经济的概念

自然经济是为了满足生产者或经济单位自身需要而进行生产的经济形式。自给自足是自然经济最基本的经济特征。

考点六　商品经济产生的基本条件

商品经济的产生和发展是以一定的经济条件为前提的，这些经济条件主要有：①社会分工；②生产资料和劳动产品属于不同的所有者，存在具有独立经济利益的经济实体。

社会分工是商品经济产生和发展的一般基础，它是随着人类生产力的发展而产生和发展的。生产资料和产品属于不同的所有者是商品经济产生和发展的根本条件。

考点七　商品经济的发展阶段

商品经济经历了简单商品经济和发达商品经济两个发展阶段。商品经济在各个社会形态及不同的发展阶段中，有着不同的特点。具体特点如下所述。

(1) 在奴隶社会和封建社会中，商品经济只是占有主导地位的自然经济的一种补充，因而处于简单商品经济阶段。在这一阶段，市场发育程度较低，市场规模狭小，市场体系也不完善，市场机制还难以在全社会范围内发挥配置资源的作用。

(2) 在资本主义社会，社会化大生产代替了分散的个体劳动，商品经济得到了高度发展，不仅一切劳动产品成为商品，而且劳动力也变成了商品，商品经济成为居于统治地位的经济形式。由于生产的社会化程度和产品的商品化程度得到了极大提高，商品生产和交换的范围从物质生产领域扩展到服务领域，资本从封闭的国内市场走向开放的国际市场，市场体系日趋复杂，市场机制日益完善，市场机制在全社会范围内配置资源的条件已经具备，商品经济进入了发达阶段，即市场经济阶段。

(3) 在社会主义社会，尽管生产资料所有制和产品分配方式发生了根本变化，但仍需要采取商品经济的形式。商品经济的充分发展，是社会主义经济不可逾越的发展阶段，是实现社会主义现代化的必要条件。

【例1-5】　商品经济产生和发展的一般基础是(　　)。(2012年单选题)

A. 生产资料和产品属于不同的所有者　　　　B. 社会分工

C. 生产资料私有制　　　　D. 市场经济

【解析】B　社会分工是商品经济产生和发展的一般基础，它是随着人类生产力的发展而产生和发展的。

第四节　市场与市场体系

考点八　市场与市场体系的基本概念

市场是商品经济的基本范畴。有社会分工和商品生产，就必然有互换劳动产品的场所和交换关系。狭义的市场是指商品交换的场所、渠道或领域，这是有形的市场。广义的市场是指一切商品和生产要素交换关系的总和，包括有形市场和无形市场。市场体系是现代市场经济条件下商品市场和要素市场在相互联系、相互作用的过程中形成的市场有机整体。

考点九 市场体系所具有的基本功能

一个完善的市场体系应当具有以下几方面的功能：①提高资源配置效率功能；②经济联系功能；③利益关系调整功能；④信息产生和传递功能；⑤社会评价功能。

第五节 商品经济与市场经济

考点十 商品经济与市场经济的区别与联系

1. 商品经济与市场经济的区别

商品经济是直接以交换为目的的经济活动方式，商品生产者之间的关系要通过等价交换来实现。商品经济是相对于自然经济、产品经济而言的。市场经济是通过市场或市场机制来配置资源的一种经济运行方式。资源配置中，市场机制起基础性作用，通过市场机制(竞争机制、供求机制、价格机制)来引导和调节企业和居民的行为。市场经济是相对于计划经济而言的。

2. 商品经济与市场经济的联系

商品经济是市场经济存在和发展的基础和前提，市场经济是市场在资源配置中起基础作用的商品经济；商品经济的充分发展必然过渡到市场经济，市场经济是商品经济发展的必然要求，市场经济是发达的商品经济。

【例1-6】 商品经济是市场经济的(   )。(2013年单选题)

A. 经济基础　　　　B. 内在属性　　　　C. 必然趋势　　　　D. 必然结果

【解析】A 本题考查商品经济与市场经济的关系。商品经济是市场经济存在和发展的基础和前提，市场经济是市场在资源配置中起基础作用的商品经济；商品经济的充分发展必然过渡到市场经济，市场经济是商品经济发展的必然要求，市场经济是发达的商品经济。

第六节 资源配置方式与经济体制

考点十一 合理配置社会资源的必要性

在任何既定的社会生产力水平条件下，社会生产要素资源都是经济活动中不可缺少的，同时在数量上又都是有限的。人们需要对既定的人力、物力、财力在各种可能的生产用途之间作出选择，以保证稀缺的资源用于生产消费者最需要的产品组合，分配给生产效率最高的生产者，从而获得最优的效率。

考点十二 社会资源配置的基本方式

在社会化大生产条件下，社会可以通过市场和计划两种基本方式，或这两种方式不同程度地结合，来达到合理配置资源的目标。

1. 市场配置方式

市场配置方式是指依靠市场运行机制进行资源配置的方式，可以使企业和市场发生直接联系，企业根据市场上供求关系的变化，根据市场上产品价格的信息，在竞争中实现资源的合理配置。

2. 计划配置方式

计划配置方式是指计划部门根据社会需要及可能，以计划配额、行政命令进行资源配置的方式。

考点十三　经济体制与经济制度

经济制度决定经济体制的特点，社会经济制度的性质和特征也要通过与其相适应的经济体制反映出来，并贯穿于整个经济运行过程。经济体制反映社会经济制度的要求，是社会经济制度的具体实现形式。一定的经济体制的发展状况对于一定社会生产关系的建立和发展有着重要的影响；而一定的经济制度也只有在选择了与之相适应的经济体制后才能得到巩固和发展，合理的经济体制对经济制度的发展起着重要的促进作用。

经济体制除了受到经济制度的制约，同时也受到生产力发展水平、历史文化传统和现实国情等其他因素的影响。

社会资源的配置有两种基本方式，即计划方式和市场方式。与之相对应，经济体制也有两种基本体制：计划经济体制和市场经济体制。经济体制的基本功能就是把有限的资源配置到不同的生产和服务部门，以满足人们多方面日益增长的需要。计划经济体制和市场经济体制并非是与某种特定的社会基本经济制度直接对应的资源配置方式，我们可以选择其中一种，也可以在选择过程中以一种方式为基础进行嫁接变种。但不论一国选择哪种方式，都离不开本国在特定历史条件下的经济状况和经济发展目标。

【例 1-7】 经济体制的影响因素包括(　　)。(2012 年多选题)

A. 生产力发展水平　　　B. 资源配置方式　　　C. 历史文化传统　　　D. 经济制度

E. 现实国情

【解析】ACDE　经济体制除了受到经济制度的制约，同时也受到生产力发展水平、历史文化传统和现实国情等其他因素的影响。

同 步 自 测

一、单项选择题

1. 社会生产力发展的主要标志是(　　)的变革。

    A. 劳动对象　　　　　　　　　　　　　B. 生产工具

    C. 资源配置方式　　　　　　　　　　　D. 生产资料所有制

2. 在社会生产过程中，起决定作用的环节是(　　)。

    A. 生产　　　　　　B. 分配　　　　　　C. 交换　　　　　　D. 消费

3. 社会生产方式包括的两个方面是(　　)。

    A. 经济基础和上层建筑　　　　　　　　B. 生产力和生产关系

    C. 人的因素和物的因素　　　　　　　　D. 劳动者和生产资料

4. 商品经济与市场经济的关系是(　　)。
　　A. 先有市场，后有商品经济　　　　　　B. 市场经济是发达的商品经济
　　C. 商品经济一定是市场经济　　　　　　D. 市场经济是商品经济的基础和前提

5. 人类历史上第三次社会大分工指的是(　　)。
　　A. 畜牧业从农业中分化出来　　　　　　B. 出现了专门从事商品买卖的商人
　　C. 手工业从农业中分化出来　　　　　　D. 工业从农业中分化出来

6. 自然经济最基本的经济特征是(　　)。
　　A. 自给自足　　　　　　　　　　　　　B. 经济联系很少
　　C. 劳动生产率低下　　　　　　　　　　D. 生产规模狭小

7. (　　)规定着经济体制模式的社会经济本质。
　　A. 经济制度的性质　　　　　　　　　　B. 生产力的发展水平
　　C. 社会经济活动方式　　　　　　　　　D. 历史文化传统

8. 经济体制的基本功能是(　　)。
　　A. 全面指导经济活动
　　B. 完善国家的经济体系
　　C. 促进社会经济的发展
　　D. 把有限的资源配置到不同的生产和服务部门

9. 下列关于市场体系的表述，正确的是(　　)。
　　A. 市场体系是指由各类相互联系的市场有机结合在一起的市场统一体
　　B. 市场体系是指市场不断突破原有边界和范围，同世界市场建立广泛联系
　　C. 市场体系是指全国各地市场是统一的
　　D. 市场体系是指市场是一个充分竞争的市场

二、多项选择题

1. 人类社会进行物质资料生产所必须具备的基本要素包括(　　)。
　　A. 货币　　　　　　　　　B. 人的劳动　　　　　　　　C. 劳动管理
　　D. 劳动资料　　　　　　　E. 劳动对象

2. 构成社会再生产总过程的基本环节有(　　)。
　　A. 生产　　　　　　　　　B. 占有　　　　　　　　　　C. 分配
　　D. 交换　　　　　　　　　E. 消费

3. 一个完善的市场体系应具备的基本功能包括(　　)。
　　A. 提高资源配置效率　　　　　　　　　B. 信息产生和传递
　　C. 实现经济结构的宏观调控　　　　　　D. 利益关系调整
　　E. 集中配置社会资源

4. 商品经济产生和发展所需的经济条件包括(　　)。
　　A. 社会产品数量的不断增加　　　　　　B. 社会产品种类的不断增加
　　C. 社会分工的不断发展　　　　　　　　D. 存在具有独立经济利益的经济实体
　　E. 人类对生活消费品的需要不断增加

5. 人类历史上以生产资料私有制为基础的生产关系存在于(   )。

    A. 原始社会   B. 封建社会   C. 奴隶社会

    D. 资本主义社会   E. 社会主义社会

6. 社会生产方式由(   )构成。

    A. 生产资料   B. 上层建筑   C. 经济基础

    D. 生产关系   E. 生产力

7. 社会形态包括的两个方面是(   )。

    A. 生产力   B. 生产关系   C. 经济基础

    D. 上层建筑   E. 生产资料

8. 经济规律是经济现象和经济过程(   )联系,体现着社会经济活动的必然趋势。

    A. 偶然的   B. 内在的   C. 本质的

    D. 必然的   E. 外在的

9. 生产力决定生产关系,主要体现在(   )。

    A. 生产关系的性质决定生产力的性质

    B. 生产力的性质决定生产关系的性质

    C. 生产力的发展变化决定生产关系的发展和变革

    D. 生产关系适应生产力性质和状况时,可推动生产力发展

    E. 生产关系不适应生产力性质和状况时,阻碍生产力发展

同步自测解析

一、单项选择题

1.【解析】B 生产工具的变革是社会生产力发展的主要标志。

2.【解析】A 在社会生产过程中,生产是起决定作用的环节,它决定着分配、交换、消费的对象、方式、数量和性质。

3.【解析】B 生产方式是指人类社会为了生存和发展而谋取物质资料的方式,它是生产力和生产关系的对立统一。

4.【解析】B 商品经济的充分发展必然过渡到市场经济,市场经济是商品经济发展的必然要求,市场经济是发达的商品经济。

5.【解析】B 第一次社会大分工是畜牧业从农业中分化出来;第二次社会大分工是手工业从农业中分化出来;第三次社会大分工是出现了专门从事商品买卖的商人。

6.【解析】A 自给自足是自然经济最基本的经济特征。

7.【解析】A 经济制度的性质规定着经济体制模式的社会经济本质。

8.【解析】D 经济体制的基本功能是把有限的资源配置到不同的生产和服务部门,以满足人们多方面日益增长的需要。

9.【解析】A 市场体系是指现代市场经济条件下商品市场和要素市场在相互联系、相互作用过程中形成的市场有机整体。

二、多项选择题

1.【解析】BDE　人类进行物质资料生产具备三个基本要素：人的劳动、劳动资料、劳动对象。

2.【解析】ACDE　生产关系是指人们在生产资料所有制基础上形成的，并在社会生产过程中发生的生产、分配、交换和消费等关系的总和。

3.【解析】ABD　一个完善的市场体系的功能包括：①提高资源配置效率功能；②经济联系功能；③利益关系调整功能；④信息产生和传递功能；⑤社会评价功能。

4.【解析】CD　商品经济产生和发展所需的经济条件包括：①社会分工；②生产资料和劳动产品属于不同的所有者，存在具有独立经济利益的经济实体。

5.【解析】BCD　社会经济制度的演变经历了5个阶段，即原始社会制度、奴隶社会制度、封建社会制度、资本主义社会制度以及社会主义社会制度。其中奴隶社会制度、封建社会制度、资本主义社会制度是以生产资料私有制为基础的生产关系。

6.【解析】DE　社会生产方式由生产关系和生产力构成。

7.【解析】CD　经济基础和上层建筑的统一构成一定的社会形态。

8.【解析】BCD　经济规律就是经济现象和经济过程内在的、本质的、必然的联系，体现着社会经济活动的必然趋势。

9.【解析】BC　生产力决定生产关系，主要体现在：①生产力的性质决定生产关系的性质；②生产力的发展变化决定生产关系的发展和变革。DE两项是生产关系对生产力的反作用。

第二章　商品经济的基本原理

大纲解读

测查应试人员是否掌握商品的基本属性和本质，货币形成的过程、职能、特征及其流通规律，价值规律的内容、表现形式及其在商品经济发展中的作用。

1. 商品的基本属性和本质特征

商品的基本属性，生产商品劳动的二重性，商品价值量的概念及其决定因素。

2. 货币的产生和职能

货币产生的过程，货币的本质和基本职能，货币流通的基本规律。

3. 价值规律及其作用

价值规律的基本内容和表现形式，价值规律在商品经济中的主要作用。

考点精讲

第一节　商品的基本属性和本质特征

考点一　商品的使用价值和价值

商品是用来交换的劳动产品，具有使用价值和价值两种属性。

1. 使用价值

使用价值是商品具有的效用，即能满足人类某种需要的属性。使用价值是商品的自然属性，反映的是人与自然的关系。使用价值是商品交换价值和价值的物质承担者。

2. 价值

凝结在商品中的一般人类劳动就是商品的价值。作为一个历史范畴，价值是商品所特有的本质属性和社会属性，体现着商品生产者之间相互比较劳动耗费量和交换劳动的社会经济关系。商品作为价值，在质上是相同的，在量上也可以比较，商品交换的比例取决于商品价值的大小。因此，价值是交换价值的基础或内容，交换价值是价值的表现形式。

3. 使用价值和价值的关系

商品是使用价值和价值的矛盾统一体。

(1) 使用价值和价值统一于商品之中，缺一就不称其为商品。使用价值是价值的物质承担者，没有使用价值的物品没有价值，因而也就不是商品；价值是商品的本质属性，仅仅有使用价值而没有价值的物品也不是商品。

(2) 使用价值和价值又相互排斥。商品生产者和消费者都不能既占有商品价值又占有商品的使用价值。只有通过商品交换，生产者让渡了商品的使用价值实现了价值，消费者支付了商品价值而获得了使用价值，商品中使用价值和价值的内在矛盾才能得到解决。

考点二　具体劳动和抽象劳动

商品之所以具有使用价值和价值两种属性，是由劳动的二重性决定的。生产商品的劳动具有二重属性，即具体劳动和抽象劳动。

(1) 具体劳动是指在一定具体形式下进行的劳动。具体劳动创造商品的使用价值，体现的是人与自然之间的关系。

(2) 抽象劳动是撇开劳动具体形式的一般人类劳动。抽象劳动形成商品价值，凝结在商品中的抽象劳动是价值实体，体现的是商品生产者之间的社会经济关系。

具体劳动和抽象劳动之间存在着矛盾统一的关系。一方面，具体劳动和抽象劳动在时间上和空间上是统一的。商品生产者在从事具体劳动的同时也就支出了抽象劳动。具体劳动和抽象劳动不是两次劳动，更不是两种劳动，而是生产商品的同一劳动过程的两个不同的方面。另一方面，具体劳动和抽象劳动又存在差别和矛盾。其差别与矛盾表现在以下几点。

(1) 具体劳动是从劳动的有用效果来看的劳动，抽象劳动是抽取了劳动的有用性的一般人类劳动。

(2) 具体劳动在质上不同，在量上不能比较，抽象劳动在质上相同，只有量的差别。

(3) 具体劳动反映的是人与自然的关系，是劳动的自然属性，抽象劳动体现着商品生产者之间的经济关系，是劳动的社会属性，是商品经济特有的历史范畴。

(4) 具体劳动是生产使用价值的劳动，但不是使用价值的唯一源泉，抽象劳动是创造价值的劳动，是形成价值的唯一源泉。

具体劳动与抽象劳动的矛盾和使用价值与价值的矛盾相互联系。只有在交换过程中，商品的使用价值转让出去，商品的价值得到实现后，生产商品的具体劳动才能为社会所承认，生产商品的抽象劳动才能被还原，具体劳动与抽象劳动的矛盾才能得到解决。

【例 2-1】　商品具有使用价值和价值两种属性是由(　　)决定的。(2012 年单选题)

A. 生产过程的复杂性　　　　　　　　　B. 劳动的二重性

C. 满足人们需要的程度　　　　　　　　D. 交易的不同方式

【解析】B　本题考查劳动的二重性。商品具有使用价值和价值两种属性是由劳动的二重性决定的。

考点三　商品的价值量的概念及其决定因素

商品的价值量是凝结在商品中的一般人类劳动的量，是质和量的统一。商品的价值量是由生产商品的社会必要劳动时间决定的。社会必要劳动时间是指，在现有的社会正常的生产条件下，在社会平均的劳动熟练程度和劳动强度下制造某种使用价值所需要的劳动时间。由社会必要劳动时间所决定的价值量，是商品的社会价值。

社会必要劳动时间不是固定不变的，它随着劳动生产率的变化而变化，从而影响价值量发生相应的变化。劳动生产率是指劳动者生产某种商品使用价值的效率，通常有两种表示方法：一是单位时间内生产的产品数量；二是生产单位产品所消耗的劳动时间。决定和影响劳动生产率高低的因素主要有：劳动者的平均熟练程度、生产过程的社会组织形式、科学技术发展及其在生产中的应用、生产资料的质量和效能、自然条件等。单位商品的价值量与包含在商品中的社会必要劳动量成正比，与生产该商品的劳动生产率成反比。

【例2-2】 商品的社会价值是在同一部门同类商品生产者之间的竞争过程中形成的，它是(   )。(2012年单选题)

A. 商品交换的依据   B. 商品交换的结构

C. 商品价格的下限   D. 商品价值的上限

【解析】A 本题考查商品的社会价值。商品的社会价值是在同一部门同类商品生产者之间的竞争过程中形成的，是商品交换的依据。

第二节 货币的产生和职能

考点四 货币的产生过程

在商品经济中，商品的价值是通过货币来表现的，商品价值的表现形式就是价值形式。从商品交换的发展历史来看，价值形式的发展经历了4个阶段：简单或偶然的价值形式、扩大的价值形式、一般价值形式、货币价值形式。

货币是商品交换发展到一定阶段的自发产物，是商品内在矛盾发展的必然结果。货币的出现，使整个商品世界分成了两极：一极是商品，它们都具有特殊的、各不相同的使用价值；一极是货币，它是一切商品价值的代表。这样，商品内部的使用价值和价值的矛盾、具体劳动和抽象劳动的矛盾、私人劳动和社会劳动的矛盾，就发展成为商品与货币的外部对立。一切商品，只有换成货币，商品生产者的私人劳动才会转化为社会劳动，具体劳动才会还原为抽象劳动，商品的使用价值和价值的矛盾才能得到解决。

【例2-3】 从商品经济的发展历史来看，商品价值形式的发展所经历的阶段包括(   )。(2012年多选题)

A. 简单或偶然的价值形式   B. 扩大的价值形式

C. 一般价值形式   D. 货币价值形式

E. 剩余价值形式

【解析】ABCD 本题考查商品价值形式。商品价值形式的发展所经历的阶段包括简单或偶然的价值形式、扩大的价值形式、一般价值形式、货币价值形式。

考点五 货币的职能

价值形式的发展过程，揭示了货币的本质是固定地充当一般等价物的商品，体现着商品生产者之间的社会经济关系。

货币的职能是指货币在社会经济生活中的作用，是由货币的本质决定的，是货币本质的具体体现。在发达的商品经济中，货币具有价值尺度、流通手段、贮藏手段、支付手段、世界货币5种职能。其中价值尺度和流通手段是货币的基本职能。

1. 价值尺度

价值尺度是指货币充当表现和衡量一切商品价值量大小的尺度。商品价值的货币表现就是商品的价格。商品价值是价格的基础，价格是价值的货币表现。在价格与价值一致的条件下，商品的价格主要取决于商品价值和金属货币价值两个因素。商品价格的变化与商品价值的变化成正比，与货币价值的变化成反比。

2. 流通手段

流通手段是指货币充当商品交换媒介的职能。

3. 贮藏手段

贮藏手段是指货币退出流通领域，被当作独立的价值形式和社会财富的一般形式而保存起来的职能。

4. 支付手段

支付手段是指货币被用来支付商品赊购过程中的延期支付，以及用来支付债务、租金、利息、工资等职能。

5. 世界货币

世界货币是指货币越出国内流通领域，在世界市场上执行一般等价物的职能。世界货币的职能，一是作为国际购买手段，购买外国商品；二是作为国际支付手段，平衡国际贸易差额；三是作为社会财富的代表，由一国转移到另一国。

【例2-4】　关于货币本质的说法，错误的是(　　)。(2013年单选题)

A. 货币是固定充当一般等价物的商品

B. 货币体现一定的生产关系

C. 货币可以表现商品价值，但本身已经没有使用价值

D. 作为一般等价物，货币具有直接同所有商品相交换的能力

【解析】C　本题考查货币的本质。货币是从商品世界中分离出来的，固定充当一般等价物的特殊商品，并能反映一定的生产关系。第一，货币是在商品交换中自发产生的，是价值形式发展和商品生产、交换发展的必然产物。第二，货币是固定充当一般等价物的特殊商品。作为商品，货币与其他商品一样，具有价值和使用价值。作为一般等价物，货币具有两个基本特征：(1)货币是表现一切商品价值的材料；(2)货币具有直接同所有商品相交换的能力。第三，货币体现一定的生产关系。

考点六　货币流通的基本规律

货币流通规律是指一定时期内商品流通过程中需要的货币量的规律，其基本内容是：商品流通过程中需要的货币量由流通中的商品价格总额和货币流通的平均速度来决定。按照这个规律，商品流通中需要的货币量取决于以下三个因素：

(1) 待流通的商品数量；

(2) 商品的价格水平；

(3) 货币流通速度。

纸币作为价值符号，代替金属货币执行流通手段与支付手段的职能，其流通是以金属货币的流通规律为基础的。因此，纸币流通规律的内容是：纸币的发行量以流通中需要的金属

货币量为限。如果纸币发行量超过流通中所需要的金属货币量，就会出现纸币贬值，物价上涨，这就是通货膨胀；反之，如果货币供应量少于流通中所需的货币量，引起货币价值含量上升，物价普遍下降，这就是通货紧缩。

第三节　价值规律及其作用

考点七　价值规律的基本内容和表现形式

价值规律的基本内容是：商品的价值量是由生产商品的社会必要劳动时间来决定的；商品交换以价值量为基础，实行等价交换。价值规律对生产和交换活动的支配作用是通过价格运动表现出来的。按照价值规律的要求，商品价格的确定是以商品价值为基础的，但是并不意味着每一次具体的商品交换都是等价交换。

尽管存在着商品价格与价值的不一致，但并不违背价值规律，相反正是价值规律发生作用的表现形式。其原因包含以下两点。

(1) 从同一商品交换的总体和较长时期来看，其价格上涨时高于价值的部分和下落时低于价值的部分往往可以相互抵消，因而一定时期内商品的平均价格与价值是趋于一致的，从总体上讲，一定时期内市场上商品的总价格和总价值应是大体相等的。

(2) 从不同商品各自的价格变动来看，商品的市场价格都是以各自的价值为基础而变动的，各种商品之间总会存在相应的价格差距，或保持一定的比价关系。

【例 2-5】 在现实生活中，价值规律对生产和交换活动的支配作用是通过(　　)表现出来的。(2011年单选题)

A. 商品销售数量　　　　　　　　　B. 产品生产数量
C. 商品价格运动　　　　　　　　　D. 货币流通速度

【解析】C　按照价值规律的要求，商品价格的确定是以商品价值为基础的，但价格主要是受市场供求关系的影响。通过商品价格的运动，商品按照社会必要劳动时间决定的价值量进行交换得以成为现实。

考点八　价值规律在商品经济中的主要作用

在商品经济中，价值规律的作用主要体现在以下三个方面：调节资源配置和经济活动；刺激商品生产者改进技术、提高劳动生产率，有利于社会生产力的发展；促使商品生产者在市场竞争中实现优胜劣汰。

【例 2-6】 在商品经济条件下，价值规律的作用体现在(　　)。(2012 年多选题)
A. 调节资源配置和经济活动
B. 理顺分配关系，避免两极分化
C. 刺激生产者改进技术，提高劳动生产率
D. 促使商品生产者在市场竞争中实现优胜劣汰
E. 健全和完善社会保障制度

【解析】ACD　价值规律的作用主要体现在三个方面：调节资源配置和经济活动；刺激商品生产者改进技术、提高劳动生产率，有利于社会生产力的发展；促使商品生产者在市场竞争中实现优胜劣汰。选项 BE 是干扰项。

同 步 自 测

一、单项选择题

1. 商品的自然属性是(   )。
    A. 价值   B. 使用价值   C. 交换价值   D. 社会价值
2. 关于商品价值和使用价值的说法，正确的是(   )。
    A. 使用价值是价值的物质承担者
    B. 只要具有使用价值就能成为商品
    C. 使用价值是商品的社会属性
    D. 消费者购买某种商品是为了获得该商品的价值
3. 在现实生活中，价值规律对生产和交换活动的支配作用是通过(   )表现出来的。
    A. 商品销售数量   B. 产品生产数量   C. 商品价格运动   D. 货币流通速度
4. 个别企业生产商品劳动时间的缩短意味着(   )。
    A. 商品价值量的减少   B. 商品价值量的增多
    C. 社会必要劳动时间减少   D. 该企业劳动生产率提高
5. 货币的职能是由(   )决定的。
    A. 货币的本质   B. 货币的形式   C. 货币的性质   D. 货币的价值
6. 商店里出售的各种商品都有价签，这个价签表明货币是在(   )。
    A. 执行价值尺度的职能   B. 充当价格手段的职能
    C. 发挥支付手段的职能   D. 作为社会财富的代表
7. 在价值形式的演变过程中，一种商品的价值表现在与它相交换的一系列商品上，这种商品的价值充分地表现为无差别的人类劳动的凝结。这种价值形式是(   )。
    A. 简单的价值形式   B. 扩大的价值形式
    C. 一般的价值形式   D. 货币的价值形式
8. 商品经济必须遵循的原则是(   )。
    A. 等价交换   B. 不等价交换   C. 物美价廉   D. 质量第一

二、多项选择题

1. 决定和影响劳动生产率高低的因素主要是(   )。
    A. 国家政策   B. 生产资料的质量和效能
    C. 科学技术发展及其在生产中的应用   D. 生产过程的社会组织形式
    E. 劳动者的平均熟练程度
2. 下列行为中，属于货币执行支付手段职能的有(   )。
    A. 商品房标价80万元   B. 按购房合同首付款10万元
    C. 缴纳房屋契税5000元   D. 每月还银行贷款利息2万元
    E. 支付工人工资每月40万元
3. 影响商品流通中需要的货币量的因素包括(   )。
    A. 待流通的商品数量   B. 商品的价格水平   C. 货币流通速度
    D. 国家的货币政策   E. 货币流通范围

4. 价值规律的基本内容包括(   )。

    A. 商品的价值量由生产商品的个别劳动时间决定

    B. 商品的价值量由生产商品的社会必要劳动时间决定

    C. 商品交换以价值量为基础

    D. 现实中商品交换实行不等价交换

    E. 商品交换实行等价交换

5. 商品是(   )。

    A. 用来交换的劳动产品   B. 具有使用价值而没有价值的劳动产品

    C. 具有价值而没有使用价值的劳动产品   D. 交换价值和价值的统一体

    E. 使用价值和价值的统一体

6. 抽象劳动是(   )。

    A. 无差别的一般人类劳动   B. 形成商品的价值

    C. 反映人们之间的社会经济关系   D. 劳动的自然属性

    E. 商品经济特有的范畴

7. 商品使用价值和价值的统一性表现在(   )。

    A. 使用价值是价值的物质承担者,没有使用价值的东西不可能有价值

    B. 只有使用价值没有价值的东西,不能成为商品

    C. 使用价值的大小决定价值的大小

    D. 价值的大小决定使用价值的大小

    E. 有使用价值的物品必然有价值

8. 在商品经济中,价值规律的作用主要有(   )。

    A. 调节资源配置和经济活动

    B. 调节供求关系

    C. 刺激商品生产者改进技术、提高劳动生产率,有利于社会生产力的发展

    D. 解决市场需求与生产能力之间盾

    E. 促使商品生产者在市场竞争中实现优胜劣汰

同步自测解析

一、单项选择题

1.【解析】B 使用价值是商品的自然属性,反映的是人与自然的关系。使用价值是商品具有的效用,即能满足人类某种需要的属性。

2.【解析】A 具有使用价值的物品不一定是商品,选项B错误。价值是商品的社会属性,选项C错误。消费者购买某种商品是为了获得该商品的使用价值,选项D错误。

3.【解析】C 价值规律对生产和交换活动的支配作用是通过商品价格运动表现出来的。在商品交换中,受供求关系的影响,商品价格的上下波动受到其价值制约。

4.【解析】D 商品价值量是由社会必要劳动时间决定的,个别企业缩短生产商品的劳动时间不会改变社会必要劳动时间,也不会改变商品的价值量,而只是表明该企业的劳动生产率提高。

5.【解析】A 货币的职能是指货币在社会经济生活中的作用，是由货币的本质决定的。一般，货币具有价值尺度、流通手段、贮藏手段、支付手段、世界货币5种职能。

6.【解析】A 价值尺度是指货币充当表现和衡量一切商品价值量大小的尺度。货币在执行价值尺度的职能时，可以只是观念上的货币。价签表明了商品包含价值的大小，所以货币是在执行价值尺度的职能。

7.【解析】B 扩大的价值形式，即一种商品的价值表现在与它相交换的一系列商品上，这种商品的价值充分地表现为无差别的人类劳动的凝结，扩大了价值的表现范围。

8.【解析】A 价值规律是商品经济的基本规律，它支配着商品生产和流通的全过程。价值规律的基本内容是：商品的价值量由生产商品的社会必要劳动时间来决定；商品交换以价值量为基础，实行等价交换。

二、多项选择题

1.【解析】BCDE 劳动生产率是指劳动者生产某种商品使用价值的效率，决定和影响劳动生产率高低的因素主要有：劳动者的平均熟练程度、生产过程的社会组织形式、科学技术发展及其在生产中的应用、生产资料的质量和效能、自然条件等。

2.【解析】BCDE 支付手段是指货币被用来支付商品赊购过程中的延期支付，以及用来支付债务、租金、利息、工资等职能。

3.【解析】ABC 商品流通过程中需要的货币量由流通中的商品价格总额和货币流通的平均速度来决定，因而，商品流通中需要的货币量取决于以下三个因素：①待流通的商品数量；②商品的价格水平；③货币流通速度。

4.【解析】BCDE 价值规律的基本内容是：商品的价值量由生产商品的社会必要劳动时间来决定；商品交换以价值量为基础，实行等价交换。但价格还要受到其他一些因素的影响，其中主要是受到市场供求关系的影响，因而现实中商品实行不等价交换，等价交换是一种理论状态。

5.【解析】AE 商品是用来交换的劳动产品，具有使用价值和价值两个属性。使用价值是价值的物质承担者，只有通过商品交换，生产者让渡了商品的使用价值实现了价值，消费者支付了商品价值而获得了使用价值，商品交换中使用价值和价值的内在矛盾才能得到解决。

6.【解析】ABCE 抽象劳动是撇开劳动的具体形式的一般人类劳动。抽象劳动形成商品价值，凝结在商品中的抽象劳动是价值实体，体现的是商品生产者之间的社会经济关系。具体劳动反映的是人与自然的关系，是劳动的自然属性，抽象劳动体现着商品生产者之间的经济关系，是劳动的社会属性，是商品经济特有的历史范畴。

7.【解析】AB 使用价值和价值统一于商品之中，缺一就不称其为商品。使用价值是价值的物质承担者，没有使用价值就没有价值。商品价值的大小由生产商品所耗费的的社会必要劳动时间的多少决定。不同商品具有不同的用途，使用价值是无法比较大小的。有使用价值的物品未必有价值，如我们平时呼吸的空气等，有使用价值，但是没有价值。

8.【解析】ACE 在商品经济中，价值规律的作用主要体现在以下三个方面：①调节资源配置和经济活动；②刺激商品生产者改进技术、提高劳动生产率，有利于社会生产力的发展；③促使商品生产者在市场竞争中实现优胜劣汰。

第三章　资本主义的发展历程和社会主义经济制度的建立

大纲解读

测查应试人员是否掌握资本主义的历史发展过程和必然趋势，垄断资本主义的产生和基本经济特征，社会主义经济制度建立的客观必然性和特点，我国社会主义经济制度建立的途径。

1. 资本主义的历史发展过程

资本主义的自由竞争和市场机制，资本主义由自由竞争向垄断过渡的过程。

2. 垄断资本主义

垄断资本主义的基本经济特征，垄断资本、金融寡头形成和发展的过程，国家垄断资本主义的产生及其主要形式。

3. 资本主义发展的历史趋势

当代资本主义生产关系的变化及其实质，社会主义取代资本主义的总趋势。

4. 社会主义经济制度的建立

社会主义经济制度建立的客观必然性，社会主义经济制度产生的特点，我国建立社会主义经济制度的基本途径。

考点精讲

第一节　资本主义的历史发展过程

考点一　资本主义的自由竞争和市场机制

资本主义的发展经历了自由竞争资本主义阶段和垄断资本主义阶段。19世纪末20世纪初，资本主义从自由竞争阶段过渡到垄断阶段。

在经历了17世纪至18世纪的资产阶级大革命、18世纪中后期以机器大工业为标志的产业革命后，在生产力和生产关系两方面，资本主义终于战胜了封建制度，最终确立了资本主义制度。随着产业资产阶级的崛起，资本主义迅速发展，这是自由竞争资本主义阶段。其主要特点是自由竞争、自由经营，企业的经济活动由市场机制来调节，国家不干预经济。

考点二 资本主义由自由竞争向垄断过渡的过程

自由竞争的资本主义在 19 世纪 50 年代至 60 年代发展到鼎盛时期,大致从 70 年代开始,自由竞争向垄断过渡,到 19 世纪末 20 世纪初,资本主义的发展进入了垄断资本主义阶段,其主要特征是垄断取代自由竞争成为经济生活的基础。

第二节 垄断资本主义

考点三 垄断资本主义的基本经济特征

垄断资本主义的基本经济特征有如下 5 个方面。

(1) 生产和资本的高度集中,导致了经济生活中起决定作用的垄断组织的产生;

(2) 银行资本和工业资本已经融合起来,形成了金融寡头;

(3) 资本输出成为典型的经济现象,在社会经济发展中具有特别重要的意义;

(4) 资本家国际垄断同盟已经形成,并在经济上瓜分世界;

(5) 最大资本主义大国瓜分和重新瓜分世界领土的斗争日趋激烈。

【例 3-1】 垄断资本主义的基本经济特征有( )。(2013 年多选题)

A. 生产和资本的高度集中导致垄断组织产生

B. 银行资本和工业资本融合,形成了金融寡头

C. 资本输出呈萎缩趋势

D. 瓜分世界的资本家国际垄断同盟不断瓦解

E. 最大资本主义大国瓜分和重新瓜分世界领土的斗争日趋激烈

【解析】ABE 本题考查垄断资本主义的基本经济特征,需要掌握。

考点四 垄断资本、金融寡头形成和发展的过程

垄断资本是通过垄断组织来实现的。垄断组织就是指在资本主义经济的一个部门或几个部门中,居于垄断地位的大企业与大企业联合。垄断组织拥有的资本就叫垄断资本。垄断利润是指垄断组织凭借其垄断地位获得的大大超过平均利润的高额利润。它主要是通过垄断价格实现的。垄断价格是指垄断组织为获得垄断利润,凭借垄断地位,在购买生产资料或销售产品时规定的一种市场价格。它又包括垄断高价和垄断低价两种形式。

垄断组织主要通过垄断价格实现垄断利润,其来源主要有:一是垄断组织内部工人创造的剩余价值;二是存在于垄断组织外部,但通过价格等机制转移到垄断组织中的价值和剩余价值。

金融寡头是指掌握着庞大金融资本的少数最大的垄断资本家或资本家集团,又叫财团,是资本主义国家政治、经济和社会生活等各个方面的实际统治者。金融寡头在经济上的统治,主要通过"参与制"来实现。金融寡头充分利用股份公司制度提供的参股、控股办法,首先利用所控制的大企业作为"母公司",去购买其他公司的股票,掌握其股票控制额,把它变成"子公司","子公司"再利用同样的办法去控制"孙公司",如此等等,从上到下,逐级参与,对众多企业进行控制,支配比自有资本大几十倍、几百倍的其他资本,从而控制整个国家经济。

【例 3-2】 在垄断资本主义阶段，成为资本主义国家政治、经济和社会生活等方面实际统治者的是(　　)。(2012 年单选题)

    A. 工业资本   B. 商业资本   C. 银行资本   D. 金融寡头

【解析】D　本题考查垄断资本主义的内容。金融寡头是指掌握着庞大金融资本的少数最大的垄断资本家或资本家集团，又叫财团，是资本主义国家政治、经济和社会生活等各个方面的实际统治者。

考点五　国家垄断资本主义的产生及其主要形式

国家垄断资本主义是指垄断资本和国家政权融合在一起的资本主义。其基本特征是国家对社会经济活动进行全面干预和调节，是资本主义生产关系适应生产力发展而做的局部调整。

国家垄断资本主义是在私人垄断进一步发展的基础上产生的，是资本主义基本矛盾发展的必然结果。随着私人资本垄断的发展，生产社会化、资本社会化程度空前提高，而生产资料和社会财富却更加集中在垄断资本家手中。当私人垄断资本已经不能适应社会化大生产发展的要求时，国家采取干预措施，国家政权和私人垄断资本结合在了一起，就产生了国家垄断资本主义。

国家垄断资本主义有以下三种形式：通过国家直接掌握的国有垄断资本直接参与生产过程；国家与私人垄断资本在企业内部的结合；国家与私人垄断资本在企业外部的结合。

【例 3-3】 国家垄断资本主义的产生是(　　)的结果。(2013 年单选题)

    A. 社会制度变革   B. 资本主义基本矛盾尖锐化

    C. 经济基础改变   D. 政治制度变革

【解析】B　本题考查国家垄断资本主义的产生。国家垄断资本主义是在私人垄断进一步发展的基础上产生的，是资本主义基本矛盾发展的必然结果。

第三节　资本主义发展的历史趋势

考点六　当代资本主义生产关系的变化及其实质

半个多世纪以来，资本主义经济、政治、文化和社会生活等各个方面都发生了深刻的变化，主要有以下表现。

(1) 社会生产力获得了巨大发展，进入了一个新阶段。主要表现在：生产力诸要素发生了质的飞跃，生产工具的自动化、劳动力的智力化以及劳动对象的不断扩展，都极大地提高了劳动生产率，促进了社会生产的发展；经济高速、持续、稳定发展，很多发达国家进入了以高消费为主要特征的富裕社会；主要发达国家的产业结构发生了重大变革，第三产业在国民生产总值中的比重上升，高新技术产业成为国民经济中的主导产业。

(2) 资本主义生产关系在私有制范围内不断进行调整，出现了资本占有社会化的趋势。资本主义生产资料占有关系经历了单个资本、股份资本、私人垄断资本、国家垄断资本，最后发展到国际垄断资本主义的过程，出现了单个资本、股份资本、私人垄断资本、国家垄断资本和国际垄断资本主义并存的资本占有格局。资本占有的社会化，在一定程度上缓解了社会化大生产与生产资料私人占有之间的矛盾。

(3) 资产阶级政治统治形式趋于完善。主要表现在：选举制度不断完善，法制化程度提高，对国家权力机构的监督和制约机制大大加强。

(4) 当代资本主义国家在不损害资产阶级根本利益的情况下，推行了一系列社会改良的措施，使工人阶级和资产阶级的矛盾相对缓和。这些措施有：吸收工人参与企业管理、推行职工持股计划、建立社会福利制度等。

当代资本主义出现的新变化，是人类历史进步的表现，然而这些变化并没有、也不可能改变资本主义生产关系的实质。这是出于以下几点原因。

(1) 股份制经济和国有企业并没有改变资本主义私有制的经济基础。

(2) 工人阶级生产和生活条件的改善以及社会福利制度的实施，并没有改变资本主义剥削的实质。

(3) 工人阶级受雇佣的阶级地位并没有改变，经济上仍然处于无权和受剥削的地位，在政治上也无法与资产阶级分享平等的政治权利。

(4) 资本主义的基本矛盾仍然是生产社会化与生产资料私人占有之间的矛盾，资本主义自身无法解决。

总之，资本主义生产关系的局部调整，资本社会化占有形式的变化，都是在资本主义私有制前提下进行的调整和变化。它并没有从根本上改变资本主义占有的私人性质，它仍然是资本主义私有制，是更高程度的资本主义私有制。

考点七　社会主义取代资本主义的总趋势

资本主义在发展中对生产关系的调整，实际上是为资本主义的质变进行着量的积累，为它走向灭亡并被社会主义所取代准备着更为充分的物质条件。资本主义为社会主义制度的建立准备着坚实的物质基础；资本主义生产关系的调整和变化显示着历史发展的总趋势；资本主义为社会主义建设提供了可以借鉴的经营和管理方式。

资本主义被社会主义所取代是一个充满着复杂的矛盾和斗争的历史过程。首先，资本主义基本矛盾运动的复杂性和曲折性，决定了社会主义取代资本主义是一个长期的过程；其次，资本主义生产关系还能继续容纳社会生产力的发展；再次，资本主义世界体系的形成和发展决定了资本主义向社会主义过渡的复杂性和长期性；最后，社会主义制度的发展和完善是长期的。

尽管目前资本主义还呈现出发展的态势，但就社会发展的最终走向而言，社会主义取代资本主义是不以人的意志为转移的历史总趋势。

第四节　社会主义经济制度的建立

考点八　社会主义经济制度建立的客观必然性

在人类历史上，社会主义制度代替资本主义制度，是资本主义社会内在矛盾运动的必然结果，是生产关系一定要适应生产力性质规律作用的必然结果。

资本主义基本矛盾的发展和激化，资本主义社会周期性爆发的生产过剩的经济危机，表明了资本主义生产关系已经成为社会生产力进一步发展的桎梏。资本主义国家一再产生的冲突和危机充分证明，只有以社会主义经济制度代替资本主义经济制度，才能最终解决以私有制为基础的生产关系与生产力之间的矛盾。

考点九　社会主义经济制度产生的特点

社会主义经济制度的建立虽然是生产关系一定要适合生产力规律作用的必然结果，但这一历史发展的客观必然性的实现，必须有自己的政治前提——建立无产阶级政权。社会主义经济制度是以生产资料公有制为基础的，它的产生不是以一种私有制形式代替另一种私有制形式，而是对资本主义私有制的否定，是一场消灭资本主义剥削制度的深刻革命。

【例3-4】社会主义经济制度是建立在(　　)基础之上的。(2011年单选题)

A. 无产阶级政权的力量　　　　　　B. 生产资料公有制

C. 多元所有制结构　　　　　　　　D. 市场经济

【解析】A　社会主义经济制度的建立虽然是生产关系一定要适合生产力规律作用的必然结果，但这一历史发展的客观必然性的实现，必须有自己的政治前提——建立无产阶级政权。

考点十　我国建立社会主义经济制度的基本途径

我国建立社会主义经济制度有以下三个基本途径。

第一，没收官僚资本，将其由资本主义私有制经济转变为社会主义全民所有制经济。

第二，改造民族资本，壮大社会主义经济基础。

第三，改造农业和手工业中的个体私有制，建立社会主义劳动群众集体所有制经济。

【例3-5】下列不属于我国社会主义经济制度建立的基本途径的是(　　)。(2012年单选题)

A. 没收官僚资本　　　　　　　　　B. 改造民族资本

C. 改造农业和手工业中的个体私有制　　D. 保留个体私有制

【解析】D　我国建立社会主义经济制度的基本途径是：第一，没收官僚资本，将其由资本主义私有制经济转变为社会主义全民所有制经济；第二，改造民族资本，壮大社会主义经济基础；第三，改造农业和手工业中的个体私有制，建立社会主义劳动群众集体所有制经济。答案选D。

同 步 自 测

一、单项选择题

1. 下列不属于自由竞争资本主义的主要特点的是(　　)。

   A. 自由竞争　　　　　　　　　　　B. 自由经营

   C. 企业的经济活动由市场机制来调节　　D. 国家对经济进行宏观调控

2. 在垄断资本主义阶段占统治地位的资本是(　　)。

   A. 工业资本　　　　　　　　　　　B. 农业资本

   C. 银行资本　　　　　　　　　　　D. 金融资本

3. 国家垄断资本主义的产生和发展是(　　)。

   A. 生产力发展的必然要求　　　　　B. 科学技术进步的必然要求

   C. 社会政治变革的必然结果　　　　D. 社会基本矛盾尖锐的必然结果

4. 社会主义经济制度是建立在(　　)基础之上的。
　　A. 无产阶级政权的力量　　　　　　　　B. 生产资料公有制
　　C. 多元所有制结构　　　　　　　　　　D. 市场经济

5. 金融资本是由(　　)融合或混合生长而成的。
　　A. 产业资本和商业资本　　　　　　　　B. 银行资本和工业资本
　　C. 垄断的银行资本和垄断的工业资本　　D. 垄断银行资本和银行资本

6. 下列不是国家垄断资本主义的主要形式的是(　　)。
　　A. 国家直接掌管的国有垄断资本　　　　B. 国家工作人员在私人垄断企业中投资
　　C. 国家与私人垄断资本在企业内部结合　D. 国家与私人垄断企业在企业外部结合

7. 社会主义制度代替资本主义制度是(　　)作用的必然结果。
　　A. 生产关系一定要适合生产力规律　　　B. 经济基础一定要适合上层建筑规律
　　C. 生产力决定规律　　　　　　　　　　D. 社会各种矛盾运动的规律

8. 半个多世纪以来,资本主义经济、政治、文化和社会生活等各个方面都发生了深刻的变化,下列属于资产阶级政治统治形式完善方面的内容的是(　　)。
　　A. 选举制度不断完善　　　　　　　　　B. 建立社会福利制度
　　C. 资本占有社会化的趋势　　　　　　　D. 生产力诸要素发生了质的飞跃

9. 下列关于社会主义经济制度的表述,错误的是(　　)。
　　A. 社会主义经济制度是以生产资料公有制为基础的
　　B. 社会主义公有制可以在资本主义私有制内部产生
　　C. 社会主义经济制度的建立必须有自己的政治前提,即建立无产阶级专政
　　D. 社会主义公有制不可能在资本主义私有制内部发展

二、多项选择题

1. 垄断资本主义的基本经济特征包括(　　)。
　　A. 导致了经济生活中起决定作用的垄断组织的产生
　　B. 形成金融寡头
　　C. 资本输出具有特别重要的意义
　　D. 瓜分世界的资本家国际垄断同盟已经形成
　　E. 最大资本主义大国已把世界上的领土瓜分完毕

2. 垄断组织的形式主要有(　　)。
　　A. 卡特尔　　　　　　　　B. 辛迪加　　　　　　　　C. 托拉斯
　　D. 康采恩　　　　　　　　E. 财团

3. 垄断利润是(　　)。
　　A. 资本家采用新技术而获得的超额利润
　　B. 资本家改善劳动组织而获得的超额利润
　　C. 资本家提高经营管理水平而获得的超额利润
　　D. 大大超过平均利润的高额利润
　　E. 靠垄断地位获得的巨额利润

4. 当代资本主义出现的新变化没有也不可能改变资本主义生产关系的实质是因为(　　)。

    A. 没有改变资本主义私有制的经济基础

    B. 没有改变资本剥削的实质

    C. 资本主义的基本矛盾仍然是生产社会化与生产资料私人占有之间的矛盾

    D. 工人阶级受雇佣的阶级地位并没有改变

    E. 实行社会福利等措施使工人的生活条件有所改善

5. 垄断组织获得垄断利润的来源是(　　)。

    A. 从工人那里扣除的一部分劳动价值

    B. 把从非垄断企业剥削到的一部分剩余价值转化为垄断利润

    C. 占有城乡小生产者的一部分产品价值

    D. 把国外劳动人民创造的一部分价值转化为垄断利润

    E. 由垄断本身而增大的商品价值

6. 国家垄断资本主义是(　　)。

    A. 垄断资本和国家政权融合在一起的资本主义

    B. 在私人垄断进一步发展的基础上产生的

    C. 资本主义基本矛盾发展的必然结果

    D. 由私人垄断资本的发展形成的

    E. 解决了资本主义基本矛盾

7. 国家垄断资本主义的基本形式有(　　)。

    A. 国家直接掌管的垄断资本   B. 国家与私人垄断资本在企业内部结合

    C. 国家工作人员在私人垄断企业中投资   D. 各国私人垄断资本在国际范围结合

    E. 国家与私人垄断资本在企业外部结合

8. 从资本主义制度建立至今，其发展经历了(　　)。

    A. 简单商品经济阶段   B. 自由竞争阶段   C. 工业社会阶段

    D. 垄断阶段   E. 后资本主义阶段

9. 我国建立社会主义经济制度的基本途径是(　　)。

    A. 改造农业和手工业中的个体私有制   B. 改造民族资本

    C. 没收官僚资本   D. 夺取政权

    E. 进行阶级斗争

同步自测解析

一、单项选择题

1. 【解析】D　自由竞争资本主义的主要特点是自由竞争、自由经营，企业的经济活动由市场机制来调节，国家不干预经济。

2. 【解析】D　银行和工业之间的关系日益密切，进而形成了工业垄断资本和银行垄断资本的融合，即金融资本。在金融资本形成的同时，也就形成了金融寡头。

3. 【解析】D　国家垄断资本主义是在私人垄断进一步发展的基础上产生的，是资本主义基本矛盾发展的必然结果。

4.【解析】B　社会主义的经济基础是生产资料公有制。1956年底，我国基本上完成了生产资料的社会主义公有制改造，标志着社会主义经济制度的确立。

5.【解析】C　金融资本是指由于银行和工业之间的关系日益密切，工业垄断资本和银行垄断资本融合而成的一种新的资本形态。

6.【解析】B　从资本主义国家和私人垄断资本相结合的方式来看，国家垄断资本主义有以下三种形式：①国有企业，即国家直接掌握的国有垄断资本；②国家与私人垄断资本在企业内部的结合，即国家与私人共有的垄断资本；③国家与私人垄断资本在企业外部的结合，即国家对社会经济活动进行的各种干预和调节措施。

7.【解析】A　在人类历史上，社会主义制度代替资本主义制度，是资本主义社会内在矛盾运动的必然结果，是生产关系一定要适合生产力性质规律作用的必然结果。

8.【解析】A　半个多世纪以来，资本主义经济、政治、文化和社会生活等各个方面都发生了深刻的变化。资产阶级政治统治形式趋于完善。主要表现在：选举制度不断完善，法制化程度提高，对国家权力机构的监督和制约机制大大加强。

9.【解析】B　社会主义经济制度是以生产资料公有制为基础的，它的产生不是以一种私有制形式代替另一种私有制形式，而是对资本主义私有制的否定，是一场消灭资本主义剥削制度的深刻革命，因而社会主义公有制不可能在资本主义私有制内部发展。

二、多项选择题

1.【解析】ABCDE　垄断资本主义的基本经济特征有5个方面：生产和资本的高度集中，导致了经济生活中起决定作用的垄断组织的产生；银行资本和工业资本已经融合起来，形成了金融寡头；和商品输出不同，资本输出具有特别重要的意义；瓜分世界的资本家国际垄断同盟已经形成；最大资本主义大国已把世界上的领土瓜分完毕。

2.【解析】ABCD　垄断组织的形式主要有4种：卡特尔、辛迪加、托拉斯、康采恩。

3.【解析】DE　垄断利润是指垄断组织凭借其垄断地位获得的大大超过平均利润的高额利润。它主要是通过垄断价格实现的。垄断价格是指垄断组织为获得垄断利润，凭借垄断地位，在购买生产资料或销售产品时规定的一种市场价格。它又包括垄断高价和垄断低价两种形式。

4.【解析】ABCD　E项是当代资本主义出现的新变化这种现象，而不是原因。当代资本主义出现的新变化，没有改变资本主义生产关系实质的原因表现在ABCD四项上。

5.【解析】ABCD　垄断组织主要通过制定垄断价格实现垄断利润，其来源主要有ABCD几个方面。

6.【解析】ABC　国家垄断资本主义是在私人垄断进一步发展的基础上，由国家政权和私人垄断资本结合在一起产生的，是资本主义基本矛盾发展的必然结果。

7.【解析】ABE　从资本主义国家和私人垄断资本相结合的方式来看，国家垄断资本主义有以下三种形式：①国家直接掌管的垄断资本；②国家与私人垄断资本在企业内部结合；③国家与私人垄断资本在企业外部结合。

8.【解析】BD　资本主义的发展经历了自由竞争资本主义和垄断资本主义两个阶段。垄断资本主义又可以分为私人垄断资本主义和国家垄断资本主义。

9.【解析】ABC　我国建立社会主义经济制度的基本途径是：改造农业和手工业中的个体私有制；改造民族资本；没收官僚资本。

第四章　社会主义的本质及其初级阶段的基本经济制度

　　测查应试人员是否掌握社会主义的本质，社会主义初级阶段理论的基本内容，社会主义初级阶段的基本经济制度。

　　1. 社会主义的本质及其根本任务和目的

　　社会主义的本质，社会主义的根本任务，社会主义的根本目的。

　　2. 社会主义的初级阶段理论及基本经济制度

　　社会主义初级阶段理论，社会主义初级阶段的基本经济制度，社会主义初级阶段的收入分配制度。

考点精讲

第一节　社会主义的本质及其根本任务和目的

考点一　社会主义的本质

　　邓小平同志对社会主义的本质进行了科学地概括，他指出："社会主义的本质，是解放生产力，发展生产力，消灭剥削，消除两极分化，最终达到共同富裕。"对这一论断可以从两个方面加以理解，即社会主义的根本任务是解放和发展生产力，社会主义的根本目的是消灭剥削和实现共同富裕。

考点二　社会主义的根本任务是解放和发展生产力

　　社会主义的根本任务之所以是解放和发展生产力，这是由以下几个方面决定的。

　　(1) 解放和发展生产力是解决社会主义社会的主要矛盾的客观要求。

　　(2) 解放和发展生产力是建立社会主义物质基础的客观要求。

　　(3) 解放和发展生产力是社会主义最终战胜资本主义的客观要求。

　　(4) 解放和发展生产力是为过渡到共产主义社会创造物质条件的客观要求。

考点三　社会主义的根本目的是消灭剥削，消除贫富两极分化，实现共同富裕

剥削制度、两极分化的深刻经济根源在于生产资料所有制。要消灭剥削、消除两极分化，必须铲除生产资料私有制。社会主义经济制度与以往一切以私有制为基础的社会经济制度的根本区别就在于它要消灭剥削，消除两极分化，实现共同富裕。

社会主义不仅以消灭剥削、消除两极分化、实现共同富裕为目的，而且为实现这一目的提供了可能。一方面社会主义公有制和按劳分配的实现，本身就是消灭剥削、消除两极分化的保障，而且也是实现共同富裕的前提；另一方面，社会主义制度本身的自我发展和自我完善，通过改革来进一步解放生产力和发展生产力，这就为实现共同富裕提供了物质基础。但是，必须看到，在我国社会主义初级阶段，还存在着多种经济形式，存在着各地区之间社会经济发展的不平衡，存在着不同行业之间劳动生产率的差别，存在着个人收入的多渠道和分配不公，因而有可能在不同地区、行业和社会阶层之间出现贫富差距，这就要求社会主义国家通过宏观调控，运用经济、法律和行政手段加以调节。

【例4-1】 社会主义的根本目的是(　　)。(2010年单选题)
A. 消灭剥削，消除两极分化，实现共同富裕
B. 解放和发展生产力
C. 坚持以公有制为基础，实行按劳分配
D. 满足人们日益增长的物质文化需要

【解析】A　社会主义的根本目的是消灭剥削和实现共同富裕。社会主义经济制度与以往一切以私有制为基础的社会经济制度的根本区别就在于它要消灭剥削和消除两极分化，实现共同富裕，因此答案为A。

第二节　社会主义的初级阶段理论及基本经济制度

考点四　社会主义初级阶段理论概述

社会主义初级阶段，是指我国在生产力落后、商品经济不发达条件下建设社会主义必然要经历的特定阶段。社会主义初级阶段的论断包括两层含义：第一，我国已经进入社会主义社会；第二，我国的社会主义社会还处在不发达的阶段。我们必须坚持而不能离开社会主义，必须正视而不能超越初级阶段，否则就脱离了我国的最基本的国情。

社会主义初级阶段是社会主义社会发展的一个历史阶段，必然具有社会主义制度的一般经济特征，包括社会主义公有制和按劳分配等，但又必然具有一些自身的特征，这些特征主要有：以社会主义公有制为主体，多种所有制经济共同发展；以按劳分配为主体、多种分配方式并存；必须建立和发展市场经济体制；鼓励一部分人通过诚实劳动与合法经营先富起来。

我国在社会主义发展过程中必须经历一个特殊的初级阶段，绝非人们主观意志的产物，它具有客观必然性。从根本上来说就是我国的社会生产力水平还很低下。我国必须经过一个社会主义初级阶段的长期发展过程，来实现我国的工业化和经济的市场化、社会化、现代化。

我国社会主义初级阶段的主要矛盾，是人民日益增长的物质文化需要同落后的社会生产之间的矛盾，这个主要矛盾贯穿于我国社会主义初级阶段的整个过程和社会生活的各个方面，

这就决定了社会主义初级阶段的根本任务是解放和发展社会生产力。

中国共产党在社会主义初级阶段的基本路线是：领导和团结全国各族人民，以经济建设为中心，坚持四项基本原则，坚持改革开放，自力更生，艰苦创业，为把我国建设成为富强、民主、文明的社会主义现代化国家而奋斗。在社会主义经济制度的建立和完善中，我们必须始终遵循以"一个中心，两个基本点"为主要内容的党的基本路线。

【例4-2】 我国社会主义经济制度建立之后，社会的主要矛盾已转变为( )。(2011年单选题)

    A. 社会经济体制与市场经济体制两种经济体制之间的矛盾

    B. 人民日益增长的物质文化需要与落后的生产力之间的矛盾

    C. 无产阶级与资产阶级两个阶级之间的矛盾

    D. 社会主义和资本主义两条道路之间的矛盾

【解析】B 社会主义经济制度的建立，标志着新的社会矛盾的产生，即B所述。这个主要矛盾贯穿于我国社会主义初级阶段的整个过程和社会生活的各个方面。

考点五　社会主义初级阶段的基本经济制度

我国社会主义初级阶段的基本经济制度是以公有制为主体，多种所有制经济共同发展。这一制度的确立，是由社会主义性质和初级阶段的基本国情决定的：第一，我国是社会主义国家，必须坚持公有制作为社会主义经济制度的基础；第二，我国处在社会主义初级阶段，需要在以公有制为主体的条件下，发展多种所有制经济；第三，一切符合"三个有利于"的所有制形式都可以而且应该用来为社会主义服务。

1. 社会主义公有制经济及其主体地位和实现形式

生产资料社会主义公有制，是社会主义条件下全社会劳动者或部分劳动者共同占有生产资料的形式。它与社会化大生产相适应，为社会生产的进一步发展开辟了广阔的道路。全民所有制和集体所有制是社会主义初级阶段公有制的两种基本形式。

公有制经济在社会主义所有制结构中处于主体地位，是由其性质以及在国民经济中所起的作用决定的。具体表现在以下几方面。

(1) 它与社会化大生产相适应，同社会发展方向相一致。

(2) 它是社会主义制度的本质特征，是社会主义社会的经济基础。

(3) 它掌握着国家经济命脉，拥有现代化的物质技术基础。

(4) 它是实行按劳分配原则不可缺少的前提条件，因而又是实现劳动者主人翁地位和共同富裕的物质保证。

因此，必须坚持公有制经济的主体地位。

公有制经济的主体地位主要体现在以下两个方面。

(1) 公有资产在社会总资产中占优势。

(2) 国有经济控制国民经济命脉，对经济发展起主导作用。

公有制的实现形式是指公有制经济在其运行过程中所采取的具体经营方式和组织形式。在社会主义初级阶段条件下，公有制实现形式可以而且应该多样化，一切反映社会化生产规律的经营方式和组织形式都可以大胆利用。

2. 非公有制经济及其形式和作用

我国现阶段的非公有制经济由个体经济、私营经济、外资经济所组成，另外，还包括混合所有制经济中的非公有成分。

个体经济是劳动者个体所有制经济的简称。这是一种生产资料归劳动者个人所有，由劳动者及其家庭成员直接支配和使用，并直接从事劳动和生产经营活动的一种私有制的经济形式。私营经济是一种生产资料归私人所有、存在雇佣劳动关系的一种私有制的经济形式。外资经济是指"三资企业"中的外资部分，是属于资本主义性质的经济成分。所谓"三资企业"是指外商独资企业、中外合资经营企业和中外合作经营企业。

非公有制经济是促进我国社会生产力发展的重要力量。对个体、私营等非公有制经济要大力发展和积极引导。这对满足人们多样化的需要，增加就业，促进国民经济的发展有重要作用。

【例 4-3】 我国社会主义初级阶段的基本经济制度是( )。(2012 年单选题)

A. 混合所有制经济为主体，多种所有制经济共同发展

B. 股份制经济为主体，多种所有制经济共同发展

C. 公有制经济为主体，多种所有制经济共同发展

D. 民营私有经济为主体，多种所有制经济共同发展

【解析】C 我国社会主义初级阶段的基本经济制度是以公有制为主体，多种所有制经济共同发展。

考点六 社会主义初级阶段的收入分配制度

在社会主义初级阶段，必须坚持以按劳分配为主体，多种分配方式并存的分配制度，坚持效率优先、兼顾公平，各种生产要素按贡献参与分配。这是由社会主义初级阶段多元所有制结构决定的。

按劳分配，是指在社会主义公有制经济中，劳动者以其向社会提供劳动的数量和质量获取劳动报酬。等量劳动获得等量报酬是按劳分配的内在要求。按劳分配的具体形式主要有工资、奖金、津贴和劳动分红等。

按生产要素分配是指按照资本、土地、劳动、技术等各种生产要素在生产过程中的贡献进行分配。其具体形式主要有：利息和利润是资本的收入，租金是土地的收入，非公有经济中的工资是劳动力的收入等。

在收入分配中要坚持效率优先、兼顾公平的原则。由于实行按劳分配与按生产要素分配相结合的制度，就必然会有一部分劳动者或社会成员的收入增长得快一些，而另一部分劳动者或社会成员的收入增长得慢一些，社会成员之间的收入水平和生活水平就会出现一定的差距。这就要求处理好效率与公平的关系。

【例 4-4】 在社会主义初级阶段实行以按劳分配为主体，多种分配方式并存的分配制度，是为了( )。(2011 年单选题)

A. 拉开收入差距　　　　　　　　B. 与较低的生产力水平相适应

C. 适应多元所有制结构的要求　　D. 满足不同阶层社会成员的物质文化需要

【解析】C 在社会主义初级阶段，必须坚持以按劳分配为主体，多种分配方式并存的

分配制度,坚持效率优先、兼顾公平,各种生产要素按贡献参与分配。这是由社会主义初级阶段多元所有制结构决定的。

同 步 自 测

一、单项选择题

1. 社会主义的根本任务是( )。
   A. 消灭剥削,消除两极分化　　　　　B. 解放和发展生产力
   C. 实现共同富裕　　　　　　　　　　D. 满足人们日益增长的物质文化需要

2. 我国的公有制经济主要由国有经济和集体经济组成,还包括以下混合所有制经济中的( )成分。
   A. 国有成分　　　B. 外资成分　　　C. 私人成分　　　D. 民营成分

3. 我国社会主义初级阶段的基本经济制度是由( )决定的。
   A. 社会主义初级阶段的生产力水平　　B. 社会主义的本质
   C. 社会主义初级阶段的根本任务　　　D. 社会主义的性质和初级阶段的基本国情

4. 按劳分配规律的内在要求是( )。
   A. 消灭剥削,实现社会公平　　　　　B. 消除两极分化,实现共同富裕
   C. 等量劳动获取等量报酬　　　　　　D. 效率优先,兼顾公平

5. 社会主义条件下全社会劳动者或部分劳动者共同占有生产资料的形式是( )。
   A. 生产资料社会主义公有制
   B. 生产工具社会主义公有制
   C. 生产资料社会主义私有制
   D. 生产工具社会主义私有制

6. 我国国有经济起主导作用,主要体现在( )。
   A. 国有经济在各经济成分中占的比重较大
   B. 国有经济控制国民经济命脉
   C. 国有经济在各行业都起主导作用
   D. 国有经济比重应不断提高

7. 利息体现( )。
   A. 按劳分配　　B. 按生产要素分配　　C. 按技术分配　　D. 按信息分配

8. 在社会主义初级阶段,个人收入的分配必须把( )结合起来。
   A. 按劳分配与按资分配　　　　　　　B. 按劳分配和按生产要素分配
   C. 按劳分配和按经济成果分配　　　　D. 按经营成果分配和按生产要素分配

二、多项选择题

1. 社会主义的根本任务之所以是解放生产力和发展生产力,这是由( )决定的。
   A. 社会主义社会的主要矛盾及其解决　　B. 社会主义的根本目的
   C. 建立社会主义物质基础　　　　　　　D. 社会主义最终战胜资本主义的客观要求
   E. 为将来过渡到共产主义社会创造物质条件的需要

2. 社会主义的本质是(　　)。
    A. 坚持公有制为基础　　　　　　　　B. 实行按劳分配原则
    C. 解放和发展生产力　　　　　　　　D. 达到共同富裕
    E. 巩固和发展社会经济关系

3. 社会主义初级阶段党的基本路线可以概括为(　　)。
    A. 坚持改革开放　　　　　　　　　　B. 以经济建设为中心
    C. 以精神文明建设为中心　　　　　　D. 坚持四项基本原则
    E. 坚持科学发展观

4. 公有制经济在社会主义所有制结构中处于主体地位，这主要体现在(　　)。
    A. 国有经济在数量上和社会总资产中占优势
    B. 公有资产在社会总资产中占优势
    C. 公有制企业在数量上占优势
    D. 国有经济对经济发展起主导作用
    E. 国有经济控制国民经济命脉

5. 社会主义初级阶段是社会主义社会发展的一个历史阶段，必然具有社会主义制度的一般经济特征，但又必然具有一些自身的特征，这些特征主要有(　　)。
    A. 以社会主义公有制为主体，多种所有制经济共同发展
    B. 以按劳分配为主体、多种分配方式并存
    C. 必须建立和发展市场经济体制
    D. 鼓励一部分人通过诚实劳动与合法经营先富起来
    E. 建立完善的宏观调控体系

6. 在我国，目前按劳分配的具体形式有(　　)。
    A. 补贴　　　B. 工资　　　C. 津贴　　　D. 奖金　　　E. 劳动分红

7. 社会主义初级阶段的公有制有两种基本形式(　　)。
    A. 全民所有制　　　　B. 集体所有制　　　　C. 股份制
    D. 国家所有制　　　　E. 混合所有制

8. 社会主义初级阶段的非公有制经济主要有(　　)。
    A. 股份制经济　　　　　　B. 个体经济　　　　　　C. 私营经济
    D. 外资经济　　　　　　E. 股份合作制经济

同步自测解析

一、单项选择题

1. 【解析】B　社会主义的根本任务是解放和发展生产力，社会主义的根本目的是消灭剥削和实现共同富裕。

2. 【解析】A　我国的公有制经济主要由国有经济和集体经济组成，还包括混合所有制经济中的国有成分和集体成分。

3. 【解析】D　我国社会主义初级阶段的基本经济制度是以公有制为主体，多种所有制经济共同发展。这一制度的确立，是由社会主义性质和初级阶段基本国情决定的。

4.【解析】C　按劳分配，是指在社会主义公有制经济中，劳动者以其向社会提供劳动的数量和质量获取劳动报酬，多劳多得，少劳少得，不劳动者不得食。

5.【解析】A　生产资料社会主义公有制是社会主义条件下全社会劳动者或部分劳动者共同占有生产资料的形式。

6.【解析】B　国有经济起主导作用，主要体现在控制力上，对关系国民经济命脉的重要行业和关键领域，国有经济必须占支配地位；在其他领域，可以通过资产重组和结构调整，以加强重点，提高国有资产的整体素质。

7.【解析】B　按生产要素分配是指按照资本、土地、劳动、技术等各种生产要素在生产过程中的贡献进行分配。其具体形式主要有：利息和利润是资本的收入、租金是土地的收入，非公有经济中的工资是劳动力的收入等。

8.【解析】B　在社会主义初级阶段，必须坚持以按劳分配为主体，多种分配方式并存的分配制度，把按劳分配和按生产要素分配结合起来，这是由社会主义初级阶段多元所有制结构决定的。

二、多项选择题

1.【解析】ACDE　社会主义的根本任务之所以是解放和发展生产力，这是由以下几个方面决定的：解决社会主义社会的主要矛盾的客观要求；建立社会主义物质基础的客观要求；是社会主义最终战胜资本主义的客观要求；为过渡到共产主义社会创造物质条件的客观要求。

2.【解析】CD　邓小平同志对社会主义的本质进行了科学的概括，他指出："社会主义的本质，是解放生产力，发展生产力，消灭剥削，消除两极分化，最终达到共同富裕。"

3.【解析】ABD　中国共产党在社会主义初级阶段的基本路线是：领导和团结全国各族人民，以经济建设为中心，坚持四项基本原则，坚持改革开放，自力更生，艰苦创业，为把我国建设成为富强、民主、文明的社会主义现代化国家而奋斗。

4.【解析】BDE　公有制经济的主体地位主要体现在两个方面：①公有资产在社会总资产中占优势；②国有经济控制国民经济命脉，对经济发展起主导作用。

5.【解析】ABCD　根据社会主义初级阶段理论，题中ABCD四项均是社会主义制度的特征。

6.【解析】BCDE　按劳分配的具体形式主要有工资、奖金、津贴和劳动分红等。其中，工资是主要形式。

7.【解析】AB　生产资料社会主义公有制，是社会主义条件下全社会劳动者或部分劳动者共同占有生产资料的形式。全民所有制和集体所有制是社会主义初级阶段公有制的两种基本形式。

8.【解析】BCD　我国现阶段的非公有制经济由个体经济、私营经济、外资经济所组成。还包括混合所有制经济中的非公有成分。

第五章　社会主义市场经济体制及其运行基础

测查应试人员是否掌握社会主义市场经济体制的客观必然性，社会主义市场经济体制的内容、特征及其选择确定的方式，我国社会主义经济体制改革的目标和基本模式，社会主义市场体系的含义、结构类型及其运行的微观基础。

1. 社会主义商品经济与市场经济

社会主义商品经济存在的原因，社会主义市场经济的定义和特征。

2. 社会主义经济体制改革的目标和基本模式

社会主义经济体制改革的目标，社会主义市场经济体制的基本模式。

3. 社会主义市场体系

社会主义市场体系的基本特征，社会主义市场经济条件下的商品市场和要素市场，社会主义市场规则与秩序，社会主义市场的中介组织。

4. 社会主义市场经济的微观基础

社会主义企业和企业制度，社会主义企业的类型，现代企业制度的基本特征，我国农村的基本经济制度。

📁 **考点精讲**

第一节　社会主义商品经济与市场经济

考点一　社会主义商品经济存在的原因

社会主义社会存在商品经济主要有两个方面的原因：一是社会分工，社会主义生产是以广泛的社会分工为基础的社会化大生产；二是独立经济利益实体的存在，它们之间只有通过市场、通过等价交换才能实现自身的经济利益。

考点二　社会主义市场经济的定义和特征

社会主义市场经济，是指在社会主义公有制基础上，使市场在社会主义国家宏观调控下对资源配置起基础性作用的经济体制。

社会主义市场经济包含以下特征。

(1) 一切经济活动都直接或间接地通过市场实现，市场机制起基础作用。

(2) 市场主体自主经营、自负盈亏。

(3) 商品的价格由市场竞争形成。

(4) 政府不直接干预市场主体的生产经营活动。

(5) 经济运行依据法律规范进行。

除此之外，社会主义市场经济还有其自身的独特之处。

(1) 在所有制结构上，必须坚持以公有制为主体、多种经济成分共同发展的制度，不同经济成分还可以自愿实行多种形式的联合经营。

(2) 在分配制度上，要建立以按劳分配为主体、多种分配方式并存的个人收入分配制度，体现效率优先、兼顾公平的原则。

(3) 在宏观调控上，社会主义国家能够把人民的当前利益与长远利益、局部利益与整体利益结合起来，建立以间接手段为主的完善的宏观调控体系，保证国民经济健康运行。

价值规律是商品经济的规律，只要存在商品经济，价值规律就必然存在并起作用。

第二节 社会主义经济体制改革的目标和基本模式

考点三 社会主义经济体制改革的目标

我国经济体制改革的目标是建立社会主义市场经济体制。我们要建立的社会主义市场经济体制，就是要使市场在社会主义国家宏观调控下对资源配置起基础性作用，使经济活动遵循价值规律的要求，适应供求关系的变化；通过价格杠杆和竞争机制的功能，把资源配置到效益较好的环节中去，并给企业以压力和动力，实现优胜劣汰；运用市场对各种经济信号反应比较灵敏的优点，促进生产和需求的及时协调。

在社会主义市场经济体制中，市场和计划都是资源配置的调节手段，两者能够而且必须互相结合。同时，二者所处的地位和功能又有区别，市场在资源配置中起基础性作用，计划则主要是国家对经济进行宏观调控的一个重要手段。

【例 5-1】 我国经济体制改革的目标是建立( )。(2011 年单选题)

A. 社会主义国家所有制　　　　　　 B. 社会主义市场经济体制

C. 现代工商企业制度　　　　　　　 D. 社会主义按劳分配制度

【解析】B　我国经济体制改革的目标是建立社会主义市场经济体制。本题考查我国经济体制改革的目标。

考点四 社会主义市场经济体制的基本模式

社会主义市场经济体制的基本模式，由以下几个相互联系的重要环节构建而成。

(1) 必须坚持以公有制为主体、多种经济成分共同发展的方针，进一步转换国有企业经营机制，建立适应市场经济要求，产权清晰、权责明确、政企分开、管理科学的现代企业制度；

(2) 建立和培育全国统一开放的市场体系，实现城乡市场紧密结合，国内市场与国际市场相互衔接，促进资源的优化配置；

(3) 转变政府管理经济的职能，建立以间接手段为主的完善的宏观调控体系，保证国民经济的健康运行；

(4) 建立以按劳分配为主体、多种分配方式并存的个人收入分配制度，体现效率优先、兼顾公平的原则，鼓励一部分地区、一部分人先富起来，走共同富裕的道路；

(5) 建立多层次的社会保障制度，为城乡居民提供与我国国情相适应的社会保障，促进经济持续发展和社会和谐稳定。

以上几个环节是相互联系和相互制约的有机整体。

第三节 社会主义市场体系

考点五 社会主义市场体系的基本特征

社会主义市场体系主要具有以下几方面特征。

(1) 统一性，即全国市场是统一的，商品和要素的交换不被行政的部门和地区分割和封锁，按照市场经济的内在联系顺畅进行；

(2) 开放性，即随着市场的扩大，不断突破原有边界和范围，不断拓展新领域，同世界市场建立广泛联系；

(3) 竞争性，即让竞争机制充分发挥作用，使价格真实反映供求状况，正确引导资源流向，给企业以压力和动力，优胜劣汰，保持经济活力；

(4) 规范性，即以健全完善的法规和制度有效规范市场主体行为，确保公平竞争，防止垄断，保持正常的市场秩序。

在社会主义条件下，不断通过改革培育和完善市场体系具有以下重要意义。

(1) 完善市场体系是发挥市场机制作用不可缺少的条件；

(2) 完善市场体系是转变企业经营机制必不可少的条件；

(3) 完善市场体系是政府转变职能，建立国家宏观调控体系的基础，也是国家搞好宏观管理的必要前提；

(4) 完善市场体系是把微观搞活和宏观管理统一起来的中心环节。

考点六 社会主义市场经济条件下的商品市场和要素市场

1. 社会主义市场经济条件下的商品市场

商品市场是市场经济存在和发展的基本条件，它是商品流通的载体，没有商品市场，市场经济也就无法运行。

商品市场主要包括两部分。

(1) 消费品市场，是指为满足消费者，包括居民个人和社会集团的物质文化生活需要而供应消费品的市场；

(2) 生产资料市场，是指为满足社会再生产的需要而提供物质生产资料的商品市场。

2. 社会主义市场经济条件下的要素市场

在市场经济活动中，还有许多不是供人们生活消费和生产消费的商品，但它们却是生产和经营活动中不可缺少的要素。这些要素包括资本、劳动力、房地产、技术、信息等。

要素市场主要有以下几类。

(1) 金融市场，是资本的供给者与需求者进行资本融通和有价证券买卖的场所及其相互关系的总和；

(2) 劳动力市场，是劳动力的供给者与需求者交换劳动力的场所及其相互关系的总和；

(3) 房地产市场，是土地市场和房产市场的统称；

(4) 技术市场，是以科研成果、科研产品等为交换对象的交易市场；

(5) 信息市场，是专门进行信息交换的场所。

考点七　社会主义市场规则与秩序

市场规则是指国家制定的维护市场公平竞争、保证市场正常运行的制度、法规和准则的总称，包括进入市场各主体的行为规范以及处理相互关系的准则。

市场规则的主要内容如下所述。

(1) 市场进入规则，即关于市场主体及其经营商品进入市场的规范和准则；

(2) 市场交易规则，即关于市场交易行为的规范和准则；

(3) 市场竞争规则，即保证各市场主体能够在平等的基础上充分展开竞争的法律规定和行为准则。

市场秩序包括市场进入秩序、市场竞争秩序和市场交易秩序。其内容就是市场规则的实现。

政府根据市场规则对市场交易运作过程进行管理和监督。市场管理的手段主要有法律手段、行政手段和经济手段。

市场管理的内容主要包括以下几方面。

(1) 对市场主体的管理，即审查进入市场主体的资格，确保准入市场主体的合法性；

(2) 对市场客体的管理，即对各类交易对象和市场服务机构的管理；

(3) 对市场经营活动和竞争方式的管理；

(4) 对价格的管理和监督。

考点八　社会主义市场的中介组织

市场中介组织，是指介于国家和市场经营主体及消费者之间的非行政性社会经济组织和机构的通称。市场中介组织可分为两大类：一是主要为商品流通提供服务和沟通的市场中介，如经纪人、信息咨询机构等；二是主要对市场运行提供公证和进行监督的市场中介，如会计师事务所、律师事务所、公证和仲裁机构、计量和质量检验认证机构、资产和资信评级机构等。

市场中介组织对市场运行起着极为重要的作用。它们一方面协助政府对市场实行非行政监督，另一方面为市场主体及其交易活动提供服务，节约了交易成本，保证了交易秩序。各种类型的市场中介组织，对市场经济的正常运行分别发挥着服务、沟通、公证、监督等重要作用。

市场中介组织的地位和作用决定了必须对其进行严格的监督管理。在我国建立市场经济体制的过程中，市场中介组织也要依法通过资格认定，依据市场规则，建立自律性运行机制，承担相应的法律和经济责任，并接受政府有关部门的管理和监督。

第四节 社会主义市场经济的微观基础

考点九 社会主义企业和企业制度

社会主义企业是指在社会主义市场经济条件下从事商品生产和经营活动的经济组织，是面向市场、自主经营、自负盈亏、独立承担民事责任和民事义务的具有法人资格的经济实体。

作为社会主义社会经济活动基本单位的企业，同样是社会化和商品经济意义上的企业。企业具有两重属性：既是生产力的组织形式，又体现一定的社会生产关系。

考点十 社会主义企业的类型

按企业的所有制性质，可将社会主义企业进行如下分类。

(1) 全民所有制(国有)企业；

(2) 集体所有制企业；

(3) 私营企业；

(4) 混合所有制企业；

(5) 外商投资企业；

(6) 个体工商户。

按企业的组织形式，可将企业进行如下分类。

(1) 公司制企业；

(2) 个人独资企业；

(3) 合伙企业；

(4) 个体工商户。

另外，按企业在社会再生产过程中的地位，可将企业划分为生产企业、商品流通企业和服务性企业；按我国行业划分标准，可将企业划分为农业、林业、牧业、渔业、工业、建筑业、交通运输业、商业、服务业、房地产业、金融保险业等行业的企业；按企业规模，企业又可依据一定标准被划分为大、中、小三类企业。

考点十一 现代企业制度的基本特征

我国社会主义市场经济体制改革的一项重要任务就是进行国有企业的改革，全面推进和实行现代企业制度。现代企业制度是同社会化大生产和现代市场经济相适应的企业制度，它是以完善的企业法人制度为基础，以有限责任制度为特征，以公司制为主要的、典型的企业资本组织形式的新型企业制度。

1. 现代企业制度的基本特征

①产权清晰；②权责明确；③政企分开；④管理科学。

2. 现代企业制度的财产关系

所谓财产关系，包括财产的所有、占有、使用、收益和处分的关系。

财产所有权,是指出资者按投入企业的资本额享有的所有者权益,即资产受益、重大决策和选择管理者的权利;而法人财产权是指企业法人依照法律、法规对企业实际拥有的财产的直接占有权、使用权和处置权。财产所有权指的是财产的归属权,法人财产权指的是财产运营权。法人财产权没有改变财产的归属,财产所有权确保了所有者的权益。国有资产的最终所有权与法人财产权的分离是建立现代企业制度的基本前提。

法人财产权是现代企业制度的根本特征,法人财产权的确立具有以下几个重要意义。

(1) 为清晰产权奠定了理论基础,找到了公有制与市场经济的结合点;

(2) 法人财产权使法人企业找到了存在的基础,使国有企业真正成为自主经营、自负盈亏、自我发展、自我约束的法人实体;

(3) 为企业制度创新奠定了基础,为企业经营机制的转换开辟了道路;

(4) 为国有资产的重组和流动,保值、增值创造了条件。

3. 现代企业制度的组织形式和组织结构

现代公司制度是现代企业制度的主要组织形式,具体形式主要有有限责任公司和股份有限公司。

有限责任公司,是指由两人以上50人以下股东共同出资,每个股东以其出资额对公司行为承担有限责任,公司以其全部资产对其债务承担责任的企业法人。公司不对外公开发行股票,股东的出资额由股东协商确定。公司对股东出具的股权证书是股东在公司中所拥有的权益凭证,这种凭证不同于股票,不能自由流通,转让须经其他股东同意,并要优先转让给公司原有股东。这种形式一般适合于中小企业。

股份有限公司是指由 5 名以上的发起人通过发起设立或募集设立的方式所设立,注册资本由等额股份构成,并通过发行股票筹集资本,股东以其所持有股份为限对公司承担责任,公司以其全部资产对公司债务承担责任的企业法人。股份有限公司的特点是:其资本总额均分为每股金额相等的股份,根据股票数量计算股东权益;股票可以在社会上公开发行,经批准可以上市交易,股票可以转让,但不能退股;股东人数只有下限,没有上限;定期向社会公开其资产负债、经营损益等财务状况。股份有限公司更适合于大中型企业。

现代企业制度对于企业的经营管理是通过股东大会、董事会、监事会和经理层这样一个职责明确、各负其责、协调运转、有效制衡的法人治理结构来进行的。公司法人治理结构是公司制的核心。具体表现在以下几方面。

(1) 股东大会是公司的权力机构,负责制定和修改公司章程,选举和更换董事和监事会的成员,审议和批准公司的预算、决算、收益分配等重大事项,所有者对企业拥有最终控制权。

(2) 董事会是公司的经营决策机构,由股东大会选出,维护出资人权益,对股东大会负责,拟行股东大会,决定公司的经营计划和投资方案,任免公司总经理,并对他们的业绩进行考核和评价。董事长为公司法定代表人。

(3) 监事会是公司的监督机构,由股东大会选出,对股东大会负责,依照法律和公司章程对董事会和经理执行公司职务的活动进行监督。

(4) 经理层负责公司的日常经营活动,依照公司章程和董事会的授权行使经营权,接受监督。部门经理对总经理负责,总经理对董事会负责。

【例5-2】 现代企业制度的根本特征是(   )的确立。(2012 年单选题)

A. 企业法人财产权　　　　　　　　　B. 财产终极所有权

C. 资产受益权   D. 财产归属权

【解析】A 法人财产权是现代企业制度的根本特征，详解见课本。

考点十二 我国农村的基本经济制度

所谓家庭承包经营责任制，是在坚持农村土地集体所有制的前提下，将土地的所有权和经营权分离开来，土地的所有权仍然属于农村集体经济组织所有，土地的使用权则依据人口或劳动力的多少划分给农户承包经营。这种经营方式理顺了国家、农业集体单位、农民个人三者之间的关系，使个人利益与劳动成果有效地连接在一起，因而极大地调动了农民的生产积极性，有力地推动了农业生产力发展。

家庭承包经营责任制既是我国农村经济制度的基础，也是农村集体经济组织经营方式的基础。稳定和完善家庭承包经营责任制，已成为我国农业和农村工作当前和今后相当长时期的基本出发点和落脚点。

家庭承包经营责任制是继土地改革以来我国农村生产关系的一次重大调整，这种调整，不是改变也没有改变农村土地的集体所有制性质，只是改变了农村土地的经营方式，由相对集中的统一经营改为以家庭为单位的分户经营。

我国施行的农村家庭承包经营责任制，虽在一定程度上不利于先进科学技术的采用，但可以通过以下几个措施对这一问题加以解决：实现农业剩余劳动力向非农产业转移；在农民自愿的前提下，实现农作物种植的相对集中和土地使用权的有偿转让，建设具有一定规模的农产品生产基地；实现农业产业化经营等。

【例 5-3】 关于在我国农村实行的家庭联产承包经营责任制的说法，正确的有( )。(2012 年多选题)

A. 它是土地改革以后我国农村生产关系的一次重大调整
B. 它没有改变农村土地的集体所有制性质
C. 它没有改变农村土地的经营方式
D. 它是作为农村集体经济组织内部的一个经营层次而存在的
E. 它独立于农村集体经济组织之外

【解析】ABD 家庭联产承包经营责任制改变了农村土地的经营方式，所以选项 C 错误。它并不独立于农村集体经济组织之外，所以选项 E 错误。

同 步 自 测

一、单项选择题

1. 根据现代企业制度，公司的权力机构是( )。
   A. 股东大会   B. 董事会   C. 监事会   D. 经营管理层
2. 有限责任公司的出资额由( )确定。
   A. 法律法规   B. 股东协商   C. 公司董事会   D. 政府管理机关
3. 在社会主义市场经济体制建立以后，国家对企业的管理应以( )为主。
   A. 间接方式   B. 直接方式   C. 统一管理   D. 风险控制

4. 社会主义市场经济体制下市场在资源配置过程中应起( )作用。

    A. 基础性   B. 辅助性   C. 主导性   D. 统治性

5. 股份制是现代企业的一种( )。

    A. 生产组织形式   B. 利益协调方式

    C. 资本组织形式   D. 基本管理制度

6. 下列关于市场经济与商品经济相互关系的表述,正确的是( )。

    A. 市场经济一定是商品经济

    B. 市场经济一定不是商品经济

    C. 商品经济一定是市场经济

    D. 市场经济是商品经济存在和发展的基础和前提

7. 在现代企业制度的财产关系中,法人财产权指的是( )。

    A. 财产的归属权   B. 财产的运营权

    C. 出资者的决策权   D. 出资者的受益权

8. 有限责任公司破产后,其清算组应由( )组成。

    A. 职工代表   B. 股东

    C. 监事会   D. 董事会成员及其指定人选

9. 家庭联产承包责任制并未改变农村土地的集体所有制性质,只是改变了农村土地的( )。

    A. 种植结构   B. 经营方式   C. 分配方式   D. 管理模式

二、多项选择题

1. 商品经济存在必须具备的两个条件是( )。

    A. 生产资料和产品分属于各个不同的所有者

    B. 私有制的产生

    C. 社会分工

    D. 阶级的出现

    E. 国家的产生

2. 社会主义商品经济的作用有( )。

    A. 提高劳动生产率,推动生产迅速发展

    B. 促进资源优化配置,加快实现现代化

    C. 增强企业活力

    D. 促进社会公平

    E. 增加社会产品,满足人民需要

3. 现代企业制度的组织形式主要有( )。

    A. 有限责任公司   B. 合作制   C. 合伙制

    D. 租赁制   E. 股份有限公司

4. 在现代企业制度的财产关系中,出资者享有的所有者权益有( )。

    A. 资产收益权   B. 重大决策权

    C. 经营管理权   D. 招聘员工的权利

    E. 选择管理者的权利

5. 下列市场经济组织中，应对自身债务承担无限责任的是(　　)。

    A. 个体工商户　　　　　　　B. 股份有限公司　　　　C. 个人独资企业

    D. 国有独资公司　　　　　　E. 合伙制企业

6. 股份有限公司的特点是(　　)。

    A. 资产总额均分为每股金额相等的股份　　B. 股东可以转让股票，也可以退股

    C. 股东人数只有上限，没有下限　　　　　D. 需定期向社会公开其财务状况

    E. 股票可以在社会上公开发行

7. 通常情况下，对市场中介组织的管理方式包括(　　)。

    A. 行政管理　　　　　　　　B. 立法管理　　　　　　C. 计划管理

    D. 行业管理　　　　　　　　E. 自律管理

8. 下列市场中介可以对市场运行提供公证和进行监督的有(　　)。

    A. 信息咨询机构　　　　　　B. 会计师事务所　　　　C. 律师事务所

    D. 仲裁机构　　　　　　　　E. 资信评级机构

9. 下列(　　)属于要素市场的生产要素。

    A. 资本　　　　　　　　　　B. 房地产　　　　　　　C. 劳动力

    D. 信息　　　　　　　　　　E. 消费品

同步自测解析

一、单项选择题

1. 【解析】A　股东大会是公司的权力机构，本题考查现代企业制度。

2. 【解析】B　出资额由股东协商确定，本题考查有限责任公司。

3. 【解析】A　在社会主义市场经济体制下，国家对企业的管理必须以间接方式为主，主要通过调节市场参数或经济杠杆来引导企业按照国家的宏观决策和国民经济发展的总体要求进行生产经营活动。

4. 【解析】A　社会主义市场经济具有与其他社会的市场经济一样的共同特征，其中包括一切经济活动都直接或间接地通过市场实现，市场机制起基础性作用。

5. 【解析】C　现代公司制度是现代企业制度的主要组织形式，具体形式主要有有限责任公司和股份有限公司。股份有限公司是注册资本由等额股份构成，并通过发行股票筹集资本，股东以其所持有股份为限对公司承担责任。

6. 【解析】A　商品经济是市场经济存在和发展的基础和前提，只有通过市场，通过等价交换才能实现企业各自的经济利益。

7. 【解析】B　概括地说，财产所有权是指财产的归属权，法人财产权指的是财产运营权。

8. 【解析】B　有限责任公司破产后清算组应由股东组成。

9. 【解析】B　家庭联产承包责任制并未改变农村土地的集体所有制性质，只是改变了农村土地的经营方式。

二、多项选择题

1. 【解析】AC　社会主义社会存在商品经济存在必须具备的两个条件是：一是生产资料和产品分属于各个不同的所有者；二是社会分工。

2. 【解析】ABCDE　在社会主义条件下，不断通过改革培育和完善市场体系具有重要意义，主要体现以下几个方面：提高劳动生产率，推动生产迅速发展；促进资源优化配置，加快实现现代化；增强企业活力；促进社会公平；增加社会产品，满足人民需要。

3. 【解析】AE　现代企业制度的组织形式主要为：有限责任公司；股份有限公司。

4. 【解析】ABE　财产所有权是指出资者按投入企业的资本额享有所有者的权益，即资产收益、重大决策和选择管理者的权利。

5. 【解析】ACE　个体工商户以其个人或家庭的财产对其债务承担无限责任；股份有限公司和有限责任公司以公司法人财产承担有限责任；个人独资企业以其个人财产对企业债务承担无限责任；国有独资公司为有限责任公司；合伙企业由各合伙人订立合伙协议，共同出资、合伙经营、共享收益、共担风险，并对合伙企业债务承担无限连带责任。

6. 【解析】ADE　股份有限公司的特点有：①资本总额均分为每股金额相等的股份，根据股票数量计算股东权益；②股票可在社会上公开发行，经批准可以上市交易，股票可以转让，但不能退股；③股东人数只有下限，没有上限；④定期向社会公开其资产负债、经营损益等财务状况。

7. 【解析】ABDE　对市场中介组织的管理一般包括立法管理、行政管理、行业管理和自律管理四个方面，同时对中介组织的违法行为的处理也非常严格。

8. 【解析】BCDE　市场中介组织可分为两大类：①主要为商品流通提供服务和沟通的市场中介，如经纪人、信息咨询机构等；②主要对市场运行提供公证和进行监督的市场中介，如会计师事务所、律师事务所；公证和仲裁机构、计量和质量检验认证机构、资产和资信评级机构等。

9. 【解析】ABCD　市场体系包括商品市场和要素市场两类。前者包括消费品市场和生产资料市场；后者包括资本、劳动力、房地产、技术、信息等市场。

第六章　社会主义经济的增长与发展

大纲解读

测查应试人员是否掌握经济增长与经济发展的关系，社会主义再生产过程和特点，产业结构的划分方法和影响因素，社会主义国民收入分配的含义和方式，社会主义经济增长与经济发展的内涵、战略和指导思想。

1. 社会主义再生产

社会主义再生产的实质，社会主义再生产的特点。

2. 社会主义的产业结构

产业结构的内涵及其分类方法，影响产业结构的因素，产业结构的优化。

3. 社会主义国民收入的分配

国民收入的初次分配和再分配，社会主义积累基金和消费基金，社会保障制度的健全和完善。

4. 社会主义经济增长与经济发展

经济增长与经济发展的相互关系，经济增长方式及转变，树立科学的发展观。

考点精讲

第一节　社会主义再生产

考点一　社会主义再生产的实质

社会主义再生产的实质是在经济发展的基础上不断提高社会全体人民的生活水平。

考点二　社会主义再生产的特点

社会主义再生产的特点是扩大再生产。社会主义再生产是在经济发展基础上提高人民生活水平的再生产，社会主义再生产的典型特征就是扩大再生产。

扩大再生产从其实现的方式来看，分为外延的扩大再生产和内涵的扩大再生产。外延的扩大再生产是指单纯依靠增加生产资料和劳动力的数量以及扩大生产场所来扩大生产规模。内涵的扩大再生产则是指依靠技术进步、改善生产要素的质量以及提高劳动效率和生产效率来扩大生产的规模。在进行外延扩大再生产时，一般都伴随着技术进步和使用更先进的生产要素；而在进行内涵扩大再生产时，一般也同时需要扩大生产规模或新建企业。

根据我国目前的具体国情，应当把扩大再生产的立足点转移到以内涵为主的扩大再生产道路上，生产出尽可能多的质量高、符合社会需要的产品。

第二节　社会主义的产业结构

考点三　产业结构的内涵及其分类方法

产业结构是指国民经济中各产业之间及产业内部各部门之间的比例关系和结合状况，是国民经济结构的一个基本方面。

经常采用的分类方法有以下几个。

(1) 两大部类分类法，即把整个社会生产归纳为生产资料生产和消费资料生产两大部类；

(2) 三次产业分类法，"三次产业"是第一次产业、第二次产业、第三次产业的简称；

(3) 生产要素密集程度分类法，根据不同产业在生产过程中对不同生产要素的依赖程度，划分为资本密集型产业、劳动密集型产业、技术密集型产业。

【例 6-1】 将产业划分为资本密集型、劳动密集型和技术密集型的依据是产业( )。(2011 年单选题)

A. 规模　　　　　　　　　　B. 对不同生产要素的依赖程度

C. 在国民经济中的地位　　　D. 内部组织结构

【解析】B　生产要素密集程度分类法，即根据不同的产业在生产过程中对不同生产要素的依赖程度，划分为资本密集型产业、劳动密集型产业、技术密集型产业。

考点四　影响产业结构的因素

影响产业结构的因素包括以下方面。

(1) 消费结构对产业结构的影响；

(2) 资源结构对产业结构的影响；

(3) 投资结构对产业结构的影响；

(4) 科学技术进步对产业结构的影响；

(5) 劳动力素质和数量对产业结构的影响；

(6) 产业间关联方式对产业结构的影响。

考点五　产业结构的优化

产业结构的优化，是指国民经济中各个产业间建立起最佳的结构和最优的比例关系。它是社会再生产顺利实现的条件，它能有效消除由于比例失调而引起的人力、物力、财力的巨大浪费，从而有效地提高经济效益，加快经济发展速度；它能在物质上保证国民收入中积累基金和消费基金得到实现，从而保证人民生活水平的提高和社会生产的发展。我国产业结构存在比例关系不合理的低级现象，这突出表现在：农业基础薄弱，工业素质不高，第三产业发展滞后；第一、第二、第三产业的关系不协调；产业发展在低水平上重复等方面。我国优化产业结构的短期目标是实现产业结构的均衡运行，长期目标则是实现产业结构的高度优化。

实现产业结构优化目标的途径为：①建立适应社会主义市场经济体制的产业结构转换机制，充分发挥价值规律、市场机制、宏观调控的作用，推动产业发展和调整；②选准主导产业，培育战略产业，强化基础产业。

第三节　社会主义国民收入的分配

考点六　国民收入的初次分配和再分配

1. 国民生产总值和国内生产总值

国民生产总值(GNP)，又称国民总收入。它指一个国家或地区所有常驻单位在一定时期内(一般为一年)收入初次分配的最终成果，它不包括生产资料的转移价值和重复计算因素，只计算物质生产部门的劳动者创造的全部新价值。

国内生产总值(GDP)，指一个国家或地区所有常驻单位在一定时期内(一般为一年)生产活动的最终成果，它不包括能源、原材料等各种中间消耗的价值，只计算国民经济各部门以货币表现的全部社会最终产品和劳务价值的总和。国内生产总值能较全面地反映一国经济增长的动态和实力。

国民生产总值和国内生产总值之间的区别在于，国民生产总值是指本国企业和本国公民在国内、国外所生产的最终产品的价值总额，国内生产总值是指所有企业和所有人员(包括本国、外国的企业及成员)在本国境内生产的最终产品的价值总额。

2. 国民收入的初次分配

国民收入分配作为一种分配关系，其性质和形式是由社会生产方式，首先是由生产资料所有制的性质决定的。由于社会主义国民收入是由物质生产部门创造出来的，因此，社会主义国民收入的初次分配，是在与物质生产有直接联系的成员中进行的。

社会主义国民收入经过初次分配，形成国家集中的纯收入、企业收入和生产劳动者的个人收入三部分，这是社会主义社会的三种基本的原始收入。

3. 国民收入的再分配

在国民收入初次分配的基础上，社会主义国民收入还要进行再分配。通过再分配形成的收入，称为派生收入。国民收入的再分配，是继初次分配之后，国民收入在整个社会范围内的分配。

社会主义国民收入之所以必须进行再次分配，有下列原因：①满足文化教育、医疗卫生、国家行政和国防治安等部门发展的需要和支付这些部门的劳动者劳动报酬的需要；②加强重点建设，保证国民经济按比例地协调发展；③设立社会保障基金；④建立社会后备基金，应付各种突发事故和自然灾害。

社会主义国民收入再分配的途径有：①国家财政收支；②银行信贷；③劳务费用的支付；④价格体系。

【例6-2】下列各项中，属于社会主义国民收入再分配途径的有(　　)。(2011年多选题)

A. 生产企业提留生产发展基金

B. 商业银行向企业发放贷款

C. 劳动者以其收入支付服务行业劳务费用

D. 生产企业向国家纳税

E. 国家调整部分产品价格

【解析】BCE 社会主义国民收入再分配的途径有：一是国家财政收支，二是银行信贷。信贷作为对社会主义国民收入进行再分配的手段，包括：存贷款活动本身、差别利率、劳务费用的支付、价格体系。

考点七 社会主义积累基金和消费基金

1. 积累基金和消费基金的构成

积累基金是物质生产部门的劳动者所创造的国民收入中主要用作追加的生产资金部分，它的物质形式是一年内新增加的生产资料总量。消费基金是物质生产部门的劳动者所创造的国民收入中用来满足劳动者个人消费及社会消费的那部分资金，它的实物形式为一年内用于个人消费和社会消费的消费资料总和。

2. 社会主义积累和消费的关系

社会主义积累基金与消费基金的作用从根本上说是一致的，但同时，在国民收入总量中，积累与消费此长彼消，相互之间也存在着矛盾。正确处理积累基金和消费基金的关系，就是要安排两者的最优比例，既要有利于促进社会主义扩大再生产，以维护人民的整体利益和长远利益；又要有利于提高人民的消费水平，以保证劳动者的个人利益和当前利益。

3. 正确处理社会主义积累和消费关系的原则

正确处理积累基金和消费基金的关系，总的说来必须坚持"统筹兼顾，全面安排"的方针，要求遵循以下基本原则。

(1) 必须在生产发展和国民收入增长的基础上，兼顾积累与消费，使积累基金能够保证进行扩大再生产的需要，消费基金要能保证劳动者物质文化生活水平提高的需要。

(2) 积累基金和消费基金的比例，必须同国民收入中的生产资料和消费资料的比例相适应。

(3) 正确安排积累基金内部的生产性积累和非生产性积累的关系。

(4) 正确安排消费基金中社会消费基金和个人消费基金的比例。

【例6-3】 在国民收入分配中，消费基金的实物形式是(   )。(2012年单选题)

A. 一年内新增加的生产资料总量

B. 一年内用于个人消费的消费资料总量

C. 一年内用于个人消费和社会消费的消费资料总和

D. 一年内全部生产资料和消费资料总和

【解析】C 本题考查消费基金。消费基金是物质生产部门的劳动者所创造的国民收入中用来满足劳动者个人消费及社会消费的那部分资金，它的实物形式为一年内用于个人消费和社会消费的消费资料总和。

考点八 社会保障制度的健全与完善

1. 社会保障制度的内容

社会保障制度，是指社会为保障社会成员的基本生活和福利而提供物质帮助的各项措施的统称。内容包括社会保险(养老、医疗、失业、工伤、死亡等)、社会救济、社会福利、社会优抚等制度。

2. 社会保障制度的改革与完善

健全和完善社会保障制度，必须大力推进社会保障体制的改革。改革的目标是：完善社会保障服务网络，逐步建立起适应我国国情，资金来源多渠道，待遇结构多层次，保障方式多形式，管理体制法制化、社会化和规范化的有中国特色的社会保障体系。具体内容包括以下几方面。

(1) 完善和扩大社会保障项目，开展多种类的社会保险；

(2) 多渠道筹集社会保障基金和扩大社会保障对象；

(3) 加强社会保障立法，使社会保障法制化；

(4) 实行社会化的社会保障管理；

(5) 建立多层次保障制度。

3. 健全和完善社会保障制度的作用和意义

健全和完善社会保障制度，必须大力推进社会保障体制的改革。健全和完善社会保障制度，对于保持社会稳定，发展社会生产，深化企业和事业单位改革，建立与完善社会主义市场经济体制，都具有重要的作用和意义。

(1) 有利于保证人民基本生活和社会安定；

(2) 有利于企业经营机制的转换；

(3) 有利于政府精简机构和减轻负担；

(4) 有利于引导合理消费和促进经济建设的发展。

【例 6-4】　建立和完善我国覆盖城乡居民的社会保障制度应当坚持的方针包括(　　)。(2012 年多选题)

A. 广覆盖　　　　　　　B. 保基本　　　　　　　C. 多层次

D. 可持续　　　　　　　E. 减范围

【解析】ABCD　本题考查社会保障制度。健全和完善覆盖城乡居民的社会保障制度，应当坚持广覆盖、保基本、多层次、可持续的方针，必须大力推进社会保障体制的改革。

第四节　社会主义经济增长与经济发展

考点九　经济增长与经济发展的相互关系

1. 经济增长

经济增长总是同数量扩张紧密联系在一起的。它是指一个国家或地区在一定时期内由于生产要素投入的增加或效益的提高等而引起的商品和劳务总供给量的增加。实现经济增长一般包括以下两层含义：一是商品和劳务的总供给量是增加的；二是人均占有的商品和劳务也是增加的。

2. 经济发展

经济发展不仅是指一般的经济增长，而且是指一个国家随着经济增长而出现的经济、社会、政治结构的变化，以及社会福利、文教卫生、群众参与经济及社会发展程度等在内的各种结构的协调与优化。

经济增长只是经济发展的一部分，但它却是其中最基本、也是十分重要的一部分。因为经济增长是实现经济发展的手段和基础，没有经济增长就不可能有经济的发展。但是，有经济增长并非一定就有经济发展，经济增长并不构成经济发展的充分必要条件。

考点十　经济增长方式及其转变

经济增长方式是指资源的总体配置方式，即决定经济增长的各种要素的组合方式及各种要素组合起来推动经济增长的方式。劳动、资本、土地是推动经济增长的三种基本要素，随着生产力的发展，科学技术、经济制度也成为影响经济增长的重要因素。

从经营的角度看，经济增长方式可以分为粗放型和集约型两种类型。粗放型增长是指主要依靠资本、劳动等生产要素投入来增加社会产品数量、推动经济增长的方式。集约型增长是指主要依靠科技进步和提高劳动者的素质来增加社会产品数量和提高产品质量、推动经济增长的方式。经济增长方式是与经济发展的一定阶段相联系的。在生产技术水平较低的条件下，一般以粗放型的增长方式为主；而在科学技术迅速发展的条件下，则集约型所占的比重会随之不断提高，并逐步占据主体地位。因此，任何国家或地区随着经济的发展都会存在一个经济增长方式的转变问题。

我国在现阶段提出转变经济增长方式是一种客观必然，实现经济增长方式从粗放型向集约型的转变，不仅是深化经济体制改革、建立社会主义市场经济体制的必然结果，也是进一步扩大我国对外开放、增强国际竞争力的需要。加快转变经济增长方式，要坚持把经济结构战略性调整作为主攻方向，坚持把科技进步和创新作为重要支撑，坚持把保障和改善民生作为根本出发点，坚持把建设资源节约型、环境友好型社会作为重要着力点，坚持把继续推进改革开放作为强大动力。

我国转变经济增长方式的内容和途径为：第一，深化经济体制改革；第二，加速科技进步和全面提高劳动者素质；第三，大力推进产业结构的优化升级；第四，实施资源节约型发展战略；第五，通过完善国家产业政策，制定区域经济政策，充分应用有关经济杠杆，以及健全法制等途径，为实现经济增长方式转变创造综合配套的政策和法制环境。

经济发展战略是指在经济发展中有关全局性、长远性和根本性的决策体系，包括在一个相对较长时期内国民经济发展所要达到的战略目标、战略重点、战略阶段和战略对策等方面的决策。与一般的经济计划相比，经济发展战略具有全局性、长期性和根本性的特征。

经济发展战略的制定，对较长时期内国民经济的发展具有决定性意义，它在经济和社会发展目标中占主导地位，对于整个经济和社会的发展起着决定性作用，是确定经济和社会发展的中期和短期目标的依据。制定经济发展战略，首先要依据物质生产发展规律和客观经济规律，其次要依据本国的国情和国际环境，再次要充分考虑到需要和具有可行性。

我国现阶段经济发展战略是社会主义初级阶段经济发展战略的一个重要组成部分，它主要是正确制定现阶段的战略目标、战略阶段和战略重点。我国的社会主义经济发展战略是中国特色社会主义理论的重要组成部分，并随着理论的发展和社会的进步，根据社会主义初级阶段的不同时期社会经济发展和综合国力的状况而不断地调整和完善。

【例6-5】 与一般的经济计划相比，经济发展战略所具有的特征包括(　　)。(2011年多选题)

A. 指令性　　　　　　　　B. 全局性　　　　　　　　C. 阶段性

D. 长期性　　　　　　　　E. 根本性

【解析】BDE　经济发展战略具有全局性、长期性和根本性的特征。

考点十一　树立科学的发展观

党的十六届三中全会《关于完善社会主义市场经济体制若干问题的决定》提出：“坚持以人为本，树立全面、协调、可持续的发展观，促进社会经济和人的全面发展。”并强调了“五个统筹”的任务目标，即统筹城乡发展、统筹区域发展、统筹经济社会发展、统筹人与自然和谐发展、统筹国内发展和对外开放。2012年党的十八大又进一步提出要实现“八个统筹”，即在上述“五个统筹”外，再加上统筹中央和地方关系，统筹个人与集体、局部与整体、当前与长远之间的利益，统筹国内国际两个大局。

党的十七大报告又进一步对科学发展观的科学内涵、精神实质和根本要求进行了集中概括。明确指出：“科学发展观，第一要义是发展，核心是以人为本，基本要求是全面协调可持续，根本方法是统筹兼顾。”

“发展”是科学发展观的第一要义。发展是人类社会永恒的主题，中国解决所有问题的关键是要靠自己的发展，发展是中国特色社会主义理论的鲜明主题，是中国共产党和政府执政兴国的第一要务。

“以人为本”是科学发展观的核心内容。发展要最终体现在人民生活水平上，而不应单纯以GDP的增长作为评价经济发展和各级政府政绩的唯一标准，而应以人民群众生活水平和社会福利的切实提高作为一切工作的出发点和落脚点。

“全面、协调和可持续发展”是科学发展观的基本要求。实现全面、协调和可持续发展，要正确处理好以下几个方面的关系：一是经济发展速度和经济结构、质量、效益的关系；二是经济社会发展与人口、资源、环境的关系；三是经济发展、社会发展和人的全面发展的关系；四是物质文明和政治文明、精神文明的关系。

“统筹兼顾”是科学发展观的根本方法。统筹兼顾，就是总揽全局、科学筹划、协调发展、兼顾各方。当前，我国应从现代化建设的全局出发，在做好各项统筹工作的基础上，充分调动一切积极因素，妥善处理社会经济生活中的各种利益关系，着力加强经济社会发展的薄弱环节，实现国民经济良性发展、良性互动的局面。

根据当前我国社会经济发展的实际状况，贯彻落实科学发展观应当做好以下几项工作：一是转变政府职能，在注重发挥市场机制配置资源基础作用的条件下，加强社会管理、公共服务，做好宏观调控和市场监管；二是建立健全财税体制、社会保障制度、政绩考核制度等方面的机制，提高统筹兼顾、协调发展的能力；三是改变经济增长方式，继续推进经济结构的战略性调整；四是突出社会经济工作的重点，切实解决关系广大人民群众切身利益的实际问题。

【例6-6】 实践科学发展观的根本方法是( )。(2012年单选题)

A. 统筹兼顾　　　　B. 循序渐进　　　　C. 宏观调控　　　　D. 注重科技

【解析】A　实践科学发展观的根本方法是统筹兼顾。本题考查如何树立科学的发展观。

同 步 自 测

一、单项选择题

1. 国民生产总值和国内生产总值的关系是( )。

    A. 国内生产总值=国民生产总值+国外净要素收入

    B. 国内生产总值=国民生产总值-国外净要素收入

    C. 国内生产总值=国民生产总值+财政收入

    D. 国内生产总值=国民生产总值-财政支出

2. 社会保障是通过( )所形成的一种分配关系。

    A. 社会捐助　　　　　　　　　　B. 社会成员互助

    C. 国民收入再分配　　　　　　　D. 国民收入初次分配

3. 在社会主义经济建设中，积累基金是由几个部分构成的，在下列选项中，属于积累基金的是( )。

    A. 非生产性基本建设基金　　　　B. 社会消费基金

    C. 国家管理基金　　　　　　　　D. 劳动报酬基金

4. 社会保障制度的建立有利于引导合理消费，这是因为随着社会保障制度的发展，可以通过( )共同负担和筹集社会保险费，使劳动者的消费结构趋于合理化。

    A. 政府和个人　　　　　　　　　B. 政府和企业

    C. 企业和个人　　　　　　　　　D. 政府、企业、个人

5. 反映世界新技术革命成果，能在将来带动整个产业结构向高度化演进的产业是( )。

    A. 战略产业　　　　　　　　　　B. 基础产业

    C. 主导产业　　　　　　　　　　D. 高科技产业

6. 目前，世界各国普遍把( )作为国民收入分配的起点。

    A. 国内生产总值　　　　　　　　B. 国民生产总值

    C. 国民收入　　　　　　　　　　D. 国民生产净值

7. 在计算GNP指标时，是以本国常住居民生产的最终产品和服务的价值为原则，即( )。

    A. 只计算国内常住居民的劳动成果

    B. 不计算出口商品和劳务

    C. 进口的商品和劳务也应计算在内

    D. 不论是在国内还是在国外，所创造的劳动成果均计算在内

8. 我国经济由粗放型向集约型转变的根本出路是( )。

    A. 加强基础设施建设

    B. 加速科技进步，提高其在经济发展中的含量

    C. 加快基础工业的发展

    D. 振兴支柱产业

9. 积累基金是物质生产部门的劳动者所创造的国民收入中主要用作追加的(　　)部分。

    A. 生产资金　　　　　　　　　　B. 储备基金

    C. 消费资金　　　　　　　　　　D. 扩大再生产基金

二、多项选择题

1. 按三次产业分类法，以下各产业部门中属于第二产业的是(　　)。

    A. 采掘工业　　　　　B. 建筑业　　　　　C. 房地产业

    D. 交通运输业　　　　E. 邮电通讯业

2. 影响产业结构的因素有(　　)。

    A. 消费结构　　　　　B. 生产要素密集程度　　　C. 资源结构

    D. 投资结构　　　　　E. 科学技术

3. 社会主义国民收入必须进行再分配的主要原因是(　　)。

    A. 加强重点建设，保证国民经济协调发展

    B. 满足非物质生产部门的需要

    C. 满足物质生产部门扩大再生产的需要

    D. 建立社会保障基金

    E. 建立社会后备基金

4. 下列各项中，属于国民收入再分配途径的是(　　)。

    A. 价格体系　　　　　　　　　　B. 国家财政收支

    C. 工业企业向职工发放奖金　　　D. 银行信贷

    E. 服务行业的企业支付职工工资

5. 经济发展目标是指在较长时期内国民经济发展所要达到的总体目标，这一目标通常是用(　　)指标来表示的。

    A. 就业率　　　　　　　　　　　B. 人均国民生产总值增长率

    C. 按劳分配的贯彻程度　　　　　D. 人均预期寿命

    E. 教育普及率

6. 社会消费基金分为(　　)。

    A. 国家管理基金　　　　　　　　B. 文教卫生基金

    C. 社会保障基金　　　　　　　　D. 社会后备基金

    E. 非生产性基本建设基金

7. 健全和完善社会保障制度的作用和意义为(　　)。

    A. 有利于保证人民基本生活和社会安定

    B. 有利于企业经营机制的转换

    C. 有利于政府精简机构和减轻负担

    D. 有利于引导合理消费和促进经济建设的发展

    E. 有利于转变经济增长方式

8. 下列关于科学发展观的表述，正确的是(　　)。

    A. “以人为本”是科学发展观的核心

    B. “全面、协调和可持续发展”是科学发展观的基本要求

    C. “统筹兼顾”是科学发展观的根本方法

D. 发展是科学发展观的第一要义

E. 健全的财税体制是科学发展观的基础

同步自测解析

一、单项选择题

1.【解析】B　国民生产总值=国内生产总值+本国居民来自国外的财产和劳务收入-支付给外国居民的财产和劳务收入=国内生产总值+国外净要素收入。所以，国内生产总值=国民生产总值-国外净要素收入。

2.【解析】C　进行社会主义国民收入再分配的原因之一就是设立社会保障基金。

3.【解析】A　在社会主义经济建设中，积累基金由扩大生产基金、非生产性基本建设基金和社会后备基金三部分构成。

4.【解析】D　随着社会保障制度的发展，可以通过政府、企业、个人共同负担和筹集社会保险费，使劳动者个人收入的一部分，以社会保险基金的形式，用于养老、医疗、失业，以及防止各种意外事故，从而使劳动者的消费结构趋于合理化。同时，有一部分暂时不使用的社会保险基金，可以转化为投资，用于发展建设。

5.【解析】A　战略产业是指反映世界新技术革命成果，能在将来带动整个产业结构向高度优化演进的产业。它目前包括生物技术、高技术产业和信息产业等。这些产业代表着世界产业发展的方向，必须及早培育，为将来主导产业转换打下良好基础。

6.【解析】A　目前，世界各国更加普遍地使用国内生产总值(GDP)的总量指标，往往把国内生产总值作为国民收入的来源，也作为国民收入分配的起点。

7.【解析】D　GNP即国民生产总值，包括本国企业和本国公民在国内、国外所生产的最终产品的价值总额。

8.【解析】B　集约型增长是指主要依靠科技进步和提高劳动者的素质来增加产品数量和提高产品质量、推动经济增长的方式。因而从粗放型转向集约型需要加速科技进步，提高其在经济发展中的含量。

9.【解析】A　积累基金是物质生产部门的劳动者所创造的国民收入中主要用作追加的生产资金部分，它的物质形式是一年内新增加的生产资料总量。

二、多项选择题

1.【解析】AB　第一产业为农业，包括种植业、林业、牧业、副业、渔业；第二产业为工业和建筑业，其中工业包括采掘工业、制造业、自来水、电力、蒸汽和煤气；第三产业为服务业，可分为流通部门(商业、交通运输业、邮电通讯业等)和服务部门(金融保险业、房地产业、公用事业、旅游业、技术信息服务业)两个部分。

2.【解析】ACDE　影响产业结构的因素包括以下方面：消费结构对产业结构的影响；资源结构对产业结构的影响；投资结构对产业结构的影响；科学技术进步对产业结构的影响；劳动力素质和数量对产业结构的影响；产业间关联方式对产业结构的影响。

3.【解析】ABDE　社会主义国民收入必须进行再次分配的原因：①满足文化教育、医疗卫生、国家行政和国防治安等部门发展的需要和支付这些部门的劳动者劳动报酬的需要；②加强重点建设，保证国民经济按比例地协调发展；③设立社会保障基金；④建立社会后备基金，应付各种突然事故和自然灾害。

4.【解析】ABDE 社会主义国民收入再分配的途径有：①国家财政收支；②银行信贷；③劳务费用的支付；④价格体系。工业企业向职工发放奖金属于国民收入初次分配的形式之一。

5.【解析】ABDE 经济发展目标通常用国内生产总值和人均国民生产总值来表示，同时还可以用劳动生产率、人均主要产品占有量、人均预期寿命、死亡率、就业率、人均收入、人均居住面积、教育普及率、人口增长率等经济、社会指标来具体表示。

6.【解析】ABC 社会消费基金分为国家管理基金、文教卫生基金、社会保障基金三个部分。社会后备基金、非生产性基本建设基金都属于积累基金。

7.【解析】ABCD 健全和完善社会保障制度的作用和意义表现在 ABCD 四项上。转变经济增长方式是贯彻落实科学发展观应当做好的工作。

8.【解析】ABCD 党的十七大报告指出："科学发展观，第一要义是发展，核心是以人为本，基本要求是全面发展可持续，根本方法是统筹兼顾。"

第七章　社会主义市场经济的宏观调控

大纲解读

测查应试人员是否掌握社会主义市场经济条件下宏观调控的必要性，社会主义市场经济宏观调控的基本理论、基本制度和主要方法。

1. 社会主义国家经济职能与宏观经济调控

社会主义国家的经济职能，社会主义市场经济宏观调控的必要性。

2. 宏观经济的目标、方式和手段

宏观经济的目标，宏观经济调控的方式，宏观经济调控的手段。

3. 宏观经济调控政策及其综合协调

财政政策，货币政策，宏观调控的综合协调。

考点精讲

第一节　社会主义国家的经济职能与宏观经济调控

考点一　社会主义国家的经济职能

1. 社会主义国家的经济职能

社会主义国家的经济职能，包括互相联系的三个方面：①对国民经济进行宏观调控的职能；②对国有资产管理和营运的职能；③承担社会经济基础设施和社会公共事业建设的职能。

2. 社会主义宏观经济调控

社会主义宏观经济调控是指社会主义国家从社会整体利益出发，为实现宏观经济总量的基本平衡和经济结构的优化，引导国民经济持续、健康、快速发展，对国民经济总体活动进行的总体调节和控制。社会主义宏观经济调控的主体是国家，对象是国民经济总体活动，并通过对市场的调控来实现。

政府对国民经济进行宏观调控时，应政企分开，综观全局，以实现国民经济综合平衡为目标，以间接调控为主要管理手段。

考点二　社会主义市场经济宏观调控的必要性

市场机制在资源配置中的基础性作用和国家对市场的宏观调控都是社会主义市场经济体制的有机组成部分，二者是统一的，相辅相成的。在社会主义市场经济条件下，宏观调控的必要性表现在以下几方面。

(1) 宏观调控是社会化大生产的客观要求；

(2) 宏观调控是生产资料社会主义公有制的要求；

(3) 宏观调控是社会主义市场经济合理有效运行的需要；

(4) 宏观调控是使微观经济活动符合宏观经济目标的需要。

第二节　宏观经济调控的目标、方式和手段

考点三　宏观经济调控的目标

政府经济职能，是依托宏观调控体系来完成的。宏观经济调控体系由宏观经济调控目标和宏观经济调控政策、方式和手段所组成。宏观经济调控目标是由宏观调控任务决定的，它是由若干具体目标组成的一个目标体系，主要包括以下几点。

(1) 保持经济总量平衡和经济结构优化，这是社会主义宏观经济调控的基本目标；

(2) 保持经济适度增长；

(3) 保持物价总水平的基本稳定；

(4) 充分就业和收入分配公平；

(5) 国际收支平衡。

【例 7-1】　社会主义宏观经济调控的基本目标是(　　)。(2013 年单选题)

A. 保持充分就业和收入分配公平　　　　　B. 保持物价总水平基本稳定

C. 保持经济总量平衡和经济结构优化　　　D. 保持经济适度增长

【解析】C　本题考查宏观经济调控的目标。保持经济总量平衡和经济结构优化是社会主义宏观经济调控的基本目标。

考点四　宏观经济调控的方式

宏观经济调控基本上有直接调控和间接调控两种方式。直接调控就是国家用行政手段和指令性计划，直接对每个微观经济单位而不通过市场机制来进行的宏观调控。间接调控是国家用经济手段通过市场机制来实现宏观调控。两种宏观调控方式相区别的主要标志是国家采取的宏观调控手段是否通过市场机制这一中间环节来发挥作用。

社会主义市场经济的发展，客观上要求国家的宏观调控由直接调控为主转向间接调控为主，建立以间接调控为主的宏观经济调控体系。

考点五　宏观经济调控的手段

社会主义宏观经济调控是借助于各种宏观调控手段来进行的。宏观调控手段主要有以下几种。

1. 计划手段

通过国家制定长期、中期、短期国民经济和社会发展计划，对国民经济的运行和发展进行调节。

2. 经济调控手段和经济杠杆

经济手段是指依据价值规律的要求，通过运用与价值形式相关的各种经济杠杆调节经济

主体的经济利益，以引导经济主体的经济活动，达到宏观经济调控目的的调节手段。

3. 法律调控手段

法律作为宏观经济调控的重要手段，是依靠国家的法权力量，通过经济立法和经济司法机构，制定和运用经济法规来调节经济的手段。

4. 行政调控手段

国家依靠行政机构、采取带有强制性的命令、指示、指标、规定和下达指令性任务等行政方式，来调节和管理经济的手段。

第三节　宏观经济调控政策及其综合协调

考点六　财政政策

财政政策，是指以国家为主体制定的，主要通过对财政收支规模与结构的调整，调节国民经济收入分配的方向、规模、结构和格局，达到经济对更加稳定，实现预期经济增长等社会经济目标的经济政策。财政政策是由财政收入、财政支出、预算平衡、国家债务等方面的政策构成的财政政策体系。财政收入政策的主要内容是由税种和税率所构成的税收政策，财政支出政策的主要内容是政府的各项预算拨款政策。财政收入政策和财政支出政策的主要任务在于调节社会总供给和总需求的基本平衡。财政政策是国家调节经济运行的最重要的政策手段之一。

财政政策在宏观调控中的作用主要有：①通过直接参与分配，对社会总需求和社会总供给进行调节，使之趋于平衡，促进经济稳定增长；②通过对财政收支流向的控制对社会总供求结构进行调节，实现有限资源的充分利用和合理配置，促进经济结构优化，提高社会经济效益；③通过对国民收入再分配的控制，调节初次分配的格局，缩小收入分配差距，促进经济的协调发展。

财政政策对宏观经济的调控作用是通过财政政策的手段及其功能实现的。财政政策的手段主要有：①国家预算；②税收；③国债；④财政补贴；⑤转移支付。

根据财政政策在调节社会总供给和总需求方面的不同功能，财政政策区分为平衡财政政策、盈余财政政策和赤字财政政策三种类型。

【例7-2】下列各项政策措施，属于财政政策手段的是(　　)。(2011年多选题)

A. 发行国债　　　　　　B. 调控利率　　　　　　C. 财政补贴

D. 干预汇率　　　　　　E. 转移支付

【解析】ACE　财政政策的手段主要有：①国家预算；②税收；③国债；④财政补贴；⑤转移支付。

考点七　货币政策

货币政策是指国家为实现宏观经济目标而采取的控制和调节货币数量、信贷规模和利率水平及稳定币值的一种经济政策。它是由信贷政策、利率政策、汇率政策等具体政策构成的一个有机的政策体系。货币政策一般是由中央银行来制定和执行的。货币政策是最重要的经济调控手段之一。

货币政策调控目标是指通过货币政策的制定和实施所期望达到的最终目的，是中央银行的最高行为准则。《中国人民银行法》规定：目标是保持币值的稳定，并以此促进经济增长。

货币政策在宏观调控中的作用主要有：①通过调控货币供应总量调节社会总需求和社会总供给；②通过调控利率和货币供应量控制通货膨胀，保持物价水平稳定；③通过对利率的调节影响人们的消费倾向和储蓄倾向，进而调节消费与储蓄的比重；④引导储蓄向投资转化，实现资源的合理配置；⑤通过干预汇率、利用外贸等办法来调节国际收支状况。

货币政策对宏观经济的调控作用是通过货币政策手段实现的。货币政策工具是指中央银行为实现货币政策目标所采用的政策手段，所以也称为货币政策手段。货币政策工具主要包括：①存款准备金率；②再贴现率；③公开市场业务。

货币政策的核心是通过变动货币供应量来调节社会总供给与总需求。根据货币政策在调节社会总供给与总需求方面的不同功能，货币政策分为均衡性货币政策、扩张性货币政策和紧缩性货币政策三种类型。

【例7-3】货币政策一般是由(　　)来制定和执行的。(2012年单选题)

A. 商业银行　　　　B. 各级政府部门　　　　C. 中央财政部　　　　D. 中央银行

【解析】D　本题考查货币政策的制定和执行机构。货币政策一般是由中央银行来制定和执行的。

考点八　宏观调控的综合协调

各项宏观经济政策各有长短和特点，各自调控的主要对象和对同一调控对象的调控力度也各不相同，每项政策的具体操作又有不同的选择方案。这个综合协调体制有以下几点要求。

(1) 目标统一，即不同手段的具体目标要服务于实现总体目标。

(2) 政策协调，即处理好宏观调控中重大政策和具体政策的关系，具体政策要配合好主要政策，通过综合协调解决矛盾，实现政策配套。

(3) 功能互补，即通过综合协调，使各种手段协调配合，扬长避短，发挥整体优势。

(4) 适时适度，即各种手段的运用在时间上适时有序，在力度上适度协调。

同 步 自 测

一、单项选择题

1. 在我国，货币政策是由(　　)制定和执行的。

A. 中国银行业监督管理委员会　　　　B. 国家发展和改革委员会

C. 中国人民银行　　　　D. 国务院直属政策性银行

2. 社会主义宏观经济调控的主体是(　　)。

A. 财政部门　　　B. 企业　　　C. 国家　　　D. 市场

3. 当社会总需求大于社会总供给时，政府应当实行(　　)。

A. 盈余财政政策　　　　B. 平衡财政政策

C. 赤字财政政策　　　　D. 中性财政政策

4. 平衡财政政策又称为(   )。

    A. 中性财政政策   B. 赤字财政政策

    C. 扩张性财政政策   D. 紧缩性财政政策

5. 一般性政策工具主要有(   )。

    A. 贴现率和再贴现率

    B. 利率、汇率和贴现率

    C. 利率、汇率和存款准备金率

    D. 存款准备金率、再贴现率和公开市场业务

6. 紧缩性货币政策的主要功能是(   )。

    A. 抑制社会总供给   B. 缩小贸易顺差

    C. 抑制社会总需求   D. 刺激社会总需求

7. 当经济发展中出现有效需求不足时，需要(   )，以刺激经济增长，增加就业。

    A. 增发国债，增加税收，增加转移支付   B. 降低存款准备金率

    C. 在公开市场上卖出有价证券   D. 提高再贴现率

8. (   )不属于综合协调体制的要求。

    A. 目标全面   B. 政策协调   C. 功能互补   D. 适时适度

二、多项选择题

1. 社会主义宏观调控的必要性在于(   )。

    A. 宏观调控是社会化大生产的客观要求

    B. 宏观调控是生产资料社会主义公有制的要求

    C. 宏观调控是使社会主义市场经济合理有效运行的需要

    D. 宏观调控是使微观经济活动符合宏观经济目标的需要

    E. 宏观调控是推动社会发展中利益关系协调实现的要求

2. 宏观经济调控的手段有(   )。

    A. 计划手段   B. 经济调控手段   C. 综合协调手段

    D. 法律调控手段   E. 行政调控手段

3. 社会主义国家的经济职能主要有(   )。

    A. 对国民经济进行宏观调控的职能   B. 对国有资产管理和营运的职能

    C. 承担社会经济基础设施建设的职能   D. 组织企业的生产活动

    E. 制定商品的价格

4. 当经济发展中出现有效需求不足时，需要(   )，以刺激经济增长，增加就业。

    A. 减少税收   B. 降低存款准备金率

    C. 在公开市场上买入有价证券   D. 提高再贴现率

    E. 增加转移支付

5. 宏观调控的目标有(   )。

    A. 保持经济总量平衡和经济结构优化   B. 保持经济适度增长

    C. 设立社会保障基金   D. 保持物价总水平的基本稳定

    E. 国际收支平衡

同步自测解析

一、单项选择题

1. 【解析】C　货币政策一般是由中央银行来制定和执行的，我国的中央银行是中国人民银行。

2. 【解析】C　社会主义宏观经济调控的主体是国家，对象是国民经济总体活动，并通过对市场的调控来实现。

3. 【解析】A　盈余财政政策又称为紧缩性财政政策，以达到抑制或减少社会总需求、消除总需求膨胀的效应。当社会总需求大于社会总供给时，应当实行盈余财政政策抑制总需求。

4. 【解析】A　平衡财政政策，又称为中性财政政策，即财政支出应根据财政收入的多少来安排，既不要有大量结余存在，又不要有较大的赤字发生，使财政收支基本平衡，从而对社会总需求既不产生扩张性也不产生紧缩性影响。

5. 【解析】D　货币政策工具主要包括：①存款准备金率；②再贴现率；③公开市场业务。

6. 【解析】C　紧缩性货币政策是指货币供应量小于流通中对货币的客观需要量，其主要功能是抑制社会总需求。

7. 【解析】B　当社会总需求小于社会总供给时，政府应当实行扩张性财政政策和扩张性货币政策，以扩大总需求。扩张性财政政策包括增发国债，减少税收，增加转移支付。扩张性货币政策包括降低存款准备金率，在公开市场上买进有价证券，降低再贴现率。

8. 【解析】A　综合协调体制要求：①目标统一；②政策协调；③功能互补；④适时适度。

二、多项选择题

1. 【解析】ABCD　在社会主义市场经济条件下，宏观调控的必要性表现在：是社会化大生产的客观要求；是生产资料社会主义公有制的要求；是社会主义市场经济合理有效运行的需要；是使微观经济活动符合宏观经济目标的需要。

2. 【解析】ABDE　社会主义宏观经济调控是借助于各种宏观调控手段来进行的。宏观调控手段主要有：计划手段；经济调控手段和经济杠杆；法律调控手段；行政调控手段。

3. 【解析】ABC　社会主义国家的经济职能包括：①对国民经济进行宏观调控的职能，主要是指国家要对整个国民经济统筹规划，制定方针政策，发布信息，协调利益关系，提供服务和进行监督检查；②对国有资产管理和营运的职能，其目标是实现国有资产的保值增值；③承担社会经济基础设施和社会公共事业建设的职能，是指国家对那些不以营利为目的的行业和公共事业，包括社会所必需的公共经济活动承担投资的责任。

4. 【解析】ABCE　当经济发展中出现有效需求不足时，需要通过赤字财政政策和扩张的货币政策来调控。赤字财政政策又称为扩张性财政政策，它是指通过减税而减少国家的财政收入，增加企业和个人的可支配收入，刺激社会总需求，或通过扩大政府财政支出的规模，来扩大社会需求。扩张性货币政策是指货币供应量大大超过流通中对货币的客观需要量，其主要功能是刺激社会总需求的增长。

5. 【解析】ABDE　宏观调控的目标有：①保持经济总量平衡和经济结构优化；②保持经济适度增长；③保持物价总水平的基本稳定；④充分就业和收入分配公平；⑤国际收支平衡。

第八章　经济全球化与我国经济的对外开放

大纲解读

测查应试人员是否掌握经济全球化及其发展趋势，经济全球化对发展中国家的挑战与机遇，经济全球化背景下我国实行经济对外开放的现实意义和基本原则。

1. 经济全球化及其发展趋势

经济全球化的概念，经济全球化的发展趋势，经济全球化对世界和各国经济产生的影响。

2. 经济全球化给发展中国家带来的挑战与机遇

经济全球化的实质，经济全球化给发展中国家带来的挑战与机遇。

3. 经济全球化与我国的开放型经济

开放型经济的基本含义，我国实行开放型经济的现实意义。

4. 经济全球化背景下的我国涉外经济管理

我国加强涉外经济管理的必要性，对涉外经济进行管理的现实意义。

5. 我国涉外经济管理应遵循的基本原则

我国在制定经济发展战略和进行涉外经济管理时应坚持的基本原则。

考点精讲

第一节　经济全球化及其发展趋势

考点一　经济全球化的概念

经济全球化是指社会生产力发展到一定程度，商品、服务、生产要素与信息跨国界流动的交易成本和制度障碍不断减少，交易规模不断扩大，形式不断创新，各经济主体基于利益最大化的要求，按照一定的规则，通过更广泛的国际分工，在整个世界市场范围内实现资本和生产要素的流动，提高资源配置的效率，从而使各国间经济交往更加紧密，相互依赖性也进一步加强的客观历史过程。

【例8-1】从总体上讲，我国实行的开放型经济是一种(　　)。(2013年单选题)

A. 阶段性开放　　　　　　　　　B. 临时性开放

C. 差别性开放　　　　　　　　　D. 制度性开放

【解析】D　本题考查我国的开放型经济。开放型经济与外向型经济有所不同。外向型经济以出口导向为主，总体上是一种政策性开放；而开放型经济则以降低关税壁垒和提高资本自由流动程度为主，总体上实行中性化政策，是一种制度性开放。

考点二 经济全球化的发展趋势及对世界和各国经济产生的影响

经济全球化可以具体划分为贸易全球化、生产全球化和金融全球化，分别从不同角度或层面对世界和各国经济产生影响

(1) 经济全球化促进了国际产业结构的调整。

(2) 经济全球化加速了世界贸易自由化的进程。

(3) 经济全球化使生产领域也发生着深刻的变化，开始呈现全球化的趋势。

(4) 经济全球化导致金融全球化进程的加快，使资本在国际上的流动更加便利。

第二节 经济全球化给发展中国家带来的挑战与机遇

考点三 经济全球化给发展中国家带来的挑战与机遇

首先，贸易全球化在一定程度上促进了发展中国家进出口贸易的增长，对发展中国家资源配置优化和规模经济形成起了一定的促进作用。

其次，生产全球化使发展中国家有可能通过跨国公司产生的"溢出效应"促进本国生产力水平的提升。

再次，金融全球化有利于发展中国家更便捷地获取外资以弥补经济发展中资金的不足，有利于借鉴经济发达国家的金融管理经验以提高管理水平和经营效率。

第三节 经济全球化与我国的开放型经济

考点四 开放型经济的基本含义

1. 开放型经济的概念

从经济学意义上说，开放型经济的概念有两种含义。

(1) 开放型经济是与封闭型经济相对的概念，古典经济学中原指存在对外贸易的经济，现代的开放经济不仅指贸易的自由化，还包括资本、劳务和人员实行比较自由的流动。在开放型经济中，要素、商品、服务等均可以实现较自由的跨国界流动，从而实现最优资源配置和经济的最高效率。

(2) 开放型经济还指一国所实行的经济制度与外部世界联系的倾向，在此意义上，逐步减少政府对于对外经济联系的行政干预或逐步推动生产要素在国际上自由流动政策的，即为开放经济。

一般意义上的开放型经济，是指参与国际分工和交换深度较大，商品、劳务、资本和人员跨国界流动较为自由的一种经济。

2. 开放型经济与外向型经济

开放型经济与外向型经济有所不同。外向型经济以出口导向为主，总体上是一种政策性开放；而开放型经济则以降低关税壁垒和提高资本自由流动程度为主，总体上实行中性化政策，是一种制度性开放。

【例 8-2】 开放型经济与外向型经济有所不同。外向型经济以(   )导向为主,总体上是一种(   )开放。(2012 年多选题)

A. 出口　　　B. 进口　　　C. 政策性　　　D. 制度性　　　E. 中性化

【解析】A；C　开放型经济与外向型经济有所不同。外向型经济以出口导向为主,总体上是一种政策性开放;而开放型经济则以降低关税壁垒和提高资本自由流动程度为主。总体上实行中性化政策,是一种制度性开放。

考点五　我国实行开放型经济的现实意义

从我国面临的国际背景和现实国情看,发展开放型经济制度具有非常重要的现实意义。

第一,实行开放型经济是保持我国经济"又好又快"发展的内在要求;

第二,实行开放型经济是建立和完善我国社会主义市场经济体制的必然要求;

第三,实行开放型经济同我国实行改革开放,特别是加入 WTO 后对外承诺的国际义务也是一致的。

第四节　经济全球化背景下的我国涉外经济管理

考点六　经济全球化背景下的我国涉外经济管理

在经济全球化的背景下,我国重视和加强涉外经济管理的重要意义在于以下几点。

(1) 通过正确处理政治和经济的关系,以维护国家主权,坚持平等互利原则,保护国家利益。

(2) 及时调整对外经济活动的目标和政策,制定对外经济活动的战略和计划,促进涉外经济活动的健康发展。

(3) 正确处理国内外两个市场的关系,实现开放经济中社会总供给与社会总需求的大体平衡,保持宏观经济稳定。

第五节　我国涉外经济管理应遵循的基本原则

考点七　我国涉外经济管理应遵循的基本原则

(1) 必须有利于拉动国民经济持续稳定增长,从整体上提升我国的综合国力。

(2) 必须有利于促进国际收支的总体平衡,为我国实现社会商品总供给与总需求的均衡创造有利条件。

(3) 必须有利于带动国内经济结构的合理调整和升级,提高科技含量,发挥我国的比较优势和增强国际竞争力。

(4) 必须有利于提高国民经济的抗风险能力,保证国家经济安全。

(5) 必须有利于实现国民经济的可持续发展目标,重视资源的合理利用和环境保护。

(6) 必须有利于扩大就业和缓解国内结构性矛盾,维护城乡社会稳定。

【例8-3】 我国涉外经济管理应遵循( )原则。(2013年多选题)

A. 必须有利于拉动国民经济持续稳定增长,从整体上提升我国的综合国力

B. 必须有利于促进国际收支的总体平衡,为我国实现社会商品总供给与总需求的均衡创造有利条件

C. 必须有利于提高国民经济的抗风险能力,保证国家经济安全

D. 必须有利于实现国民经济的高速发展目标,资源的开发、利用应保证经济增长的需要

E. 必须有利于扩大就业和缓解国内结构性矛盾,维护城乡社会稳定

【解析】ABCE 我国国民经济的发展目标是可持续发展,同时应重视资源的合理利用和环境保护,D选项错误。

同 步 自 测

一、单项选择题

1.( )是推动经济全球化的主导力量。

  A. 科学技术   B. 跨国公司

  C. 市场经济体制   D. 国际分工

2.( )年国际清算银行监管委员会颁布的《巴塞尔协议》已被全世界100多个国家采纳,成为全球银行业共同遵守的准则,为金融全球化进程的加快提供了规则保障。

  A. 1986   B. 1987

  C. 1988   D. 1990

3. 开放型经济与外向型经济有所不同。外向型经济以( )导向为主,总体上是一种政策性开放;而开放型经济则以降低关税壁垒和提高资本自由流动程度为主,总体上实行中性化政策,是一种制度性开放。

  A. 进口   B. 出口

  C. 降低关税壁垒   D. 提高资本自由流动程度

二、多项选择题

1. 经济全球化可以具体划分为( )。

  A. 贸易全球化   B. 生产全球化

  C. 投资全球化   D. 金融全球化

2. 党的十七大报告中,在提到如何促进国民经济又好又快发展的具体路径和措施时,明确提出( )的新要求。这是新时期涉外经济管理的重要内容和课题。

  A. 拓展对外开放广度和深度   B. 积极发展对外贸易

  C. 优化贸易结构   D. 提高开放型经济水平

3. 一般意义上的开放型经济,是指参与国际分工和交换深度较大,商品、劳务、资本和人员跨国界流动较为自由的一种经济。

  A. 商品   B. 劳务

  C. 资本   D. 人员

同步自测解析

一、单项选择题

1. 【解析】B 跨国公司是推动经济全球化的主导力量。

2. 【解析】C 1988年国际清算银行监管委员会颁布的《巴塞尔协议》已被全世界100多个国家采纳,成为全球银行业共同遵守的准则,为金融全球化进程的加快提供了规则保障。

3. 【解析】B 开放型经济与外向型经济有所不同。外向型经济以出口导向为主,总体上是一种政策性开放;而开放型经济则以降低关税壁垒和提高资本自由流动程度为主,总体上实行中性化政策,是一种制度性开放。

二. 多项选择题

1. 【解析】ABD 经济全球化可以具体划分为贸易全球化、生产全球化和金融全球化

2. 【解析】AD 党的十七大报告中,在提到如何促进国民经济又好又快发展的具体路径和措施时,明确提出"拓展对外开放广度和深度,提高开放型经济水平"的新要求。这是新时期涉外经济管理的重要内容和课题。

3. 【解析】ABCD 一般意义上的开放型经济,是指参与国际分工和交换深度较大,商品、劳务、资本和人员跨国界流动较为自由的一种经济。

第二部分

财　政

第九章　公共物品与财政职能

大纲解读

测查应试人员是否掌握公共物品的基本含义，公共财政的基本特征和基本职能，并能够在此基础上，结合实际情况，对一些基本的财政活动作出分析判断。

1. 公共物品的定义及其融资与生产

公共物品及其特征，公共物品的需求显示，公共物品的融资与生产，公共物品供给的制度结构。

2. 公共财政的基本含义与特征

公共财政的基本含义，公共财政的基本特征。

3. 公共财政的基本职能

资源配置职能，收入分配职能，经济和发展职能。

考点精讲

第一节　公共物品的定义及其融资与生产

考点一　公共物品及其特征

1. 公共物品的概念

公共物品是指增加一个人对该物品的消费，并不同时减少其他人对该物品消费的那类物品。

2. 公共物品的特征

纯公共物品包含下述两大特征：消费上的非竞争性和非排他性，前者是主要特征，后者是派生特征。

非竞争性：是指某种公共物品一旦被提供，增加一个人的消费并不增加任何额外成本，也就是增加一个人消费的边际供给成本为零。这一特征强调了集体提供公共物品的潜在收益。

非排他性：是指一种公共物品一旦被提供出来，要排除一个额外的消费者在技术上不可行，或者尽管技术上的排他是可行的，然而这样做的成本过高。这一特征指出了通过市场机制提供公共物品的潜在困难。

【例 9-1】下列物品或服务中，属于公共物品或公共服务的有(　　)。(2012 年多选题)

A. 国防　　　　B. 苹果　　　　C. 洗牙　　　　D. 电动车　　　　E. 公共图书馆

【解析】AE　本题考查公共物品。公共物品具有非竞争性和非排他性，B、C、D 不具有这两个特征。

考点二　公共物品的需求显示

在现实生活中，人们通过政治机制显示对公共物品的需求。具体讲，就是人们通过事先同意的某种投票程序选择他们所倾向的公共收入和支出方案，或通过投票给他们认为能够代表其利益的政治家和官僚，间接地表达对公共物品的需求。

考点三　公共物品的融资与生产

(1) 公共物品的融资：一是政府融资(或强制融资)；二是私人融资(或资源融资)；三是联合融资。

(2) 公共物品生产的两种方式：政府生产和合同外包。

【例9-2】公共物品的融资包括(　　)。(2012年多选题)

A. 政府融资　　　　　　　B. 私人融资　　　　　　　C. 联合融资

D. 公众融资　　　　　　　E. 社会融资

【解析】ABC　公共物品的融资包括：一是政府融资(或强制融资)；二是私人融资(或资源融资)；三是联合融资。

考点四　公共物品供给的制度结构

(1) 公共物品供给的决策制度，即何种物品应当被公共地而不是私人地提供？提供多少？决策问题是公共物品供给制度结构的核心。

(2) 公共物品供给的融资制度：由谁为公共物品付费？以何种方式付费？

(3) 公共物品供给的生产制度：由谁负责公共物品的生产或公共服务的递送？以何种方式生产与递送？

(4) 公共物品的受益分配制度：谁将成为公共物品供给的最终受益者？受益的规模和结构状况如何？

【例9-3】公共物品供给的制度结构包括(　　)。(2013年多选题)

A. 决策制度　　　　　　　B. 融资制度　　　　　　　C. 消费制度

D. 生产制度　　　　　　　E. 分配制度

【解析】ABDE　公共物品供给的制度结构包括决策制度、融资制度、生产制度、分配制度。

第二节　公共财政的基本含义与特征

考点五　公共财政的基本含义

"公共财政"是一种与市场经济发展需要相适应的财政类型，是为市场提供公共服务的财政。市场经济发展要求市场在资源配置中发挥基础性作用，政府的职能主要是弥补市场缺陷。作为政府收支分配活动的财政，主要是"聚众人之财""办众人之事"，即为市场提供公共物品和服务以满足社会公共需要。社会公共需要，就是不能通过市场得以满足或者通过市场解决得不能令人满意的需要。

【例9-4】 公共财政是政府集中一部分社会资源，满足(　　)的分配活动或经济行为。(2012年单选题)

A. 社会个人需要　　　　　　　　B. 社会公共需要

C. 家庭需要　　　　　　　　　　D. 国有企业需要

【解析】B　本题考查公共财政的概念，公共财政是政府集中一部分社会资源，满足社会公共需要的分配活动或经济行为。

【例9-5】 公共财政的本质是(　　)。(2010年单选题)

A. 实现收支平衡　　　　　　　　B. 满足社会公共需要

C. 扩大财政收支规模　　　　　　D. 由公众参与决策、参与管理、参与监督

【解析】D　公共财政的核心，是满足社会公共需要，其本质要求是要由公众参与决策、参与管理、参与监督，因此答案为D。

考点六　公共财政的基本特征

1. 弥补市场失效

市场天然存在着失效问题，客观上需要政府及其公共财政发挥作用来弥补。

2. 提供公平服务

财政公平包括起点公平、过程公平和结果公平，也包括经济公平和社会公平。我国的社会主义政治制度和以公有制为主体、多种所有制经济共同发展的基本经济制度，决定了提供公平服务是我国公共财政的重要目标和基本特征。

公共财政提供公平服务体现在三个方面。

(1) 财政收入结构要体现公平性；

(2) 财政支出结构要体现公平性；

(3) 财政体制的选择要体现公平性。

【例9-6】 下列选项中，能够体现公共财政公平服务特征的政策有(　　)。(2010年多选题)

A. 财政收入结构政策　　　B. 财政支出结构政策　　　　　C. 财政体制的选择政策

D. 对外政策　　　　　　　E. 宏观调控政策

【解析】ABC　公共财政提供公平服务体现在三个方面：①财政收入结构要体现公平性；②财政支出结构要体现公平性；③财政体制的选择要体现公平性。因此答案为ABC。

3. 非营利性

公共财政非营利性特征的体现，从财政收入看，政府主要是依靠非营利性的税收手段取得收入；从财政支出看，政府主要是将财政资金用于具有非营利性质的社会公共需要方面。

4. 法治性

为了确保公共财政能够真正弥补市场缺陷、提供公平服务和实现非营利性，市场经济条件下的公共财政活动必须在法律法规约束下规范地运行。

【例9-7】 关于公共财政基本特征的说法，正确的是(　　)。(2012年单选题)

A. 公共财政不受法律约束　　　　B. 公共财政追求市场盈利

C. 公共财政弥补市场失效　　　　D. 公共财政提供差异化服务

【解析】C 本题考查公共财政的基本特征。一般来讲，公共财政具有4个基本特征，即弥补市场失效、提供公平服务、非市场营利性和法治化财政。

第三节　公共财政的基本职能

考点七　公共财政的基本职能

1. 资源配置职能

财政的资源配置职能，是将一部分社会资源集中起来，形成财政收入，然后通过财政支出分配活动，由政府提供公共物品和服务，引导社会资金流向，弥补市场缺陷，最终实现全社会资源配置效率的最优状态。

公共财政配置资源范围的大小取决于政府职能范围的大小。在我国社会主义市场经济条件下，根据政府职能的范围，财政资源配置范围应当是市场失灵而社会又需要的公共物品和服务的领域，主要包括以下几个。

(1) 满足政府执行职能的需要，包括政府机关的正常运转和执行社会公共职能的基本需要，如国家安全支出、一般公共服务支出等；

(2) 市场不能有效提供而社会又需要的准公共物品和服务的支出，如公共卫生、科技、公共工程等；

(3) 对社会资源配置的引导性支出，例如矫正外部效应、维护市场竞争等。

公共财政配置社会资源的机制和手段主要有以下4个。

(1) 根据政府职能的动态变化确定社会公共需要的基本范围，确定公共财政收支占国内生产总值的合理比例，从总量上实现高效率的社会资源配置；

(2) 优化财政支出结构；

(3) 为公共工程提供必要的资金保障；

(4) 通过政府直接投资、财政贴息、税收优惠等方式，引导和调节社会投资方向，提高社会整体投资效率；

(5) 通过实行部门预算制度、建立国库集中收付制度和绩效评价制度等体制、机制改革，提高财政自身管理和运营效率。

2. 收入分配职能

财政收入分配职能，是指财政调整收入分配的职能。收入分配职能的目标是实现公平分配。

公共财政实现收入分配职能的机制和手段主要有以下4个。

(1) 根据市场和政府的职责分工，明确市场和政府对社会收入分配的范围和界限；

(2) 加强税收调节；

(3) 发挥财政转移支付作用；

(4) 发挥公共支出的作用，提供社会福利。

3. 经济稳定和发展职能

财政经济稳定和发展职能，是指通过财政活动对生产、消费、投资和储蓄等发生影响，达到稳定和发展经济的目的。主要包括实现充分就业、稳定物价水平和国际收支平衡。

公共财政实现经济稳定和发展职能的机制和手段主要有以下4个。

(1) 通过财政政策和货币政策的协调配合，推动社会总需求和总供给的基本平衡，保证物价和经济增长的稳定，实现充分就业和国际收支平衡。

(2) 通过税收、财政补贴、财政贴息、公债等，调节社会投资需求水平，影响就业水平，使经济保持一定的增长；通过财政直接投资，调节社会经济结构，调节社会有效供给能力。

(3) 通过税收等调节个人消费水平和结构。

(4) 财政加大对节约资源、能源和环境保护的投入，加大对科技、文化、卫生、教育事业的投入，完善社会保障制度建设等，实现经济和社会的协调健康发展。

同 步 自 测

一、单项选择题

1. 政府将财政支出主要用于满足社会公共需要方面，这体现了公共财政的(　　)特征。
   A. 弥补市场失效　　　B. 提供公平服务　　　C. 效益性　　　D. 非营利性

2. 从起源上考察，财政是伴随着(　　)的产生而产生的。
   A. 国家　　　　　　　B. 私有财产　　　　　C. 社会管理　　D. 剩余产品

3. 公共财政的核心是(　　)。
   A. 实现收支平衡　　　　　　　　　　B. 满足社会公共需要
   C. 扩大财政收支规模　　　　　　　　D. 消除债务风险

4. 公共财政以满足(　　)为出发点和落脚点。
   A. 国家需要　　　　　B. 国有企业需要　　　C. 社会公共需要　D. 居民需要

5. 克服和弥补市场失效的问题，需要(　　)来发挥作用。
   A. 生产建设财政　　　B. 企业财政　　　　　C. 计划财政　　D. 公共财政

6. 下列表述中，不属于公共财政基本特征的是(　　)。
   A. 公共财政是弥补市场失灵的财政
   B. 公共财政是为市场活动提供一致性服务的财政
   C. 公共财政是营利性的财政
   D. 公共财政是法治化的财政

7. (　　)是与市场经济发展需要相适应的财政类型。
   A. 生产建设财政　　　B. 公共财政　　　　　C. 分配财政　　　D. 建设财政

8. 我国的社会主义政治制度和以公有制为主体，多种所有制经济共同发展的基本经济制度，决定了(　　)是我国公共财政的重要目标和基本特征。
   A. 法制性　　　　　　B. 非营利性　　　　　C. 提供公平服务　D. 弥补市场失效

二、多项选择题

1. 公共财政具有(　　)基本特征。
   A. 弥补市场失效　　　　　　　　　　B. 优化资源配置　　C. 提供公平服务
   D. 非营利性　　　　　　　　　　　　E. 法治性

2. 下列选项，不属于我国市场经济条件下财政职能的有(　　)。
   A. 资源配置职能　　　　　　　　　　B. 收入分配职能　　C. 稳定币值职能
   D. 平衡国际收支职能　　　　　　　　E. 经济稳定和发展职能

3. 市场机制的调节也有自身的局限性，主要表现在(　　)。

　　A. 不能提供公共物品　　　　　　　　B. 不能排除垄断对资源配置的扭曲

　　C. 不能解决收入分配不公问题　　　　D. 价格波动

　　E. 不能有效解决宏观经济波动问题

4. 财政配置资源的范围包括(　　)。

　　A. 对社会资源配置的引导性支出

　　B. 满足政府履行职能的需要

　　C. 介入竞争性产业

　　D. 政府机关的正常运转和执行社会公共职能的基本需要

　　E. 市场不能有效提供而社会又需要的准公共物品和服务的支出

5. 财政实现收入分配职能的手段主要是(　　)。

　　A. 再贷款　　　　　　　B. 转移支付　　　　　　　C. 利率

　　D. 公共支出　　　　　　E. 税收

6. 对"财政"理解正确的是(　　)。

　　A. 以国家或政府为主体　　　　　　B. 是一种收支分配活动

　　C. 只存在于历史上的某些特定时期　　D. 具有特殊性

　　E. 有家计财政、计划财政和公共财政三种类型

7. 公共财政配置社会资源的机制和手段有(　　)。

　　A. 提高财政自身效率　　　　　　　B. 优化财政支出结构

　　C. 加强税收调节　　　　　　　　　D. 引导和调节社会投资方向

　　E. 发挥公共支出的作用

同步自测解析

一、单项选择题

1.【解析】D　公共财政非营利性特征的体现，从财政支出看，政府主要是将财政资金用于具有非营利性质的社会公共需要方面。

2.【解析】A　财政适用于历史上各个发展阶段上存在的各种国家，故它是伴随着国家的产生而产生的。

3.【解析】B　公共财政的核心是满足社会公共需要。

4.【解析】C　"公共财政"是与市场经济相适应的财政类型，是为市场提供公共服务的财政。作为政府收支分配活动的财政，主要是"聚众人之财""办众人之事"，即为市场提供公共物品和服务以满足社会公共需要。

5.【解析】D　克服和弥补市场天然存在的失效问题，客观上要求采用非市场的方式，即政府及其公共财政来发挥作用，这是常说的"市场不能去干的，政府就要去干"。

6.【解析】C　公共财政是非营利性的财政。

7.【解析】B　公共财政是一种与市场经济发展需要相适应的财政类型。

8.【解析】C　我国的社会主义政治制度和以公有制为主体，多种所有制经济共同发展的基本经济制度，决定了提供公平服务是我国公共财政的重要目标和基本特征。

二、多项选择题

1.【解析】ACDE　公共财政的基本特征包括弥补市场失效、提供公平服务、非营利性、法治性。

2.【解析】CD　在我国社会主义市场经济条件下，公共财政的职能主要有：①资源配置职能；②收入分配职能；③经济稳定和发展职能。

3.【解析】ABCE　市场机制也存在被称为"市场失灵"的固有缺陷。这些主要缺陷有：不能排除垄断对资源配置的扭曲，不能矫正外部效应以达到最佳资源配置状态，不能提供公共物品，不能解决收入分配不公问题，不能有效解决宏观经济波动问题等。

4.【解析】ABDE　财政配置资源的范围主要有：满足政府履行职能的需要，政府机关的正常运转和执行社会公共职能的基本需要，如国家安全支出、一般公共服务支出等；市场不能有效提供而社会又需要的准公共物品和服务的支出，如公共卫生、科技、公共工程等；对社会资源配置的引导性支出，如矫正外部效应、维护市场公平竞争等。

5.【解析】BDE　财政实现收入分配职能的手段主要是：转移支付、公共支出、税收。

6.【解析】ABDE　"广义财政"概念，是针对"财政一般"而言的，即以国家或政府为主体的收支分配活动，适用于历史上各个发展阶段存在的各种国家的财政。但是，不同的社会制度，不同的经济体制下，决定了财政又具有其特殊性，形成"财政特殊"，构成了不同的财政类型，具体包括家计财政、计划财政和公共财政三种类型。

7.【解析】ABD　公共财政配置社会资源的机制和手段有：①根据政府职能的动态变化确定社会公共需要的基本范围，确定公共财政收支占国内生产总值的合理比例，从总量上实现高效率的社会资源配置；②优化财政支出结构；③为公共工程提供必要的资金保障；④通过政府直接投资、财政贴息、税收优惠等方式，引导和调节社会投资方向，提高社会整体投资效率；⑤通过体制、机制改革，提高财政自身效率。

第十章 财政支出

大纲解读

测查应试人员是否掌握财政支出的主要分类方法，影响财政支出规模的主要因素，财政购买性支出、转移性支出的特点和功能，并能够在此基础上，结合所理解和掌握的知识，对一些财政支出活动作出分析判断。

1. 财政支出及其分类

如何理解财政支出规模数据，财政支出分类方法，中国的政府支出分类改革。

2. 影响财政支出规模的主要因素

经济发展因素，政治因素，经济体制制度因素，社会因素。

3. 购买性支出和转移性支出

购买性支出和转移性支出的含义与特点，购买性支出与转移性支出的功能比较。

考点精讲

第一节 财政支出及其分类

考点一 如何理解财政支出数据

财政支出，是指政府为履行职能、取得所需商品和劳务而进行的资金支付，是政府行为活动的成本。

理解财政支出一般通过以下三个方面的数据。

(1) 财政支出的规模，即财政支出总额占国内生产总值的比重；

(2) 财政支出的结构，即财政支出总额中各类支出所占的比重；

(3) 财政支出的经济性质，它反映了政府在社会经济生活中实际履行着何种职能，有助于人们了解政府干预是更侧重资源配置，还是更侧重收入分配；是更关注长期结构调整，还是更关注短期宏观调控。

考点二 财政支出分类方法

(1) 适用于编制政府预算的统计分类。国际通行的统计分类方法有财政支出功能分类和财政支出经济分类。财政支出功能分类是按照政府提供公共物品与服务的产出性质进行的分类，反映政府的职能活动，即政府的钱到底被拿来做了什么事；财政支出经济分类是按照政府生产公共物品的成本投入进行分类,反映政府支出的经济性质和具体用途,说明政府的钱是怎样花出去的。

财政支出的功能分类和经济分类体系从不同侧面、不同角度反映了政府支出活动,是相互联系、相互补充的,有利于全面反映政府支出活动。

(2) 根据交易的经济性质进行分类。此种分类法将财政支出区别为购买性支出(或消耗性支出)和转移性支出。购买性支出是指政府为了履行其职能,从私人部门取得物品与劳务并支付相应资金而发生的费用。通过购买性支出,政府与私人部门发生经济交换,并在实际上参与社会资源的配置,影响着社会投资与消费的总量与构成。而在实施转移性支出的过程中,政府仅扮演中介者的角色,依法向受益对象拨付财政资金但并不要求获得相应的物品与劳务。虽然这一过程不涉及与私人部门的等价交换,却可以造成购买力和社会财富在其他社会主体之间的重新分配。

【例 10-1】 下列财政支出科目中,不属于购买性支出的是( )。(2013 年单选题)

A. 工资福利支出　　　　　　　　B. 商品和服务支出

C. 对个人和家庭的补助　　　　　D. 基本建设支出

【解析】C　本题考查购买性支出。根据交易的经济性质进行分类将财政支出区别为购买性支出(或消耗性支出)和转移性支出。C 项属于转移性支出。

【例 10-2】 与财政转移性支出相比,财政购买性支出的不同之处在于( )。(2012 年单选题)

A. 取得资金的一方无须向政府提供对等的物品或服务

B. 使购买力在社会主体中重新进行分配

C. 不涉及政府与私人部门间的等价交换

D. 取得资金的一方需要向政府提供对等的物品或服务

【解析】D　本题考查购买性支出与转移性支出的区别。通常将财政支出分为购买性支出和转移性支出两类。购买性支出,是指政府为了履行其职能,从私人部门取得物品与劳务并支付相应资金而发生的费用。转移性支出,是指政府依法向受益对象拨付财政资金但并不要求获得相应的物品与劳务。因此财政购买性支出的不同之处在于取得资金的一方需要向政府提供对等的物品或服务。

财政支出的分类及内容如表 10-1 所示。

表 10-1　财政支出的分类及内容

分类标准	包括内容
按政府支出功能分类	一般公共服务、国防、公共秩序和安全、科学事务、环境保护、住房和社会服务设施、医疗保健、娱乐文化和宗教、教育、社会保护
按政府支出经济分类	雇员补偿、商品与服务的使用、固定资本消耗、利息、补贴、赠与、社会福利、其他支出
购买性支出	政府为了履行其职能,从私人部门取得物品与劳务并支付相应资金而发生的费用
转移性支出	依法向受益对象拨付财政资金但并不要求获得相应的物品与劳务

考点三　中国的政府支出分类改革

政府支出分类改革的目标：要适应市场经济条件下转变政府职能、建立公共财政体系的总体要求，逐步形成一套既适合我国国情、又符合国际通行做法的较为规范合理的政府收支分类体系，为进一步深化财政改革、提高预算透明度、强化财政监督创造有利条件。

具体科目设计目标为"体系完善、反映全面、分类明细、口径可比、便于操作"。

第二节　影响财政支出规模的主要因素

考点四　影响财政支出规模的主要因素

财政支出规模，是指一个财政年度内政府通过预算安排的财政支出总额。财政支出规模的大小，反映着一定时期内政府支配社会资源的多少和政府满足公共需要能力的高低，也反映着政府对社会经济发展影响力的强弱。影响财政支出规模的主要因素有以下几个。

1. 经济发展因素

国内生产总值的不断增长，税收收入的增加，经济效益的不断提高，公民拥有财富的规模会越来越大，也使政府通过举借债务扩大财政支出规模成为可能。

2. 政治因素

政治因素主要包括社会政治局面的稳定状况、政治体制结构及政府工作效率、政府活动范围等。

3. 经济体制制度因素

经济体制不同，政府职能也不相同，使财政支出的范围和规模存在差异。

4. 社会因素

各种社会性因素，如人口、教育、卫生、社会救济、城乡差距等都会对财政支出规模发挥重要影响。

【例10-3】下列选项中，可能成为导致我国财政支出规模扩大的因素包括(　　)。(2012年多选题)

A. 我国是人口大国，政府用于发展义务教育的支出需求非常大

B. 随着收入水平的提高，居民在住房、汽车方面的需求持续旺盛

C. 政府要偿还过去经济社会发展过程中应支付而支付得不够的历史欠账

D. 居民拥有财富的增多，使政府举借债务、扩大财政支出规模成为可能

E. 我国城乡之间发展差距大，政府承担缩小发展差距的任务重

【解析】ACDE　ACE体现为社会因素，政府用于发展义务教育的公共服务的支出需求很大，政府要偿还过去经济社会发展过程中应付而未支付的历史欠账，政府要缩小城乡差距，这些都对不断扩大我国财政支出规模提出了迫切的要求。D体现为经济发展因素，公民拥有财富的规模越来越大，使个人交纳的各种税收的规模不断扩大，同时使得政府通过举借债务扩大财政支出成为可能。

第三节 购买性支出和转移性支出

考点五 购买性支出和转移性支出的含义与特点

购买性支出，是指在政府付出财政资金的同时，得到了相应的商品和劳务，并运用它们来实现政府的职能。直接表现为政府购买商品和服务的活动。

转移性支出，是指政府付出财政资金却不能得到直接的补偿，不存在等价交换问题。直接表现为资金无偿、单方面的转移。

购买性支出具有有偿性和等价性的特点；转移性支出具有无偿性和非等价性的特点。

考点六 购买性支出与转移性支出的功能比较

1. 对生产与就业影响的方式不同

市政府购买性支出会扩大和增加社会需求，对社会生产与就业有着直接而重要的影响。政府转移性支出只是资金使用权的转移，尽管也会增加社会需求，但它对社会生产与就业只能发生间接的影响作用。

2. 对政府支出效益约束的强度不同

购买性支出遵循市场的等价交换原则，对政府具有较强的效益约束；转移性支出对政府的效益约束则相对较弱。

3. 体现财政的不同职能

在财政支出总额中，购买性支出所占比重大，相应的，直接通过财政配置的资源规模也大，这表明财政具有较强的资源配置职能；转移性支出所占比重大，相应的，财政活动对社会收入分配的直接影响就大，这表明财政具有较强的收入分配职能。

同 步 自 测

一、单项选择题

1. 经常性财政支出的补偿方式主要是(   )。

    A. 税收　　　　　　　　B. 收费　　　　　　　C. 公债　　　　　　　D. 基金

2. 为应对国际金融危机，我国政府决定从 2008 年第四季度开始实施积极的财政政策和适度宽松的货币政策，用两年多时间增加 4 万亿元投资，带动生产和就业规模扩大。这表明政府购买性支出(   )。

    A. 可以直接刺激社会生产规模扩大　　　　B. 不会扩大和增加社会需求

    C. 具有较强的收入分配职能　　　　　　　D. 可以不遵循市场等价交换原则

3. 下列支出中，属于财政购买性支出的是(   )。

    A. 社会保障补助支出　　B. 债务利息支出　　C. 政府采购支出　　D. 财政补贴支出

4. 市场经济条件下，按(   )通常将财政支出分为购买性支出和转移性支出两类。

    A. 国家职能　　　　　　　　　　　　　B. 财政支出发生的时间

    C. 财政支出的最终结果　　　　　　　　D. 财政支出在经济上是否直接获得补偿

5. 下列各项财政支出中,体现政府非市场性分配活动的支出是(   )。
   A. 转移性支出　　　B. 建设性支出　　　C. 购买性支出　　　D. 消费性支出

6. 文教科卫事业费是财政支出的一个大类,也是增长较快的一类支出。在下列选项中,只有(   )不属于文教科卫事业费。
   A. 通讯部门事业费　　　　　　　　B. 地震部门事业费
   C. 商业部门事业费　　　　　　　　D. 档案部门事业费

7. 大多数发展中国家,(   )所占比重比较大。
   A. 购买性支出　　　B. 转移性支出　　　C. 补偿性支出　　　D. 积累性支出

8. 政府财政资金支出后不能得到直接的补偿,它体现了政府的非市场性分配活动。这种支出是(   )。
   A. 购买性支出　　　B. 转移性支出　　　C. 经济建设支出　　　D. 有偿支出

二、多项选择题

1. 按财政资金使用的最终结果分类,财政支出可分为(   )。
   A. 补偿性支出　　　　　　B. 积累性支出　　　　　　C. 引导性支出
   D. 公平性支出　　　　　　E. 消费性支出

2. 财政支出按国家职能可分为(   )等类。
   A. 社会保障支出　　　　　B. 税收支出　　　　　　　C. 国防支出
   D. 行政管理支出　　　　　E. 文教科卫事业支出

3. 下列财政支出中,属于积累性支出的是(   )。
   A. 非生产性基本建设支出　　B. 文教事业费支出　　　C. 行政管理费支出
   D. 建立社会后备支出　　　　E. 工业、交通部门事业费支出

4. 转移性支出不包括(   )。
   A. 捐赠支出　　　　　　　B. 政府补助支出　　　　　C. 公共投资支出
   D. 债务利息支出　　　　　E. 政府采购支出

5. 在我国,财政支出形式可分为(   )等。
   A. 无偿使用　　　　　　　B. 有偿使用　　　　　　　C. 消费性支出
   D. 积累性支出　　　　　　E. 补偿性支出

6. 下列选项中,不属于财政支出的消费性支出的是(   )。
   A. 政府部门工作人员工资　　B. 政府公用经费　　　　C. 义务教育经费
   D. 改善生态环境的支出　　　E. 建立社会后备支出

7. 财政转移性支出的特点包括(   )。
   A. 无偿性　　　　　　　　B. 有偿性　　　　　　　　C. 等价性
   D. 非等价性　　　　　　　E. 随意性

8. 我国现行政府预算管理方式下,政府支出预算划分为(   )。
   A. 一般支出预算　　　　　B. 基金支出预算　　　　　C. 社会保障支出预算
   D. 债务支出预算　　　　　E. 社会保险支出预算

同步自测解析

一、单项选择题

1. 【解析】A　经常性财政支出的补偿方式主要是税收。本题考查财政支出的特点。

2. 【解析】A 题干表明政府购买性支出可以直接带动生产和就业规模的扩大。本题考查购买性支出。

3. 【解析】C 政府采购支出属于财政购买性支出。

4. 【解析】D 按财政支出在经济上是否直接获得补偿，或者说财政支出是否与商品和服务发生了交换分类，市场经济条件下通常将财政支出分为购买性支出和转移性支出两类。

5. 【解析】A 转移性支出包括政府补助支出、捐赠支出和债务利息支出。这种支出体现了政府的非市场性再分配活动，显示了政府在公平收入分配方面的作用。

6. 【解析】C 通讯部门事业费、地震部门事业费、档案部门事业费都属于文教科卫事业费。

7. 【解析】A 西方市场经济发达国家政府较少直接参与生产活动，转移性支出所占比重往往较大；大多数发展中国家，政府直接、间接介入经济活动相对较多，购买性支出所占比重往往较大。

8. 【解析】B 转移性支出，是指政府付出财政资金却不能得到直接的补偿，不存在等价交换问题，换言之，转移性支出直接表现为资金无偿、单方面的转移。转移性支出包括政府补助支出、捐赠支出和债务利息支出。这种支出体现了政府的非市场性再分配活动，显示了政府在公平收入分配方面的作用。

二、多项选择题

1. 【解析】ABE 按财政资金使用的最终结果分类，财政支出可分为补偿性支出、积累性支出和消费性支出三类。

2. 【解析】ACDE 按照政府主要职能对财政支出进行分类，我国政府支出的功能分类包括：一般公共服务、外交、国防、公共安全、教育、科学技术、文化体育与传媒、社会保障和就业、社会保险基金支出、医疗卫生、环境保护、城乡社区事务、农林水事务、交通运输、工业、商业、金融等事务、其他支出、转移性支出，共17类。

3. 【解析】AD 积累性支出，主要是用于直接增加社会物质财富及国家物资储备(包括用于扩大再生产、非生产性基本建设、建立社会后备)等方面的支出。

4. 【解析】CE 财政支出可分为购买性支出和转移性支出。其中转移性支出是指政府付出财政资金却不能得到直接的补偿，不存在等价交换问题，换言之，转移性支出直接表现为资金无偿、单方面的转移。转移性支出包括政府补助支出、捐赠支出和债务利息支出。CE两项是购买性支出。

5. 【解析】AB 在我国，财政支出形式可分为有偿使用和无偿使用。

6. 【解析】DE 按财政资金使用的最终结果分类，财政支出可分为补偿性支出、积累性支出和消费性支出三大类。其中消费性支出，是指用于社会公共需要方面的支出，包括文教、行政、国防等非生产部门的各项公用经费和人员经费。D项属于补偿性支出；E项属于积累性支出。

7. 【解析】AD 转移性支出具有无偿性、非等价性，只是一个单方面的资金转移过程，并不体现等价性。

8. 【解析】ABD 根据预算管理需要，目前我国政府支出预算分为一般支出预算、基金支出预算和债务支出预算三部分。

第十一章 财政收入

大纲解读

测查应试人员是否掌握财政收入的主要形式和分类方法的内容，衡量财政收入规模的指标和标准，影响财政收入规模的主要因素，政府收入的特点，政府债务的经济影响和衡量政府财力规模的指标，并能够在此基础上，结合实例，对财政收入的形式、分类作出判断，并能够根据数据资料计算债务规模的指标。

1. 财政收入形式与分类

财政收入的含义，财政收入的形式，财政收入的分类。

2. 影响财政收入规模的主要因素

财政收入规模的衡量指标，影响财政收入规模的主要因素，财政收入规模的确定。

3. 政府债务收入

政府债务收入的含义和特征，政府债务的经济影响，政府债务收入规模的衡量指标。

考点精讲

第一节 财政收入形式与分类

考点一 财政收入的含义

财政收入，是政府为了满足社会公共需要，保证提供公共物品和服务，依法取得的货币收入。首先，财政收入是一个筹集收入的过程。其次，财政收入是指财政分配活动的结果，即政府取得的收入，表现为国家掌握了一定的社会物质财富。再次，从财政收入以货币度量的意义看，财政收入表现为一定规模的货币资金，即政府为履行其职能需要而筹集的一切货币资金的总和。

取得财政收入，是政府履行职能的物质基础和前提条件。财政收入是政府理财的重要方面，是政府履行职能、提供公共产品和服务的重要物质保障；财政收入是政府实施宏观经济调控的重要手段；财政收入是安排财政支出的前提和基础。

考点二　财政收入的形式

我国财政收入由一般性财政收入和特殊性财政收入构成。

目前，我国的一般性财政收入主要有以下几种形式。

(1) 税收，是最主要的财政收入形式；

(2) 国有资产收益；

(3) 政府收费，包括规费和使用费两种；

(4) 专项收入，如教育费附加、矿产资源补偿费收入、排污费收入等；

(5) 其他收入，主要包括罚没收入、利息收入、捐赠收入、外事服务收入等。

我国财政收入中的特殊收入有两类：一类是专用基金收入，另一类是政府债务收入。

【例 11-1】 我国的一般性财政收入形式有(　　)。(2012 年多选题)

A. 税收　　　　　　　　　　B. 政府债务收入　　　　　　　C. 专用基金收入

D. 政府收费　　　　　　　　E. 专项收入

【解析】ADE　我国的一般性财政收入形式主要有税收、国有资产收益、政府收费、专项收入和其他收入。选项 BC 属于我国财政收入中的特殊收入。

考点三　财政收入的分类

(1) 按财政收入来源和性质分类，将财政收入分为六类：税收收入、社会保险基金收入、非税收入、贷款转贷回收本金收入、债务收入、转移性收入。

(2) 按经济部门分类，可将财政收入分为农业、工业、交通运输业和商业服务业收入。

(3) 按取得收入依据分类，可将财政收入分为政府公共财政收入和国有资产收入。

(4) 按取得收入稳定程度分类，可将财政收入分为经常性收入和临时性收入。

(5) 按财政收入价值构成分类，财政收入主要来自 M(剩余价值)部分。

(6) 按财政收入管理权限分类，可将财政收入分为中央财政收入和地方财政收入。

第二节　影响财政收入规模的主要因素

考点四　财政收入规模的衡量指标

衡量财政收入规模的指标可分为绝对量指标和相对量指标。财政收入绝对量指标，是指一定时期内财政收入的实际数量；财政收入相对量指标，是指一定时期内财政收入与有关经济指标的比率，通常用财政收入占国内生产总值的比重来表示。经常使用的一个指标是中央财政收入占全国财政收入的比重，这个指标可以用来衡量和反映中央政府集中财力的程度和宏观调控的能力。

【例 11-2】 衡量财政收入规模的相对量指标，通常用财政收入占(　　)的比重来表示。(2011 年单选题)

A. 财政支出　　　　　　　　　　B. 社会商品零售额

C. 国内生产总值　　　　　　　　D. 进出口贸易额

【解析】C 财政收入相对量指标，是指一定时期内财政收入与有关经济指标的比率，通常用财政收入占国内生产总值的比重来表示。

考点五 影响财政收入规模的主要因素

1. 经济发展水平

经济发展水平高，国内生产总值规模大，财政收入的规模也大，财政收入占国内生产总值的比重一般也比较高。

2. 生产技术水平

技术进步对财政收入规模的制约表现在两个方面：一是技术进步往往以生产速度加快、生产质量提高为结果，决定了财政收入的增长具有充分的财源；二是技术进步必然带来物耗比例降低和经济效益提高，产品附加值所占比例扩大，为财政收入规模扩大和质量提高提供了重要源泉。

3. 经济结构

各个产业、部门和一些主要产品由于创造产值的能力不同，决定了各自对财政收入的贡献程度也存在差异。

4. 分配制度和分配政策

经济发展水平是影响财政收入规模的客观因素。在这个客观因素既定的条件下，通过调整分配制度和分配政策可以调整财政收入分配进而影响财政收入规模。

5. 价格

价格对财政收入规模的影响主要表现在两个方面：一是价格总水平升降对财政收入的影响；二是现行财政收入制度。

【例11-3】 影响我国财政收入规模的主要因素，除了经济发展水平外，还有( )。(2010年多选题)

A. 生产技术水平　　　　　　B. 经济结构　　　　　　C. 分配制度和分配政策

D. 政府管理级次　　　　　　E. 价格总水平

【解析】ABCE 影响财政收入规模的主要因素有：经济发展水平、生产技术水平、经济结构、分配制度和分配政策、价格。因此答案为 ABCE。

考点六 财政收入规模的确定

衡量一个国家财政收入的规模是否适度，除了要考虑既定的社会环境和历史条件外，还要看是否兼顾了效率和公平两个标准。效率标准，就是要考虑既定的财政收入规模是否有利于促进社会资源的充分有效利用和国民经济的又好又快发展。公平标准，就是在确定财政收入规模时，要公平地分配财政税收负担。

我国常用"两个比重"来间接地反映效率与公平的兼顾程度。"两个比重"，是指全国财政收入占国内生产总值的比重和中央财政收入占全国财政收入的比重。

第三节 政府债务收入

考点七 政府债务收入的含义和特征

政府债务收入，是政府以债务人身份，依据有借有还的信用原则取得的资金来源，是一种有偿形式的、非经常性的财政收入。由中央政府发行的公债为国家公债，简称国债；由地方政府发行的公债为地方公债，简称地方债。我国现行预算法规定，"除法律和国务院另有规定外，地方政府不得发行地方政府债券"，从这个意义上讲，我国的公债一般是指中央政府的债务。

政府债务收入作为财政收入的形式之一，有如下特征。

一是有偿性，即政府通过发行公债取得的财政收入，政府必须按规定还本付息，政府与公债认购者之间存在直接的返还关系。

二是自愿性，即对政府发行公债的认购是建立在认购者自愿购买基础上的。

三是灵活性，即政府发行公债的时间、规模、种类、期限等，是由政府根据财政资金状况和经济社会发展需要确定的。

【例11-4】 政府发行公债的时间、规模、种类、期限应根据政府财政资金状况和经济社会发展的需要来确定。这表明政府债务具有(　　)的特征。(2012年单选题)

A. 强制性　　　　　B. 自愿性　　　　　C. 固定性　　　　　D. 灵活性

【解析】D　政府债务的灵活性，即政府发行公债的时间、规模、种类、期限等，是由政府根据财政资金状况和经济社会发展的需要确定的。

考点八 政府债务的经济影响

(1) 积极方面：弥补财政赤字；筹集政府投资资金；调节经济。

(2) 消极方面：长期实行赤字财政政策，会使财政背上沉重的负担；会增加纳税人负担；政府取得公债收入，可能会产生财政"挤出效应"；有可能引发通货膨胀。

【例11-5】 现代市场经济国家中，政府发行公债的最初目的是(　　)。(2013年单选题)

A. 用于弥补财政赤字　　　　　　　B. 用于固定资产投资

C. 用于中央银行的公开市场操作　　　D. 用于公共消费

【解析】A　本题考查政府发行公债的目的。政府发行公债的最初目的是用于弥补财政赤字。

考点九 政府债务收入规模的衡量指标

(1) 国债依存度，表示国债发行规模与当年财政支出的比率关系。

(2) 国债负担率，指到当期为止，政府历年发行公债尚未偿还的累计余额与当年GDP的比例关系。

(3) 国债偿债率，指当年到期还本付息的国债总额占当年财政收入的比例。

【例11-6】 国债偿债率是指当年到期还本付息的国债总额占( )的比例。(2013年单选题)

A. 历年财政收入   B. 当年财政收入

C. 历年财政支出   D. 当年财政支出

【解析】B 国债偿债率是指当年到期还本付息的国债总额占当年财政收入的比例。

【例11-7】 国债依存度表示国债发行规模与( )的比率关系。(2010年单选题)

A. 历年财政收入   B. 当年财政收入

C. 历年财政支出   D. 当年财政支出

【解析】D 国债依存度:是表示国债发行规模与当年财政支出的比率关系。

同 步 自 测

一、单项选择题

1. 用来衡量和反映中央政府集中财政程度和宏观调控能力的指标是( )。
  A. 财政收入占国民生产总值的比重
  B. 税收收入占国民生产总值的比重
  C. 中央财政收入占全国财政收入的比重
  D. 中央财政支出占全国财政支出的比重

2. 目前,我国对外公布的年度财政收入中一般不包括( )。
  A. 政府收费 B. 专项收入 C. 税收 D. 政府债务收入

3. 我国的教育费附加属于财政收入分类中的( )。
  A. 政府收费 B. 专项收入 C. 其他收入 D. 专用基金收入

4. 目前,我国最主要的财政收入形式是( )。
  A. 国有资产收益 B. 税收 C. 基金收入 D. 政府债务

5. 税收是国家凭借其( )取得的财政收入。
  A. 经济权力 B. 信用 C. 政治权力 D. 经济实力

6. 在衡量财政收入规模的指标中,综合反映政府占有和支配社会资源程度的指标是( )。
  A. 中央财政收入占全国财政收入的比重
  B. 税收收入占财政收入的比重
  C. 财政收入占国内生产总值的比重
  D. 增值税收入占税收收入的比重

7. 将财政收入分为政府公共财政收入和国有资产收入,这是按( )进行的分类。
  A. 财政收入的价值构成   B. 财政收入的管理权限
  C. 取得财政收入的依据   D. 取得财政收入的稳定程度

8. 政府债务收入不具有( )特征。
  A. 有偿性 B. 自愿性 C. 灵活性 D. 经常性

二、多项选择题

1. 在我国财政收入中,国有资产收益的具体形式包括( )。
  A. 税收 B. 股息 C. 规费
  D. 资金使用费 E. 红利

2. 财政收入占国内生产总值比重指标的作用不包括(　　)。
    A. 反映综合国力　　　　　　　　B. 反映政府调控经济的能力
    C. 反映财政收入规模的增长状况　　D. 反映政府对社会资源配置的影响程度
    E. 综合反映政府占有和支配社会资源的程度

3. 财政收入分为经常性收入和临时性收入，下列(　　)属于经常性收入。
    A. 税收收入　　　　　　B. 国债收入　　　　　　C. 行政性收费
    D. 出卖公产收入　　　　E. 罚款收入

4. 财政收入分为经常性收入和临时性收入，下列(　　)属于临时性收入。
    A. 税收收入　　　　　　B. 国债收入　　　　　　C. 行政性收费
    D. 出卖公产收入　　　　E. 罚款收入

5. 衡量一国财政收入的规模适度与否，需要考虑(　　)因素。
    A. 人文因素　　　　　　B. 社会环境　　　　　　C. 历史条件
    D. 能否兼顾效率与公平　E. 经济运行状况

6. 影响我国财政收入规模的主要因素，除了经济发展水平外，还有(　　)。
    A. 生产技术水平　　　　B. 经济结构　　　　　　C. 分配制度和分配政策
    D. 政府管理级次　　　　E. 价格总水平

7. 在我国，人们经常提到有关财政的"两个比重"是指(　　)。
    A. 财政收入占社会总产值的比重　　B. 财政收入占国民生产总值的比重
    C. 财政收入占国内生产总值的比重　D. 中央财政收入占国内生产总值的比重
    E. 中央财政收入占全国财政收入的比重

8. 下列关于财政收入概念的描述，正确的是(　　)。
    A. 财政收入是依法取得的货币收入
    B. 财政收入是组织收入、分配资金的过程
    C. 财政收入表现为一定规模的货币资金
    D. 财政收入是政府为履行其职能需要而筹集的一切货币资金的总和
    E. 财政收入由一般性财政收入和特殊性财政收入构成

同步自测解析

一、单项选择题

1. 【解析】C　中央财政收入占全国财政收入的比重，可以衡量和反映中央政府集中财力的程度和宏观调控的能力。

2. 【解析】D　目前，我国对外公布的年度财政收入中一般不包括政府债务收入。本题考查财政收入的形式。

3. 【解析】B　我国财政收入由一般性财政收入和特殊财政收入构成。一般性财政收入的形式主要有：①税收：强制性、无偿性、固定性，是各种财政收入中最主要的收入形式；②国有资产收益：凭借国有资产所有权获得的利润、租金、股息、红利、资金使用费等；③政府收费：包括规费和使用费两种；④专项收入：如教育费附加、排污费收入等；⑤其

他收入：如罚没收入、利息收入等。特殊财政收入的形式主要有两类：①专用基金收入；②政府债务收入。

4.【解析】B　目前，我国最主要的财政收入形式是税收。

5.【解析】C　税收是国家凭借其政治权力取得的财政收入。

6.【解析】C　财政收入占国内生产总值比重指标，综合反映政府占有和支配社会资源的程度，反映政府调控经济的能力和对社会资源配置的影响程度。

7.【解析】C　按取得财政收入依据分类，可将财政收入分为政府公共财政收入和国有资产收入。

8.【解析】D　政府债务收入是政府以债务人身份，依据有借有还的信用原则取得的资金来源，是一种有偿形式的、非经常性的财政收入。包括国家公债和地方公债，我国的公债一般指中央政府的债务即国家公债。特征：①有偿性：政府必须还本付息，存在直接的返还关系；②自愿性：建立在认购者自愿购买基础上；③灵活性：政府根据财政资金状况和经济社会发展需要确定。

二、多项选择题

1.【解析】BDE　国有资产收益是国家凭借国有资产所有权获得的利润、租金、股息、红利、资金使用费等收入的总称。选项C属于政府收费，它与选项A税收和国有资产收益共同属于我国的一般性财政收入。本题考查国有资产收益。

2.【解析】AC　财政收入占国内生产总值比重指标，综合反映政府占有和支配社会资源的程度，反映政府调控经济的能力和对社会资源配置的影响程度。同时，还经常使用的一个指标是中央财政收入占全国财政收入的比重，这个指标可以用来衡量和反映中央政府集中财力的程度和宏观调控的能力，其作用体现在BDE三项上。

3.【解析】AC　经常性收入一般是指每个财政年度都能连续不断、稳定取得的收入，如各种税收收入、经常性的收费收入等。

4.【解析】BDE　临时性收入是指在财政年度内不是经常地或不是很有规律性地取得的财政收入，如债务收入、出卖公产收入、罚款收入等。

5.【解析】BCD　衡量一个国家财政收入的规模是否适度，除了要考虑既定的社会环境和历史条件外，还要看是否兼顾了效率和公平两个标准：①效率标准，就是要考虑既定的财政收入规模是否有利于促进社会资源的充分有效利用和国民经济的协调、持续、健康发展；②公平标准，就是在确定财政收入规模时，要公平地分配，减少财政税收负担。

6.【解析】ABCE　影响财政收入规模的主要因素：经济发展水平；生产技术水平；经济结构；分配制度和分配政策；价格总水平。

7.【解析】CE　我国常用"两个比重"来间接地反映效率与公平的兼顾程度。"两个比重"，是指全国财政收入占国内生产总值的比重和中央财政收入占全国财政收入的比重。

8.【解析】ACDE　财政收入是政府为了满足社会公共需要，保证提供公共物品和服务，依法取得的货币收入。首先，财政收入是一个过程，表现为组织收入、筹集资金的过程；其次，财政收入是指财政分配活动的结果；再次，从财政收入以货币来度量的意义上看，财政收入又表现为一定规模的货币资金,即政府为履行其职能需要而筹集的一切货币资金的总和。

第十二章　税收基本制度

大纲解读

测查应试人员是否掌握税收的概念及其基本特征，税制的各项构成要素及其主要内容，税收的主要分类方法，流转税、所得税和财产税的主要特点及其几个主要税种的税制内容，"十二五"时期改革和完善税收制度的主要内容，并能够在此基础上，根据所理解和掌握的有关税收知识，对税收活动作出比较、分析和判断。

1. 税收的基本含义与特征

税收的基本含义，税收的基本特征

2. 税制要素与税收分类

税制要素，包括纳税人、课税对象、税率、纳税环节、纳税期限、加成和减免、违章处理等内容，边际税率和平均税率、名义税率和实际税率、零税率和负税率的基本含义。

税收分类，按课税对象、按计税依据、按税收管理权限、按税负能否转嫁、按征税机关分类的方法和主要内容。

3. 流转税类

流转税的主要特点，增值税，消费税。

4. 所得税类

所得税的主要特点，企业所得税，个人所得税。

5. 财产税类

财产税的特点，车船税，"十二五"时期税制改革。

考点精讲

第一节　税收的基本含义与特征

考点一　税收的基本含义

税收是国家为实现其职能，凭借其政治权力，依法参与单位和个人的财富分配，强制、无偿地取得财政收入的一种形式。

税收有以下内涵。

(1) 税收的征收主体是国家，征收客体是单位和个人；

(2) 税收的征收目的是为满足国家实现其职能的需要，或者说是满足社会公共需要；

(3) 税收征收的依据是法律，凭借的是政治权力，而不是财产权力；

(4) 征税的过程是物质财富从私人部门单向地、无偿地转移给国家的过程；

(5) 从税收征收的直接结果看，国家通过税收方式取得财政收入。

【例 12-1】 关于税收的说法，正确的是(　　)。(2012 年多选题)

A. 纳税主体是政府

B. 征税的目的是满足社会公共需要

C. 税收征收凭借的是国家的政治权力

D. 征税的过程是物质财富在纳税双方之间有偿转移的过程

E. 强制性、无偿性、固定性是税收的基本特征

【解析】BCE　税收的征收主体是国家，征收客体是单位和个人，所以选项 A 错误。征税的过程是物质财富从私人部门单向地、无偿地转移给国家的过程，所以选项 D 错误。

考点二　税收的基本特征

(1) 强制性，是指国家征税凭借的是国家的政治权力，通过颁布法令实施，任何单位和个人都不得违抗。税收的强制性特征，是税收作为一个财政范畴的前提条件。税收强制性的意义在于，确保国家财政收入的取得，为国家履行其职能提供所需要的物质基础。

(2) 无偿性，是指国家在征税时并不向纳税人支付任何报酬，所征税款归国家所有，不再直接返还给原纳税人。

(3) 固定性，是指课税对象及每一单位课税对象的征收比例或征收数额是相对固定的，是以法律形式事先规定的。税收固定性特征是指税收的确定性和征收标准具有相对的稳定性。

【例 12-2】 税收的征收标准具有相对的稳定性，表明税收具有(　　)特征。(2012 年单选题)

A. 强制性　　　　　　B. 预期性　　　　　　C. 固定性　　　　　　D. 无偿性

【解析】C　本题考查税收的固定性特征。税收的固定性是指课税对象及每一单位课税对象的征收比例或征收数额是相对固定的，是以法律形式事先规定的。换言之，税收固定性特征，是指税收的确定性和征收标准具有相对的稳定性。

第二节　税制要素与税收分类

考点三　税制要素

(1) 纳税人，是税法规定享有法定权利、负有纳税义务的单位和个人。

(2) 课税对象亦称征收对象，是税法规定的课税的目的物，是课税的依据或根据。我国的课税对象分为：流转额、所得额、财产额、其他。

(3) 税率，是税法规定的每一单位课税对象应纳税额的比例或标准，是计算应纳税额的尺度。税率的分类，如表12-1所示。

表 12-1　税率的分类

分类标准	类　别	内　容
按税率的表现形式分类	比例税率	对同一课税对象按一个百分比的税率课税
	累进税率	按课税对象数额大小将征税对象分为若干个级次，并规定相应的由低到高的税，课税对象数额越大，税率越高
	累退税率	当课税对象数额增加、税率反而逐级递减的税率
边际税率和平均税率	边际税率	在超额累进情况下对计税基数各级次的增加部分所适用的税率
	平均税率	是全部税额与收入之间的比率，亦称平均负担率
名义税率和实际税率	名义税率	是税法规定的税率
	实际税率	是税收的实际负担率
零税率和负税率	零税率	是以零表示的税率，它是免税的一种形式
	负税率	是指政府利用税收形式对所得额低于某一特定标准的家庭或个人予以补贴的比例

【例 12-3】　区别不同税种的主要标志是(　　)。(2012 年单选题)

A. 课税对象　　　　　B. 纳税人　　　　　C. 纳税环节　　　　　D. 税率

【解析】A　本题考查课税对象。课税对象亦称征收对象，是税法规定的课税的目的物，是课税的依据或根据。课税对象是区别税种的主要标志，体现着不同税种课税的基本界线，凡是列入课税对象的，就属于该税的课征范围。

【例 12-4】　通常情况下，比例税率的优点是(　　)。(2013 年单选题)

A. 税负公平　　　　　　　　　　B. 具有自动调节功能

C. 边际税率高于平均税率　　　　D. 计算简便

【解析】D　本题考查比例税率的优点。比例税率一般适用于对商品劳务的课税。其优点是计算简便，征收效率高，缺点是有悖于量能纳税原则。比例税率是我国运用最广泛的一种税率形式。

(4) 纳税环节，是指税法规定的一种商品或劳务应当缴纳税款的环节。

(5) 纳税期限，是负有纳税义务的纳税人向国家缴纳税款的最后时间限制。

(6) 加成和减免。

① 附加和加成。附加和加成属于加重纳税人负担的一种措施。附加即附加税，是地方财政收入的来源之一。加成是加成征收的简称，是对特定纳税人的一种加税措施。一般是为限制某些经营活动或调节纳税人的过高收入而对特定纳税人加重征税的一种政策措施。

② 减免税。减税就是减征部分税款，免税就是免交全部税款。减免税是为发挥税收的鼓励作用或照顾某些人的特殊情况而作出的政策规定，也称为税收优惠政策。

③ 起征点和免征额。这两项实质上都是免税的特殊形式。起征点是指税法规定的对课税对象开始征税时应达到的一定数额。免征额是指税法规定对课税对象全部数额中免于征税的数额。两者具有不同的作用，起征点的设置主要是依照纳税人的纳税能力，是对纳税能力小的纳税人给予的照顾；免征额的设置虽然也有照顾纳税能力弱者的含义，但其他方面却是考虑的关键因素，如个人所得税税制中考虑社会效应和公平原则，规定对残疾、孤老人员和烈属的所得，经财政部门批准可减征或免征个人所得税。

④ 出口退税。出口退税，是指在国际贸易中对报关出口货物退还或免征其在国内各生产流转环节按税法规定已缴纳税款的制度。我国现行税法规定对增值税和消费税实行出口退税制度，即对增值税出口货物实行零税率，对消费税出口货物免税。

(7) 违章处理。它又被称为罚则，是指对纳税人发生违反税法行为所采取的处罚措施。

考点四 税收分类

表 12-2 是我国税收的分类。

表 12-2 我国税收的分类

分类标准	类 别	内 容
按课税对象分类	流转税类	亦称商品和劳务税类，指以商品或劳务流转额为征税对象的税收体系
	所得税类	指以所得(收益)额为课税对象的税收体系
	财产税类	指以各种财产为征税对象的税收体系
按计税依据分类	从价税	指以价格或价值为计税依据的税类，多采用比例税率或累进税率
	从量税	指以课税对象的数量、重量、面积、容积、体积或件数为计税依据的税类，多采用定额税率
按税收管理权限分类	中央税	指属于中央财政固定收入，其管理权和使用权都属于中央财政的税种
	地方税	指属于地方财政固定收入，其管理权和使用权都属于地方财政的税种
	中央地方共享税	指属于中央财政和地方财政共同享有，收入按一定比例分成的税种
按税负能否转嫁分类	直接税	指纳税人自己承担税负，不发生转嫁关系的税
	间接税	指纳税人可将税负转嫁给他人的税，如流转税
按征税机关分类	工商税收	指由国家税务局和地方税务局负责征收管理的税种
	关税	指由海关部门负责征收的税收，包括进出口关税和船舶吨税

【例 12-5】 将税收分为直接税和间接税，是以(   )为标准进行的分类。(2012 年单选题)

A. 税收课税对象 　　　　　　B. 计税依据

C. 税收管理权限 　　　　　　D. 税负能否转嫁

【解析】D 本题考查税收的分类，以税负能否转嫁为标准，可以将税收分为直接税和间接税。

【例 12-6】 我国对啤酒征收消费税采用的税率是(   )。(2010 年单选题)

A. 比例税率 　　　　　　B. 定额税率

C. 累进税率 　　　　　　D. 平均税率流转税

【解析】B 以课税对象的数量、重量、面积、容积、体积或件数为计税依据的税类，多采用定额税率。

第三节 流 转 税 类

考点五 流转税的主要特点

流转税亦称商品税，是指所有以商品流转额和非商品流转额为课税对象的税种的总称。商品流转额，是指销售商品的收入额；非商品流转额是指交通运输、邮电通讯、金融保险以及各种服务性行业的营业收入额。流转税具有以下特点。

(1) 课征普遍。对商品和非商品流转额课税是最具普遍性的税收。

(2) 以商品和劳务的流转额或交易额为计税依据。流转税是一种只考虑经营行为的税收，对于保证国家财政收入的稳定和可靠，促进企业加强核算和公平竞争具有重要作用。

(3) 除少数税种或税目实行定额税率外，流转税普遍实行比例税率，计算简单，便于征收管理。

我国现行税制中对商品和非商品征收的流转税包括增值税、消费税、营业税等。

【例 12-7】 流转税的主要特点有(   )。(2012 年多选题)

A. 课征普遍   B. 税负相对公平

C. 计算简便，便于征收管理   D. 税额与商品成本水平密切相关

E. 以商品和劳务的流转额或交易额为计税依据

【解析】ACE 选项 B 属于所得税的特点。流转税税额与成本和费用水平无关，所以选项 D 不选。

考点六 增值税

增值税，是对在我国境内销售货物或者提供加工、修理修配劳务，以及进口货物的单位和个人，就其取得的货物或应税劳务的销售额，以及进口货物的金额计算税款，并实行税款抵扣制的一种流转税。

国际上一般将增值税分为以下三种类型。

一是"消费型"增值税，即允许扣除购入固定资产中所含的税款，全部生产资料都不课税，课税对象只限于消费资料。二是"收入型"增值税，即允许扣除固定资产折旧中的所含税款，课税对象相当于国民收入。三是"生产型"增值税，即不允许扣除固定资产中所含的税款，课税对象相当于国民生产总值。

(1) 征税范围：包括销售或者进口的货物和提供的加工、修理修配劳务。

(2) 纳税人：从事商品的生产和销售、提供应税劳务以及进口货物的单位和个人。增值税实行凭专用发票抵扣税款的制度。为严格增值税征收管理，将增值税纳税人分为一般纳税人和小规模纳税人。

(3) 税率与征收率：增值税采取基本税率加一档低税率模式。基本税率为17%；低税率为 13%，适用范围主要是粮食、食用植物油、饲料、化肥、农药、农机、图书、报纸、杂志等。小规模纳税人适用统一的3%的征收率。

(4) 计税方法：一般纳税人缴纳增值税采取扣税法，应纳税额为销项税额扣除进项税额后的余额。其中，销项税额=销售额×适用税率；进项税额为购进货物或接受应税劳务所支付

或负担的增值税额，一般以当期购货发票中注明的允许扣除的增值税款为准。对小规模纳税人不实行扣税法，其应纳税额计算公式为

$$应纳税额=销售额×征收率 \tag{12-1}$$

进口货物应纳税额计算公式为

$$应纳税额=组成计税价格×税率 \tag{12-2}$$

【例12-8】 某企业为增值税一般纳税人，2012年5月该企业销售额为7000万元，按照增值税基本税率计算，该企业本月的增值税销项税额为(   )万元。(2012年单选题)

A. 1190　　　　　B. 210　　　　　C. 910　　　　　D. 1750

【解析】A　本题考查增值税销项税额的计算。应纳增值税销项税额=销售额×适用税率=7000×17%=1190(万元)。

考点七　消费税

消费税，是对特定消费品和消费行为征收的一种税，其目的是调节特定消费品生产的较高收入，平均税率一般较高。

(1) 征税范围：费税采取列举征税办法，即只对列入征税目录的消费品征税，未列入的不征税。

(2) 纳税人：在我国境内生产、委托加工和进口应税消费品的单位和个人，为消费税的纳税义务人。

(3) 消费税采取按产品列举税目的办法。我国征收消费税的消费品有烟、酒及酒精、化妆品、贵重首饰及珠宝玉石、鞭炮焰火、成品油、汽车轮胎、摩托车、小汽车、高尔夫球及球具、高档手表、游艇、木制一次性筷子、实木地板共14类消费品。

(4) 税率有比例税率和定额税率两种。

(5) 计税方法。消费税实行从价定率、从量定额，或从价定率和从量定额复合计税的办法计算应纳税额。其中，对卷烟和白酒实行复合计税办法。

【例12-9】 下列消费品中，我国对其征收消费税的有(   )。(2012年多选题)

A. 小汽车　　　　　B. 食用植物油　　　　　C. 游艇

D. 木制一次性筷子　　　　　E. 报纸

【解析】ACD　本题考查消费税的征收范围。消费税，是对特定消费品和消费行为征收的一种税，其目的是调节特定消费品的较高收入，平均税率一般较高。我国征收消费税的消费品有烟、酒及酒精、化妆品、贵重首饰及珠宝玉石、鞭炮焰火、成品油、汽车轮胎、摩托车、小汽车、高尔夫球及球具、高档手表、游艇、木制一次性筷子、实木地板共14类消费品。

第四节　所得税类

考点八　所得税的主要特点

(1) 税负相对比较公平。比较符合"量能负担"原则。

(2) 所得税类以纳税人的应税所得额为依据，属于单环节征收，不存在重复征税问题；应税所得额不构成商品价格的追加，也不易转嫁，不会影响商品的相对价格。

(3) 税源可靠，收入具有弹性。

考点九 企业所得税

企业所得税是对在我国境内的企业和其他取得收入的组织，就其生产、经营所得和其他所得征收的一种税。

(1) 纳税人。在中华人民共和国境内的一切企业和其他取得收入的组织(以下统称企业)为企业所得税的纳税人。为避免重复征税，个人独资企业、合伙企业不适用企业所得税法。

(2) 税率。企业所得税税率为25%。非居民企业在中国境内未设立机构、场所的，或者虽设立机构、场所但取得的所得与其所设机构、场所没有实际联系的，应当就其来源于中国境内的所得缴纳企业所得税，适用税率为20%。

(3) 应纳税所得额的计算。企业每一纳税年度的收入总额，减除不征税收入、免税收入、各项扣除以及允许弥补的以前年度亏损后的余额，为应纳税所得额。

(4) 应纳税额的计算。企业应纳税所得额乘以适用税率，减除依照企业所得税法关于税收优惠规定减免和抵免税额后的余额，为应纳税额。

(5) 征收管理。除税收法律、行政法规另有规定外，居民企业以企业登记注册地为纳税地点，但登记注册地在境外的，以实际管理机构所在地为纳税地点。

考点十 个人所得税

个人所得税，是对个人的所得征收的一种税。我国现行个人所得税采取分类征收制度。

(1) 纳税人。个人所得税的纳税人，分为居民纳税人和非居民纳税人两种情况。居民纳税人是在中国境内有住所，或者无住所而在中国境内居住满一年的个人，其取得的境内境外所得，都要向我国政府缴纳个人所得税。非居民纳税人是指在中国境内没有住所又不居住，或无住所且居住不满一年的个人，对其仅就来源于中国境内的所得，向我国政府缴纳个人所得税。

(2) 课税对象。个人所得税的课税对象共有11项，包括工资薪金所得；个体工商户(包括个人独资企业和合伙企业投资者)的生产、经营所得等。

(3) 税率。个人所得税根据所得类别不同，分别实行超额累进税率和比例税率。

(4) 计税方法。个人所得税计算公式为

$$个人所得税应纳税额=应纳税所得额×适用税率 \tag{12-3}$$

其中，应纳税所得额要根据所得类别的不同分别计算。①工资、薪金所得，以每月收入额减除费用3500元后的余额为应纳税所有额；②个体工商户的生产、经营所得，以每一纳税年度的收入总额，减除成本、费用以及损失后的余额为应纳税所得额；③对企事业单位的承包经营、承租经营所得，以每一纳税年度的收入总额，减除必要费用后的余额为应纳税所得额；④劳务报酬所得、稿酬所得、特许权使用费所得、财产租赁所得，每次收入不超过4000元的，减除费用800元，4000元以上的，减除20%的费用，其余额为应纳税所得额；⑤财产转让所得，以转让财产的收入额减除财产原值和合理费用后的余额为应纳税所得额；⑥利息、股息、红利所得，偶然所得和其他所得，以每次收入额为应纳税所得额。

【例12-10】 我国现行个人所得税根据类别不同，分别实行(   )征收。(2012年多选题)

A. 全额累进税率　　　　B. 超额累进税率　　　　C. 固定税率

D. 比例税率　　　　　　E. 累退税率

【解析】 BD　本题考查个人所得税的征收。我国现行个人所得税根据类别不同，分别实行超额累进税率和比例税率征收。

第五节　财　产　税　类

考点十一　财产税类

1. 财产税的优点

(1) 符合税收的纳税能力原则；

(2) 课税对象是财产价值，税源比较充分，且相对稳定，不易受经济变动因素的影响；

(3) 财产税具有收入分配功能，征收财产税有助于一定程度上避免社会财富分配不均；

(4) 财产持有者在财产使用上一般不与他人发生经济关系，财产税属于直接税，不易转嫁，政府征收财产税增加了有产者的负担，同时等于相对减轻了无产者的负担。

2. 财产税的缺点

(1) 税收负担存在一定的不公平性；

(2) 收入弹性较小，满足财政需要而变动财产税收入是很困难的；

(3) 在经济不发达时期，课征财产税会减少投资者的资本收益，降低投资者的投资积极性，因此一定程度上对资本的形成可能带来障碍。

【例12-11】 下列税种中，纳税人自己承担税负，不发生转嫁关系的是(   )。(2013年单选题)

A.财产税　　　B.增值税　　　C.消费税　　　D.营业税

【解析】 A　本题考查财产税的特点。财产税是对所有以财产为课税对象的税种的总称，财产持有者在财产使用上一般不与他人发生经济关系，财产税属于直接税，不易转嫁。

考点十二　车船税

纳税人：在中华人民共和国境内属于车船税法所附《车船税税目额表》规定的车辆、船舶的所有人或者管理人，为车船税的纳税人，应当依法缴纳车船税。

计税依据：乘用车排气量。

税额：车辆具体适用税额由省、自治区、直辖市人民政府依照车船税法所附《车船税税目税额表》规定的税额幅度和国务院的规定确定。船舶的具体适用税额由国务院在本法所附《车船税税目税额表》规定的税额幅度内确定。

考点十三　"十二五"时期税制改革

"十二五"时期改革和完善税收制度的主要内容：按照优化税制结构、公平税收负担、规范分配关系、完善税权配置的原则，健全税制体系，加强税收法制建设。具体包括以下内容。

(1) 扩大增值税征收范围，相应调减营业税等税收。

(2) 合理调整消费税征收范围、税率结构和征收环节。

(3) 逐步建立、健全综合与分类相结合的个人所得税制度，完善个人所得税征管机制。

(4) 继续推进费改税，全面推进资源税和耕地占用税改革。

(5) 研究推进房地产税改革。

(6) 逐步健全地方税体系，赋予省级政府适当税政管理权限。

(7) 按照价、税、费、租联动机制，适当提高资源税税负，完善计征方式，将重要资源产品由从量定额征收改为从价定率征收，促进资源合理开发利用。积级推进环境税费改革，选择防治任务繁重、技术标准成熟的税目开征环境保护税，逐步扩大征收范围。

同步自测

一、单项选择题

1. 偿还公债的最终收入来源是(　　)。

　　A. 发行新公债　　　　B. 银行贷款　　　　C. 税收　　　　D. 政府收费

2. 国家向纳税人征税，凭借的是其(　　)。

　　A. 经济实力　　　　B. 国家信誉　　　　C. 政治权力　　　　D. 财产权力

3. 为提高出口货物在国际市场上的竞争能力，世界各国一般对本国实行(　　)制度。

　　A. 征收增值税　　　　B. 征收消费税　　　　C. 免征所得税　　　　D. 出口退税

4. 我国现行增值税的基本税率是(　　)。

　　A. 4%　　　　B. 6%　　　　C. 13%　　　　D. 17%

5. 课税对象又称征税对象，即(　　)征税。

　　A. 对什么人　　　　　　　　　B. 对什么目的物

　　C. 在什么地点　　　　　　　　D. 在什么时间

6. 纳税人有意识地采取各种非法手段不交或者少交税款的违法行为，属于(　　)。

　　A. 逃税　　　　B. 漏税　　　　C. 抗税　　　　D. 偷税

7. 将税收分为直接税和间接税，是以(　　)为标准进行的分类。

　　A. 税收课税对象　　B. 计税依据　　C. 税收管理权限　　D. 税负能否转嫁

8. 最终负担税款的单位和个人称为(　　)。

　　A. 课税对象　　　　B. 征税对象　　　　C. 征收主体　　　　D. 负税人

二、多项选择题

1. 按计税依据分类，税收分为(　　)。

　　A. 从价税　　　　B. 从量税　　　　C. 流转税

　　D. 所得税　　　　E. 财产税

2. 下列各税种中，属于从价税的有(　　)。

　　A. 营业税　　　　B. 企业所得税　　　　C. 车船税

　　D. 土地使用税　　　　E. 房产税

3. 财产税具有的优点包括(　　)。

　　A. 符合税收纳税能力原则　　　　　　B. 税源比较充分，而且相对稳定

    C. 具有收入分配功能   D. 属于直接税，税负不易转嫁

    E. 属于间接税，税负易转嫁

4. 在我国现行税制中，属于商品和劳务税类的税种有(　　)。

    A. 消费税   B. 个人所得税   C. 增值税

    D. 营业税   E. 关税

5. 下列各项中，属于税收制度基本构成要素的是(　　)。

    A. 纳税人   B. 征税机关   C. 加成和减免

    D. 立法机关   E. 课税对象

6. 在我国现行税制中，属于商品和劳务税类的税种有(　　)。

    A. 消费税   B. 个人所得税   C. 增值税

    D. 营业税   E. 关税

7. 下列各税中，(　　)属于从量税。

    A. 营业税   B. 资源税   C. 房产税

    D. 车船使用税   E. 城镇土地使用税

8. 我国现行个人所得税根据类别不同，分别实行(　　)征收。

    A. 全额累进税率   B. 超额累进税率   C. 固定税率

    D. 比例税率   E. 累退税率

同步自测解析

一、单项选择题

1.【解析】C　税收是偿还公债的最终收入来源。

2.【解析】C　税收是国家为实现其职能，凭借其政治权力，依法参与单位和个人的财富分配，强制、无偿地取得财政收入的一种形式。本题考查税收的概念。

3.【解析】D　出口退税，为世界各国普遍接受并在国际贸易中经常采用，目的在于鼓励各国出口货物开展公平竞争。本题考查税制要素中的加成和减免。

4.【解析】D　我国现行增值税的基本税率是17%。

5.【解析】B　课税对象又称征税对象，即对什么目的物征税。

6.【解析】D　纳税人有意识地采取各种非法手段不交或者少交税款的违法行为，属于偷税行为。

7.【解析】D　按税负能否转嫁分类，将税收分为直接税和间接税。

8.【解析】D　负税人是最终负担税款的单位和个人。

二、多项选择题

1.【解析】AB　按计税依据分类，税收分为从价税和从量税。按课税对象分类，分为流转税类、所得税类和财产税类。

2.【解析】ABE　从价税是指以价格或价值为计税依据的税类，多采用比例税率或累进税率。在市场经济条件下，绝大多数税种都是从价税。增值税、营业税、企业所得税、个人所得税、房产税等属于从价税种。

3.【解析】ABCD　财产税具有如下优点：①财产税符合税收的纳税能力原则；②财产

税课税对象是财产价值，税源比较充分，且相对稳定，不易受经济变动因素的影响；③财产税的征税原则是有财产者纳税，无财产者不纳税，财产多者多纳税，财产少者少纳税，因此，财产税具有收入分配功能，征收财产税有助于一定程度上避免社会财富分配不均；④财产持有者在财产使用上一般不与他人发生经济关系，财产税属于直接税，不易转嫁，政府征收财产税增加了有产者的负担，同时等于减轻了无产者的负担。

4. 【解析】ACDE 流转税类亦称商品和劳务税类，是指以商品或劳务流转额为征税对象的税收体系。流转税制下，税种的计税依据是商品销售额或业务收入额，一般采用比例税率。增值税、消费税、营业税等税种属于流转税。个人所得税属于所得税类。

5. 【解析】ACE 税收制度基本构成要素主要包括纳税人、课税对象、税率、纳税环节、纳税期限、加成和减免、违章处理等。

6. 【解析】ACDE 流转税类亦称商品和劳务税类，是指以商品或劳务流转额为征税对象的税收体系。一般采用比例税率。增值税、消费税、营业税等税种属于流转税。

7. 【解析】BDE 从量税是指以课税对象的数量、重量、面积、容积、体积或件数为计税依据的税类，多采用定额税率。资源税、车船税、土地使用税等属于从量税。

8. 【解析】BD 个人所得税，是对个人的所得征收的一种税。我国现行个人所得税根据类别不同，分别实行超额累进税率和比例税率征收。

第十三章 政府预算制度

大纲解读

测查应试人员是否掌握政府预算的含义、职能、原则和分类，我国政府预算编制、审查、执行、调整与决算的内容，部门预算的含义、功能内容及其编制方法，并能够在此基础上，运用所理解和掌握的政府预算知识，对一些基本的政府预算活动作出分析判断。

1. 政府预算职能
政府预算的含义，政府预算的职能，政府预算的原则，政府预算的分类。

2. 我国政府预算周期
政府预算编制，政府预算的审查和批准，预算执行、预算调整、决算等环节的主要内容。

3. 部门预算
部门预算的含义，部门预算的主要内容，部门预算的编制程序和方法，编制部门预算的意义。

考点精讲

第一节 政府预算职能

考点一 政府预算的含义

政府预算，是具有法律规定和制度保证的、经法定程序审核批准的政府年度财政收支计划。其具体含义包括：①从形式上看，政府预算是一个具有法律地位和技术性的文件，是财政年度预算收入和支出的一览表，反映政府在财政年度内预计财政收支总额及其结构间的平衡关系；②从内容上看，政府预算是政府对财政收支的计划安排，反映了可供政府集中支配财政资金数量的多少；③从本质上看，政府预算是国家和政府意志的体现，政府预算需要经过国家权力机关审查和批准才能生效，是一个重要的法律性文件(属于年度立法)，政府预算从编制、审查批准、执行、调整和决算，都要依照法律规定进行。

考点二 政府预算的职能

1. 反映政府部门活动或工作状况的职能
作为财政收支安排的一个基本计划，政府预算反映和规定了政府在预算年度内的工作或活动范围、方向和重点。

2. 监督政府部门收支运作情况的职能

作为我国各级人民代表大会审议的一个重要文件，政府预算是人大代表和人民群众监督政府收支运作的途径和窗口。

3. 控制政府部门支出的职能

人民代表大会对政府预算的审议过程，就是一种精打细算、厉行节约的机制安排。由各级人民代表大会审议、批准的政府预算，实质是对政府支出规模的一种法定授权。

【例13-1】 中央预算的批准权属于( )。(2012年单选题)

A. 全国人民代表大会常务委员会 　　　　B. 国务院

C. 全国人民代表大会 　　　　D. 财政部

【解析】C 本题考查中央预算的批准权。政府预算草案(没批前)只有经过同级人民代表大会审查和批准后，才能成为政府预算，才能成为具有法律意义的文件。

考点三 政府预算的原则

1. 完整性原则

政府预算必须包括政府所有的财政收入和支出内容，全面反映政府的财政活动。

【例13-2】政府预算必须包括政府所有财政收入和支出内容,这体现了政府预算的( )原则要求。(2010年单选题)

A. 统一性 　　　　B. 完整性 　　　　C. 公开性 　　　　D. 年度性

【解析】B 完整性原则是指政府预算必须包括政府所有的财政收入和支出内容，全面反映政府的财政活动。

2. 统一性原则

在分级财政体制中，各级政府都应编制统一的预算，其中所包含的收入预算和支出预算，都要按统一科目、统一口径和统一程序计算和全额编列，不允许只列收支相抵后的余额，也不应另立临时的预算。

3. 真实性原则

收支预算数额必须真实可靠，有充分而确实的依据，预算数应尽量准确地反映可能出现的结果，保证预算能得到真实可靠地执行，不允许虚列冒估。

4. 年度性原则

政府预算的编制和执行都要有时间上的界定，即收支预算的起讫时间。政府预算的起讫时间通常为一年(12个月)，称为预算年度。政府必须按照法定预算年度编制预算。

5. 公开性原则

政府预算的内容及其执行情况必须明确并采取一定的形式公布，使人民群众及其代表理解、审查财政收支情况，并置于人民群众的监督之下。

【例13-3】 政府预算的原则包括( )。(2011年多选题)

A. 完整性 　　　　B. 效益性 　　　　C. 统一性

D. 年度性 　　　　E. 公开性

【解析】ACDE 政府预算的原则包括完整性原则、统一性原则、真实性原则、年度性原则和公开性原则。

考点四　政府预算的分类

政府预算按不同标准的分类，如表 13-1 所示。

表 13-1　政府预算分类

政府预算分类	按预算编制形式	单式预算
		复式预算
	按预算编制依据的内容和方法	增量预算
		零基预算
	按预算作用时间长短	年度预算
		多年预算
	按预算收支平衡状况	平衡预算
		差额预算
	按预算管理层级	中央预算
		地方预算

【例 13-4】　按预算编制形式可将政府预算分为(　　)。(2011 年单选题)

A. 总预算和单门预算　　　　　　　B. 中央政府预算和地方政府预算

C. 单式预算和复式预算　　　　　　D. 增量预算和零基预算

【解析】C　按预算编制形式可将政府预算分为单式预算和复式预算。

第二节　我国政府预算周期

考点五　政府预算编制

1. 政府预算周期

政府预算周期也称为政府预算循环。政府预算周期包括预算编制、预算审批、预算批复、预算执行、预算调整、决算等几个环节。这些环节在具体运行中，具有时间上先后继起、空间上同时并存的特点。

2. 政府预算编制

政府预算由各部门的预算组成，各部门预算由本部门所属各单位预算组成。以中央政府预算为例：目前，提交全国人大审议的中央预算包括中央财政收入预算、中央财政支出预算、中央财政赤字及国债余额限额预算，中央政府性基金预算，还有部分中央部门的部门预算。

【例 13-5】　我国政府预算周期包括(　　)。(2010 年多选题)

A. 预算准备　　　　　　B. 预算编制　　　　　　C. 预算审查批准

D. 预算执行　　　　　　E. 预算调整

【解析】BCDE　我国政府预算周期包括预算编制、预算审查批准、预算批复、预算执行、预算调整、决算等环节。

3. 中央财政支出预算的编制

中央财政支出预算包括中央本级支出预算、中央对地方税收返还和转移支付预算。

中央本级支出是指中央财政按现行中央政府与地方政府事权的划分，用于中央政府本级事务的支出，主要包括国防支出，外交和援外支出，中央国家机关支出，中央负担的国内外债务付息支出，以及中央本级负担的教育、文化、医疗卫生、社会保障与就业支出等。

中央对地方税收返还和转移支付预算由税收返还和转移支付预算构成。税收返还包括增值税消费返还、所得税基数返还、成品油价格和税费改革税收返还三项。转移支付预算包括一般性转移支付预算和专项转移支付预算。一般性转移支付预算中，均衡性转移支付主要参照各地标准财政收入和标准财政支出的差额及可用于转移支付的资金规模等客观因素，按统一公式计算确定。专项转移支付预算主要根据确定的民生政策等安排，按照集中资金、突出重点、专款专用的要求，重点用于民生领域，以及中央委托地方的事项，并向中西部地区倾斜。

【例 13-6】假设某一预算年度中央本级预算支出规模安排为 3 万亿元，根据我国预算法，则该预算年度中央预备费的最大规模可设置为( )亿元。(2013 年单选题)

A. 300   B. 600   C. 900   D. 1500

【解析】C 本题考查政府预算编制。预备费根据预算法规定，按中央本级预算支出的 1%～3%设置。

4. 中央财政赤字及国债余额限额预算的编制

中央财政赤字安排主要体现财政政策要求。中央财政国债余额限额等于历年中央财政赤字之和，当年中央财政国债余额限额等于上年中央财政国债余额限额加当年中央财政赤字。

5. 中央政府性基金预算的编制

从 1997 年开始向全国人大报告中央政府性基金收支情况。中央政府性基金预算由财政部在征求有关部门意见的基础上编制，经国务院批准，报全国人民代表大会审查批准。

6. 中央国有资本经营预算的编制

2007 年 9 月 8 日，国务院发布关于试行国有资本经营预算的意见，标志着我国国有资本经营预算制度的正式确立。中央国有资本经营预算收入是指中央政府及其部门、机构履行出资人职责的企业上缴的国有资本收益。主要有 5 个方面：一是国有独资企业按规定上缴国家的利润；二是国有控股、参股企业国有股权获得的股息、股利；三是企业国有产权转让收入；四是国有独资企业清算收入；五是其他收入。

考点六 政府预算的审查和批准、预算执行、预算调整、政府决算

(1) 政府预算草案只有经过同级人民代表大会审查和批准后，才能成为政府预算，才能成为具有法律效力的文件。

(2) 预算执行是组织预算收支任务实现的过程，包括组织预算收入、拨付预算支出、动用预备费等内容。中央政府预算由中央政府组织执行，具体工作由财政部负责。

预算收入征收部门，必须依法及时、足额征收应征的预算收入。

国家金库制度是政府预算收支执行的载体。国家金库简称国库，是管理预算收入的收纳、划分、留解和库款支拨以及报告财政预算执行情况的专门机构。我国实行委托制，由中国人民银行代理国库。

建立国库单一账户制度是政府预算执行的重要环节。所谓国库单一账户制度，是指政府将所有财政性资金集中在国库或国库指定的代理银行开设账户，所有的财政支出均通过这一账户进行拨付。国库单一账户制度的主要特点：一是所有财政性资金都纳入国库单一账户体系管理；二是收入直接缴入国库或财政专户，取消设立收入过渡性账户缴款的方式，将原有预算收入的就地缴库、集中缴库和自收汇缴三种缴款方式兼并为直接缴库和集中汇缴两种方式；三是支出通过国库单一账户体系支付到商品和劳务供应者或用款单位。

(3) 预算调整是指经全国人民代表大会批准的中央预算和经地方各级人民代表大会批准的本级预算，在执行中因特殊情况需要增加支出或者减少收入，使原批准的收支平衡的预算的总支出超过总收入，或者使原批准的预算中举借债务的数额增加的部分变更。

(4) 政府决算，是指经法定程序由同级人民代表大会批准的年度政府预算执行结果的会计报告，是年度政府预算收支执行情况的最终反映，也是政府经济活动在财政上的集中表现。

编制政府决算的重要意义，主要在于：①政府决算是国家政治经济活动在财政上的集中反映，体现了预算年度政府活动的范围和方向；②政府决算反映政府预算执行的结果，体现国家经济建设和社会事业发展的规模与速度；③政府决算是制定国家经济财政政策的基本依据；④政府决算是系统整理和积累财政统计资料的主要来源，并为制定安排下一预算年度预算收支指标提供数字基础。

【例 13-7】 为了反映某年度政府预算执行的结果，需要编制( )。(2011 年单选题)

A. 多年预算   B. 该年度的预算调整方案

C. 该年度的政府决算   D. 该年度的部门预算

【解析】C 编制政府决算的重要意义之一是政府决算反映政府预算执行的结果。

第三节 部 门 预 算

考点七 部门预算

1. 部门预算的基本含义

部门预算，是以政府部门为单位进行编制，经财政部门审核后报同级立法机关审议通过，反映各部门所有收入和支出的公共收支计划和法律文件。部门预算由部门所属单位预算组成。单位预算是指列入部门预算的本级国家机关、社会团体和其他单位的收支预算。

2. 部门预算的主要内容

(1) 在编制范围上，部门预算涵盖了部门或单位的所有收入和支出。

(2) 在编制程序上，部门预算是由基层预算单位编制、逐级汇总形成的。

(3) 在基本框架上，部门预算由一般预算和基金预算组成。

3. 部门预算的编制程序和方法

(1) 部门预算编制程序(以中央部门为例)。中央部门预算编制坚持"两上两下"的程序。"一上"，即各中央部门将编制的部门预算草案报财政部审核；"一下"，即财政部根据国务院审定的中央预算(草案)确定分部门的预算分配方案，向各中央部门下达预算控制数。"二上"，即各中央部门根据财政部下达的预算控制数，编制"二上"部门预算草案，报财政部；"二下"，即财政部门对预算批复的过程。预算批复是指对经法定程序批准的预算的批复。

(2) 部门预算编制方法。部门预算收入包括财政拨款收入、行政事业性收费、政府性基金、主管部门集中收入、事业收入、事业单位经营收入。部门预算支出包括基本支出和项目支出。基本支出预算由预算单位按照单位编制人数以及基本支出定额标准编制。项目预算由预算单位根据部门预算编制规程，在对上年预算批复项目进行清理的基础上滚动编制，即从上年预算已批复项目中，确定下年预算需继续安排的延续项目，并根据下年实际需要增加新的项目。

4. 编制部门预算的意义

(1) 细化了预算编制，增强了预算的统一性和完整性。

(2) 实现了预算统一批复，缩短了预算批复时间。

(3) 提高了预算编制的科学性和预算执行的规范性。

(4) 建立了与国家宏观调控政策及部门履行职能紧密结合的预算分配机制。

(5) 有利于人大审查监督政府预算。

同 步 自 测

一、单项选择题

1. 政府预算必须包括政府所有财政收入和支出的内容，这体现了政府预算的(　　)原则要求。

    A. 统一性　　　　　　B. 完整性　　　　　　C. 公开性　　　　　　D. 年度性

2. 我国现行预算法规定，中央金库业务由(　　)办理。

    A. 财政部　　　　　　　　　　　　B. 国家税务总局

    C. 中国人民银行　　　　　　　　　D. 中国工商银行

3. 我国的政府预算由(　　)组成。

    A. 中央和地方两级预算　　　　　　B. 中央、省、市三级预算

    C. 中央、省、市、县四级预算　　　D. 中央、省、市、县、乡五级预算

4. 下列关于预算外资金的表述，正确的是(　　)。

    A. 分配权属于政府　　　　　　　　B. 分配权属于财政

    C. 使用权在财政　　　　　　　　　D. 管理权在资金收取部门

5. 经过法定程序编制、审查、批准，以收支一览表形式表现的政府年度财政收支计划称为(　　)。

    A. 国民经济计划　　B. 政府预算　　　　C. 决算　　　　　　D. 经济发展战略

6. 下列各项中，对政府预算执行情况进行总结的是(　　)。

    A. 政府决算　　　　　　　　　　　B. 下年度政府预算

    C. 财政收支计划　　　　　　　　　D. 审计报告

7. 根据特定需要由国务院批准或者经国务院授权由财政部批准设置，征集并纳入预算管理的有专项用途的收入是(　　)。

    A. 税收　　　　　　B. 国有资产收益　　C. 专项收入　　　　D. 基本建设收入

8. (　　)是具有法律规定和制度保证的，经法定程序审核批准的政府年度财政收支计划。

    A. 政府决算　　　　B. 政府预算　　　　C. 财务报表　　　　D. 政府报告

二、多项选择题

1. 下列选项,不属于政府预算职能的有(   )。
　　A. 控制政府部门支出　　　　B. 稳定物价水平　　　　C. 平衡国际收支
　　D. 监督政府部门收支运作情况　　E. 实现充分就业

2. 我国的复式预算包括经常性预算和建设性预算两部分,下列选项中,(   )属于经常性预算。
　　A. 所得税　　　　　　　　B. 耕地占用税　　　　　　C. 国有资产收益
　　D. 文教事业费　　　　　　E. 行政管理费

3. 下列各项属于我国政府预算周期的有(   )。
　　A. 预算准备　　　　　　　B. 预算编制　　　　　　　C. 预算审议批准
　　D. 预算调整　　　　　　　E. 政府决算

4. 通常采用的一般预算支出的分类方法有(   )。
　　A. 按具体支出用途分类　　B. 按支出的规模分类　　　C. 按国家职能分类
　　D. 按支出的经济性质分类　　E. 按支出的最终结果分类

5. 下列选项中,属于世界上大多数国家所接受的预算原则有(   )。
　　A. 完整性　　　　　　　　B. 专用性　　　　　　　　C. 公开性
　　D. 真实性　　　　　　　　E. 灵活性

6. 复式政府预算一般由(   )组成。
　　A. 经常预算　　　　　　　B. 资本预算　　　　　　　C. 基金预算
　　D. 零基预算　　　　　　　E. 基数预算

7. 按预算收支平衡状况分类,政府预算可分为(   )。
　　A. 平衡预算　　　　　　　B. 增量预算　　　　　　　C. 零基预算
　　D. 差额预算　　　　　　　E. 复式预算

8. 按预算管理形式划分,我国现行财政收入可分为(   )。
　　A. 一般预算收入　　　　　B. 农业预算收入　　　　　C. 基金预算收入
　　D. 工业预算收入　　　　　E. 债务预算收入

同步自测解析

一、单项选择题

1. 【解析】B　完整性原则指政府预算必须包括政府所有的财政收入和支出内容,全面反映政府的财政活动。

2. 【解析】C　我国现行预算法规定,中央金库业务由中国人民银行办理。

3. 【解析】A　我国的政府预算由中央预算和地方预算构成。

4. 【解析】A　预算外资金分配权属于政府。

5. 【解析】B　政府预算,是具有法律规定和制度保证的,经法定程序审核批准的政府年度财政收支计划。

6. 【解析】A　政府决算,是指经法定程序由同级人民代表大会批准的年度政府预算执行结果的会计报告,是年度政府预算收支执行情况的最终反映,也是政府经济活动在财政上的集中表现。

7.【解析】C　专项收入是根据特定需要由国务院批准或者经国务院授权由财政部批准设置、征集并纳入预算管理的有专项用途的收入。

8.【解析】B　政府预算，是具有法律规定和制度保证的，经法定程序审核批准的政府年度财政收支计划。

二、多项选择题

1.【解析】BCE　在现代经济社会条件下，政府预算一般具有三大职能：①反映政府部门活动或工作状况的职能；②监督政府部门收支运作情况的职能；③控制政府部门支出的职能。

2.【解析】ACDE　经常性预算包括经常性预算收入和经常性预算支出。所得税和国有资产收益属于经常性预算收入，文教事业费和行政管理费属于经常性预算支出。耕地占用税属于建设性预算收入。

3.【解析】BCDE　依据预算法对政府预算活动的相关规定，我国政府预算周期包括预算编制、预算审议批准、预算批复、预算执行、预算调整、政府决算等环节。

4.【解析】ACDE　通常采用的一般预算支出按具体支出用途、国家职能、支出的经济性质、支出的最终结果进行分类。

5.【解析】ACD　政府预算原则是指政府选择预算形式、体系和在预算编制、审查、执行过程中所必须遵循的指导思想，是制订政府财政收支计划的政策方针。世界上大多数国家所接受的预算原则主要有：①完整性原则；②统一性原则；③真实性原则；④年度性原则；⑤公开性原则。

6.【解析】AB　复式政府预算一般由经常预算和资本预算组成。

7.【解析】AD　按预算收支平衡状况分类，分为平衡预算和差额预算。平衡预算是指预算收入基本等于预算支出的预算；差额预算是指预算收入大于或小于预算支出的预算。

8.【解析】ACE　按预算管理形式划分，我国现行财政收入可分为一般预算收入、债务预算收入、基金预算收入。

第三部分

货币与金融

第十四章　货币制度与货币发行

大纲解读

测查应试人员是否掌握有关货币的基本知识，包括货币的本质、形态的演变，货币制度的构成要素、发展演变与类型，我国货币制度的特点，并能够分析有关货币的问题和现象。

1. 货币的本质与货币形态的演变

货币的本质，货币形态的演变。

2. 货币制度的构成要素与类型

货币制度的概念，货币制度的各构成要素，货币制度的演变，我国的货币制度。

3. 货币发行

货币层次，货币供给机制。

考点精讲

第一节　货币的本质与货币形态的演变

考点一　货币的本质

马克思从货币的起源出发来揭示货币的本质，认为货币是从商品世界中分离出来的，固定充当一般等价物的特殊商品，并能反映一定的生产关系。

第一，货币是在商品交换中自发产生的，是价值形式发展和商品生产、交换发展的必然产物。

第二，货币是固定充当一般等价物的特殊商品。作为商品，货币与其他商品一样，具有价值和使用价值。作为一般等价物，货币具有两个基本特征：①货币是表现一切商品价值的材料；②货币具有直接同所有商品相交换的能力。

第三，货币体现一定的生产关系。

【例 14-1】 作为一般等价物，货币的基本特征包括(　　)。(2012 年多选题)

A. 是在商品交换中自发产生的　　　　B. 是表现一切商品价值的材料

C. 体现一定的生产关系　　　　　　　D. 采取具有一定属性的自然形式

E. 具有直接同所有商品相交换的能力

【解析】BE　作为一般等价物，货币的基本特征包括货币是表现一切商品价值的材料，货币具有直接同所有商品相交换的能力。

考点二　货币形态的演变

货币的形态经历了由最初的实物货币向代用货币、信用货币演变的过程，而且随着人类社会的发展，货币的形态仍在不断地变化。

实物货币是直接从普通商品中分离出来的，本身具有相应的价值和特定的使用价值。

代用货币是指代表金属实物货币流通并可随时兑换成金属实物货币的货币形态，包括银行券和辅币。代用货币是完全建立在实物货币的基础上，但又不具有十足价值的货币符号，从而体现了一定的信用关系。因此，代用货币是由实物货币向现代信用货币发展的一种过渡性的货币形态。

信用货币是以信用作为保证，通过一定的信用程序发行，充当流通手段和支付手段的货币形态，是货币发展的现代形态。信用货币实际上是一种信用工具或债权债务凭证。信用货币的发行主体是银行，其发行程序是银行信贷程序，由国家赋予无限法偿能力，并强制流通。现代信用货币包括现金和银行存款两种主要存在形式，其基本特征有：①中央银行发行的信用货币是中央银行代表国家发行的纸币本位货币，本身不具有十足的内在价值。②信用货币是债务货币，现金是中央银行的负债，存款是商业银行的负债。③信用货币具有强制性，通过法律手段确定其为法定货币。④国家可以通过银行来控制和管理信用货币流通，把货币政策作为实现国家宏观经济目标的重要手段。

电子货币是当前最新的一种货币形态，是信用货币与现代计算机技术、通讯技术相结合的产物。实质上，电子货币是新型的信用货币形式。

【例 14-2】　现代信用货币包括(　　)。(2012 年多选题)

A. 银行贷款　　　　　　　B. 商业合同　　　　　　　C. 国库券

D. 现金　　　　　　　　　E. 银行存款

【解析】DE　本题考查现代信用货币的形式。现代信用货币包括现金和银行存款两种主要存在形式。

第二节　货币制度的构成要素与类型

考点三　货币制度的构成要素与类型

1. 货币制度的概念

货币制度是指一个国家(地区)以法律形式确定的货币流通结构和组织形式。

2. 货币制度的构成要素

(1) 货币材料。

规定货币材料是货币制度最基本的内容。在金属货币流通条件下，货币金属是整个货币制度的基础。

(2) 货币名称、货币单位和价格标准。

货币制度要规定本位币的名称、单位及其划分，货币名称通常是以习惯形成的。

(3) 本位币、辅币及其偿付能力。

本位币又称主币，是一个国家的基本通货和法定的计价结算货币，各国货币制度都有"无限法偿"的规定。辅币是本位币以下的小额货币，主要供小额零星交易和找零之用，各国对其法偿能力有的规定为有限法偿，有的则没有作明确规定。

(4) 发行保证制度。

发行保证制度又称发行准备制度，是指通过银行发行的纸质货币作为价值符号依靠什么来保证其币值稳定的制度。

考点四 货币制度的演变

从历史发展来看，世界各国先后采用过以下几种货币制度：银本位制、金银复本位制、金本位制、不兑现的纸币本位制。

(1) 银本位制是以白银为本位货币材料，有银两本位和银币本位之分。

(2) 金银复本位制以黄金和白银同时作为本位币材料。

(3) 金本位制是以黄金作为本位货币材料，分为三种类型：①金币本位制；②金块本位制；③金汇兑本位制。

(4) 不兑现的纸币本位制又称不兑现的信用货币制度，是以中央银行发行的纸质货币作为流通货币。

考点五 我国的货币制度

人民币是我国内地的法定货币；港币是我国香港特别行政区的法定货币；澳门元是我国澳门特别行政区的法定货币。三种货币各限于本地区流通。

人民币制度包括以下一些基本内容。

(1) 人民币是我国的法定货币，人民币的单位为"元"，辅币的名称为"角"和"分"；

(2) 人民币采取不兑现纸币的形式，没有含金量的规定，也不与任何外币确定正式的联系，是一种信用货币；

(3) 人民币是我国(内地)唯一的合法通货，严格禁止外币在中国境内计价流通，严禁金银流通，严格禁止损毁人民币及其信誉；

(4) 国家指定中国人民银行为唯一的货币发行机构，并对人民币流通进行管理；

(5) 人民币出入境受到不同程度的限制。

第三节 货 币 发 行

考点六 货币层次

我国货币层次的划分基本是

M_0=流通中现金

M_1=M_0+银行活期存款(狭义货币供应量)

M_2=M_1+定期存款+储蓄存款+证券公司客户保证金(广义货币供应量)

考点七　货币供给机制

货币供应量包括现金和存款两个部分,其中现金是中央银行的负债;存款是商业银行的负债。

1. 中央银行的信用创造货币机制

信用创造货币是当代不兑现信用货币制度下货币供给机制的重要内容,而且信用创造货币的功能为中央银行所掌握。

2. 商业银行的扩张信用、创造派生存款机制

中央银行每放出一笔信用,通过银行体系的辗转存贷,就可以派生出大量新增存款。但是会受到三类因素的制约。

① 受到缴存中央银行存款准备金的限制;

② 受到提取现金数量的限制;

③ 受到企事业单位及社会公众缴付税款的限制。

总之,中央银行每放出一笔信用,不仅直接向流通领域注入了一笔存款货币或现金,并且通过商业银行的信贷业务,能够扩张出若干倍的信用,派生出大量的新增存款。中央银行放出的信用是银行体系扩张信用、创造派生存款的基础,故被称为基础货币,包括现金和商业银行在中央银行的存款,一般用 B 表示。基础货币的扩张倍数则取决于商业银行在其所吸收的全部存款中需存入中央银行部分所占比重(存款准备金率),以及需转化为现金及财政存款等所占比重的货币结构比率。这个倍数被称为货币乘数,等于存款准备金率与货币结构比率之和的倒数,一般用 k 表示。由此得出货币供应量的公式为

$$M = B \times k \tag{14-1}$$

【例14-3】 我国划分货币层次通常采用的依据是(　　)。(2013年单选题)

A. 本位制　　　　　　　　　　　　B. 货币资产的流动性

C. 货币材料　　　　　　　　　　　D. 货币单位

【解析】 B　本题考查划分货币层次的依据。目前我国依据流动性的不同,将货币供应量划分为 M_0, M_1, M_2 三个层次。

同 步 自 测

一、单项选择题

1. 代表金属实物货币流通并可随时兑换成金属实物货币的货币形态是(　　)。

A. 信用货币　　　　B. 货币　　　　C. 代用货币　　　　D. 第三代货币

2. 货币在商品赊销、预付货款和清偿债务中执行着(　　)的职能。

A. 价值尺度　　　　B. 价值储藏　　　　C. 支付手段　　　　D. 流通手段

3. 人民币是我国的法定货币,其本质是(　　)。

A. 代用货币

B. 银行券

C. 不兑现的信用货币

D. 可兑现的信用货币

4. 从不同角度出发，可以为货币下不同的内涵定义。其中"固定充当一般等价物的特殊商品"这一货币定义，是货币的(　　)。

    A. 法律定义　　　　B. 本质定义　　　　C. 职能定义　　　　D. 经济定义

5. 在金本位制度下，各国货币汇率的决定基础是(　　)。

    A. 购买力平价　　　B. 利率平价　　　　C. 铸币平价　　　　D. 黄金输送点

6. 典型的代用货币是(　　)。

    A. 辅币　　　　　　B. 银行存款　　　　C. 银行券　　　　　D. 现金

7. 根据"格雷欣法则"，当市场上流通两种法定金属货币时，最终可能会使市场上(　　)。

    A. 劣币泛滥　　　　　　　　　　　B. 良币充斥市场

    C. 劣币被收藏、熔化或输出　　　　D. 金本位制度崩溃，较低的"劣币"充斥市场

8. 下列经济行为中，属于货币执行流通手段职能的是(　　)。

    A. 顾客用10元钱可购买5斤苹果

    B. 顾客购买5斤苹果，一周后付款10元

    C. 顾客用10元钱购买了5斤苹果

    D. 顾客向水果店以每斤2元的价格预定5斤苹果

9. (　　)是以一定单位的本国货币作为标准，折算为外国货币来表示汇率的汇率标价方法，即汇率表示为一定单位本国货币折算成外国货币的数量。

    A. 直接标价法　　　B. 间接标价法　　　C. 单向标价法　　　D. 双向标价法

二、多项选择题

1. 货币是固定充当一般等价物的特殊商品，作为一般等价物，货币所具有的基本特征有(　　)。

    A. 货币是从商品中分离出来的　　　　B. 货币同时具有价值和使用价值

    C. 货币是表现一切商品价值的材料　　D. 货币具有直接同所有商品相交换的能力

    E. 货币体现一定的生产关系

2. 下列属于我国人民币制度基本内容的是(　　)。

    A. 人民币没有含金量的规定

    B. 人民币是我国(内地)唯一的合法通货

    C. 人民币出入境不受限制

    D. 国家指定中国人民银行为唯一的货币发行机构

    E. 人民币的单位为"元"，辅币的名称为"角"和"分"

3. 在金属货币流通条件下，国家对本位币的铸造、发行和流通的规定有(　　)。

    A. 自由铸造　　　　　　B. 无限法偿　　　　　　C. 限制铸造

    D. 自由兑换　　　　　　E. 自由熔化

4. 金银复本位制是一种不稳定的货币制度，它与货币作为一般等价物而具有的排他性、独占性的本质特性相冲突。这种制度的不稳定性主要表现为(　　)。

    A. 金、银两种铸币不能自由兑换　　　B. 平行本位制下的劣币驱逐良币现象

    C. 双本位制下的双重价格问题　　　　D. 平行本位制下的双重价格问题

    E. 双本位制下的劣币驱逐良币现象

5. 金本位制是指以黄金作为本位货币的货币制度，其主要类型有(　　)。

    A. 金币本位制　　　　　　B. 金银复本位制　　　　　　C. 金块本位制

    D. 金银平行本位制　　　　E. 金汇兑本位制

6. 不兑现信用货币制度具有的特点有(　　)。

    A. 黄金非货币化　　　　　B. 黄金货币化　　　　　　C. 货币供给信用化

    D. 货币实体商品化　　　　E. 货币形式多样化

7. 金币本位制正常发挥其职能的基本条件有(　　)。

    A. 金币可以自由铸造

    B. 银行券和辅币等价值符号可以自由兑换成金币

    C. 黄金集中由政府保管

    D. 黄金可以自由输出或输入

    E. 黄金为法定的本位货币金属

同步自测解析

一、单项选择题

1. 【解析】C　代用货币是指代表金属实物货币流通并可随时兑换成金属实物货币的货币形态。本题考查代用货币。

2. 【解析】C　商品赊销、预付货款和清偿债务中执行的是货币的支付手段。

3. 【解析】C　人民币是我国的法定货币，其本质是不兑现的信用货币。

4. 【解析】B　"固定充当一般等价物的特殊商品"这一货币定义，是货币的本质定义。

5. 【解析】C　在金本位制度下，各国货币汇率的决定基础是铸币平价。

6. 【解析】C　典型的代用货币是银行券。

7. 【解析】A　"格雷欣法则"是指"劣币驱逐良币"的现象。在两种面值相同而实际价值不同的货币同时流通时，实际价值较高的"良币"必然被收藏、熔化或输出而退出流通。

8. 【解析】C　流通手段是指货币充当商品交换媒介的职能。作为流通手段的货币，必须是现实的货币。请考生注意货币五大职能的具体含义。

9. 【解析】B　间接标价法是以一定单位的本国货币作为标准，折算为外国货币来表示汇率的汇率标价方法。

二、多项选择题

1. 【解析】CD　货币是固定充当一般等价物的特殊商品。作为商品，货币与其他商品一样，具有价值和使用价值。作为一般等价物，货币具有两个基本特征：①货币是表现一切商品价值的材料；②货币具有直接同所有商品相交换的能力。

2. 【解析】ABDE　人民币制度的基本内容包括：①人民币是我国的法定货币，人民币的单位为"元"，辅币的名称为"角"和"分"；②人民币采取不兑现纸币的形式，人民币没有含金量的规定，也不与任何外币确定正式的联系，是一种信用货币；③人民币是我国(内地)唯一的合法通货，严格禁止外币在中国境内计价流通，严禁金银流通，严格禁止损毁人民币及其信誉；④国家指定中国人民银行为唯一的货币发行机构，并对人民币流通进行管理；⑤人民币出入境受到不同程度的限制。

3.【解析】ABE 在金属货币流通条件下，铸币是足值货币，货币制度一般都规定本位币可以自由铸造和熔化。无论是金属本位币还是纸币本位币，各国货币制度都有"无限法偿"的规定。

4.【解析】DE 金银复本位制的不稳定性主要表现在：①平行复本位制下，市场上各种商品存在着双重价格，即金价格和银价格；②双本位制下，尽管克服了平行本位制的双重价格缺陷，但又产生了新的矛盾，即出现了"劣币驱逐良币"现象。

5.【解析】ACE 金本位制是以黄金作为本位货币材料，分为三种类型：①金币本位制；②金块本位制；③金汇兑本位制。

6.【解析】ACE 不兑现的信用货币制度的特点是：①黄金非货币化；②货币供给的信用化；③货币形式的多样化。

7.【解析】ABD 金币本位制的特点有：金币可以自由铸造，银行券和辅币等价值符号可以自由兑换成金币，黄金可以自由输出或输入。这三点是金币本位制正常发挥其职能的基本条件。

第十五章　信用与金融中介

大纲解读

测查应试人员是否掌握信用关系的形成及其本质、信用的主要形式，金融中介的定义与主要类型，我国金融中介体系的现状等内容，并能够对信用活动、金融中介运作等作出解释和判断。

1. 信用的内涵与类型

信用的定义、存在前提及本质特征，信用的作用，信用的形式，征信的定义和功能。

2. 金融中介

金融中介的定义、主要类型，中央银行、商业银行、基金管理公司、保险机构等主要金融机构的定义、职能、区别和联系，金融业综合经营与分业经营的定义和基本情况。

3. 我国金融中介体系

我国金融中介体系的建立、巩固和发展，我国当前金融中介体系的结构和基本情况。

考点精讲

第一节　信用的内涵与类型

考点一　信用的定义、存在前提及本质特征

信用是指债权、债务关系及其所表现的全部经济现象，是资金盈余者把一定数量的货币资金贷放给资金短缺者。信用是以偿还和付息为条件的借贷行为。这种借贷行为的特点是以收回为条件的付出，或以归还为义务的取得；而且贷者之所以贷出，是因为有权取得利息，借者之所以可能借入，是因为承担了支付利息的义务。私有制是货币与信用存在的共同前提。

信用作为一个经济范畴，对它的本质可以从以下四个方面加以认识。

(1) 信用不是一般的借贷行为，是以偿还为条件的。

(2) 信用是一种债权债务关系。一般产生于货币借贷和商品交易的赊销预付之中，强调经济主体之间的债权债务关系。

(3) 信用反映了经济主体的支付愿望和支付能力。

考点二　信用的作用

信用是现代经济金融正常运行的根基。现代市场经济从根本上说就是信用经济，金融是现代经济的核心，又是信用关系发展的产物，所以社会信用状况对现代经济金融运行影响甚

大。主要体现在以下几个方面。

(1) 信用促进社会总需求的扩张与收缩。

(2) 信用的存在降低了交易成本，方便了交易行为。

(3) 信用是宏观经济调控政策得以有效贯彻实施的桥梁。

(4) 良好的社会信用关系可以保证信用主体的行为具有长期性和可预测性。

考点三　信用的形式

1. 按债权人与债务人结合的特点来划分

一是直接信用，公司、企业在金融市场上从资金所有者那里直接融通货币资金，其方式是发行股票或债券。

二是间接信用，资金盈余者与资金短缺者之间货币资金的融通，是通过金融中介实现的。

【例 15-1】 甲公司同意乙公司以分期付款的方式偿还所欠贷款，这种信用属于(　　)。(2012 年单选题)

A. 国家信用　　　　　B. 银行信用　　　　　C. 消费信用　　　　D. 直接信用

【解析】D 本题考查信用的分类。直接信用又称"直接金融"或"直接融资"，在这种方式下，公司、企业在金融市场上从资金所有者那里直接融通货币资金，其方式是发行股票或债券。资金供求双方直接建立金融联系，而不需要中介。直接信用方式包括预付或赊销商品形式的商业信用、发行及买卖有价证券形式的公司信用、国家信用等。

2. 按不同主体分类的信用形式

(1) 商业信用，有两种表现形式：一是企业之间相互提供的、与商品的生产和流通有关的信用，包括赊销、预付和分期付款等形式；二是指企业直接向社会集资，以解决自身扩大再生产的资金需要，主要是采取发行公司(企业)债券的形式。

【例 15-2】 商业信用包括企业之间相互提供的，与商品的生产和流通有关的信用形式，下列属于商业信用的信用形式是(　　)。(2010 年单选题)

A. 银行房屋贷款　　　　　　　　　B. 发行政府债券

C. 赊销、预付和分期付款　　　　　D. 发放政策性贷款

【解析】C 商业信用有两种表现形式：一是企业之间相互提供的、与商品的生产和流通有关的信用，包括赊销、预付和分期付款等形式；二是指企业直接向社会集资，以解决自身扩大再生产的资金需要，主要是采取发行公司(企业)债券的形式。

(2) 银行信用，指银行通过存、放款形式的业务活动所提供的信用。

(3) 国家信用，指一国政府向本国居民举借债务，以解决国库收支临时性、季节性的不一致或弥补国库赤字的信用形式。

【例 15-3】 政府为弥补财政赤字向公众发行30亿元国库券，这种信用形式为(　　)。(2010 年单选题)

A. 银行信用　　　　　B. 商业信用　　　　　C. 国家信用　　　　D. 消费信用

【解析】C 国家信用指一国政府向本国居民举借债务，以解决国库收支临时性、季节性的不一致或弥补国库赤字的信用形式。

(4) 消费信用，指工商企业或银行以商品或货币的形式向个人消费者提供的信用。

【例 15-4】 某建材超市允许个人购买建材时分 12 个月付清款项，这种做法对应的信用形式为( )。(单选题)

A. 银行信用　　　B. 消费信用　　　C. 间接信用　　　D. 国家信用

【解析】B 消费信用是指工商企业或银行以商品或货币形式向个人消费者提供的信用。主要包括：一是工商企业为信用主体，向消费者提供赊销、分期付款等形式的商品信用；二是银行及其他金融机构为信用主体，向消费者提供消费性质的信用。

考点四　征信的定义和功能

征信是债权人对债务人还款能力的调查，是信用交易过程的一个环节。

征信最基本的功能是：了解、调查、验证他人的信用，使赊销、信贷活动中的授信方能够比较充分地了解信用申请人的真实资信状况和如期还款能力；通过信用信息的传输来降低信用信息不对称的困境，起到约束市场交易各方的行为，使授信方的风险降到最低的作用。

【例 15-5】 征信是债权人对债务人的( )进行调查。(2012 年单选题)

A. 还款能力　　　B. 借款情况　　　C. 家庭情况　　　D. 社会关系

【解析】A 征信是债权人对债务人还款能力的调查。

第二节　金　融　中　介

考点五　金融中介

1. 金融中介的定义

金融中介，又称金融机构，是在信用关系中，插在借者(债务人)和贷者(债权人)之间的第三方。既从贷者手中借钱，又贷放给借者，既拥有对借者的债权，也向贷者发行债权。

2. 金融中介的主要类型

金融中介机构的分类如表 15-1 所示。

表 15-1　金融中介的分类

类　别		内　容
银行类金融机构	中央银行	也称货币当局，是发行的银行、银行的银行和政府的银行，具有国家行政管理机关和银行的双重性质。主要任务：一是制定和实施货币政策，调控宏观金融；二是实施金融监管，维护银行业的稳健运行
	商业银行	又称存款货币银行，是经营完全信用业务(如存款、贷款和汇兑业务)，并为客户提供多种金融服务的机构。主要职能是：①信用中介(最基本的)；②支付中介；③信用创造

(续表)

类　别		内　容
非银行类金融机构	政策性银行	由政府设立，不以盈利为目标，而是以贯彻国家产业政策、区域发展政策等为目标，其资金主要来源于财政拨款、发行政策性金融债券等
	商业保险公司	专门经营保险或再保险业务的专业性金融机构。职能包括经济补偿和保险金给付；防灾防损、融资投资
	投资银行	专门对工商企业办理投资、提供长期性投资信贷业务和与工商企业投资有关的融资中介服务的专业性非银行机构
	基金管理公司	是指依据有关法律法规设立的对基金的募集、基金份额的申购和赎回、基金财产的投资、收益分配等基金运作活动进行管理的公司
	财务公司	是一种不能吸收存款，只经营部分银行业务的准银行金融机构。资产运用则是以消费者信贷、商业贷款和房地产抵押贷款为主
	信用合作组织	信用合作社是城乡居民集资合股而组成的合作金融组织，为合作社社员办理存、放款业务，解决社员的资金需要

【例15-6】 存款货币银行的主要职能有(　　)。(2011年多选题)

A. 支付中介　　　　　　　B. 信用中介　　　　　　　C. 信用创造

D. 宏观调控　　　　　　　E. 基础货币投放

【解析】ABC 存款货币银行的主要职能是信用中介、支付中介、信用创造。

【例15-7】 商业银行的主要职能包括(　　)。(2012年多选题)

A. 信用中介　　　　　　　B. 支付中介　　　　　　　C. 信用制造

D. 货币制造　　　　　　　E. 货币发行

【解析】ABC 本题考查商业银行的主要职能。商业银行的主要职能包括以下几个方面。(1)信用中介：银行吸收存款，集中社会上闲置的货币资本；又通过发放贷款，将集中起来的货币资本贷放给资金短缺部门，发挥着化货币为资本的作用。(2)支付中介：银行接受客户的委托，为工商企业办理与货币资本运动有关的技术性业务，如汇兑、非现金结算等，使银行成为企业的总会计、总出纳，成为社会的总账房。(3)信用创造：银行发行信用工具，满足流通界对流通手段和支付手段的需要，并使银行可以超出自有资本与吸收资本的总额而扩张信用。

第三节　我国金融中介体系

考点六　我国金融中介体系的建立、巩固和发展

新中国金融中介体系的建立是通过组建中国人民银行、合并解放区银行、没收官僚资本银行、改造私人银行与钱庄，以及建立农村信用合作社等途径实现的。

经过三十多年的改革开放，我国目前形成了以中国人民银行、中国银行业监督管理委员会、中国证券监督管理委员会和中国保险监督管理委员会为领导，股份制银行为主体，多种金融机构并存，分工协作的金融中介体系。

考点七　我国当前金融中介体系的结构

(1) 中央银行。中央银行制定和执行货币政策、维护金融稳定、提供金融服务，是我国发行的银行、银行的银行和政府的银行。

(2) 政策性银行。政策性银行坚持政策性金融与商业性金融相分离的原则，相继建立了国家开发银行、中国进出口银行和中国农业发展银行三家政策性银行。

(3) 商业银行。中国工商银行、中国农业银行、中国银行和中国建设银行是我国商业银行体系中的主力军，交通银行、中信实业银行、中国光大银行、华夏银行、民生银行、招商银行、广东发展银行、深圳发展银行、福建兴业银行、上海浦东发展银行等为我国较早成立的股份制商业银行。

(4) 保险公司。保险公司遵循"分业经营"的原则，从事人身保险或财产保险的原保险或再保险业务。

(5) 投资银行、证券公司。目前我国的证券公司与国际上成熟的现代投资银行相比还存在明显差距。

(6) 基金管理公司。

(7) 在华外资金融机构。它主要以两种方式存在：一是外资金融机构在华代表处，二是外资金融机构在华设立的营业性机构。

同 步 自 测

一、单项选择题

1. 在不兑现的信用货币制度下，货币发行权主要集中于(　　)。
    A. 中央银行　　　　B. 贸易部门　　　　C. 财政部门　　　　D. 投资银行

2. 公司公开发行股票筹集资金是采用(　　)的信用形式。
    A. 银行信用　　　　B. 商业信用　　　　C. 国家信用　　　　D. 消费信用

3. 信用是一种有条件的借贷行为，其条件是(　　)。
    A. 偿还和付息　　　　　　　　　　B. 中央银行的存在
    C. 商业银行的存在　　　　　　　　D. 证券市场的存在

4. 政府为弥补财政赤字向公众发行30亿元国库券，这种信用形式为(　　)。
    A. 银行信用　　　　B. 商业信用　　　　C. 国家信用　　　　D. 消费信用

5. 信用关系是在(　　)关系的基础上产生的。
    A. 商品经济　　　　B. 商品货币　　　　C. 市场经济　　　　D. 市场货币

6. 银行是经营货币信用业务的特殊企业，其通过吸收储蓄存款等形式，将分散在个人手中的闲置货币集中起来，用于向工商企业发放贷款的职能属于(　　)职能。
    A. 信用中介　　　　　　　　　　　B. 化货币收入为资本
    C. 支付中介　　　　　　　　　　　D. 创造信用流通工具

7. 商业信用包括企业之间相互提供的、与商品的生产和流通有关的信用形式，下列属于商业信用的信用形式是(　　)。

　　A. 银行房屋贷款　　　　　　　　　B. 发行政府债券

　　C. 赊销、预付和分期付款　　　　　D. 发放政策性贷款

8. 货币与信用存在的共同前提是(　　)。

　　A. 商品经济的产生　　　　　　　　B. 社会分工

　　C. 私有制　　　　　　　　　　　　D. 剩余产品的出现

9. 授信人在进行授信活动时，独自对受信人的资信状况和履约能力进行调查，这种活动是指(　　)。

　　A. 征信　　　　　B. 守信　　　　　C. 诚信　　　　　D. 授信

二、多项选择题

1. 下列有关中央银行的说法，正确的是(　　)。

　　A. 中央银行的主要任务是制定和实施货币政策

　　B. 中央银行是金融中介体系的中心环节

　　C. 中央银行是工商企业的银行

　　D. 中央银行是政府的银行

　　E. 中央银行是居民的银行

2. 政府调控宏观经济时，通常使用的货币政策工具有(　　)。

　　A. 存款准备金率　　　　B. 转移支付　　　　C. 公开市场业务

　　D. 再贴现率　　　　　　E. 官方储备

3. 现代信用货币的基本特征包括(　　)。

　　A. 本身不具有十足的内在价值　　B. 是债务货币

　　C. 随时可以兑现　　　　　　　　D. 使用具有强制性

　　E. 规定发行准备制度

4. 国际货币基金组织贷款的特点主要有(　　)。

　　A. 贷款期限较长　　　　　　B. 主要用于解决成员国的国际收支问题

　　C. 主要是项目贷款　　　　　D. 贷款附有政策条件

　　E. 主要是临时性贷款

5. 某企业在金融市场上发行债券筹集资金，这种筹资方式属于(　　)。

　　A. 银行信用　　　　　　B. 消费信用　　　　C. 间接信用

　　D. 直接信用　　　　　　E. 商业信用

6. 商业银行的主要职能是(　　)。

　　A. 信用中介　　　　　　B. 支付中介　　　　C. 化货币收入为资本

　　D. 信用创造　　　　　　E. 生产中介

7. 下列信用形式中，直接信用的是(　　)。

　　A. 商业企业对客户赊销商品　　B. 信用合作社对农户发放贷款

　　C. 企业发行债券　　　　　　　D. 银行对居民发放购房贷款

　　E. 股份公司发行股票

8. 按信用创造的主体来划分,信用可以分为商业信用、银行信用、国家信用和消费信用。下列属于消费信用的是( )。

    A. 某超市向某人提供额度为2000元的赊销业务

    B. 某企业向某超市提供额度为200万元的赊销业务

    C. 某建材商允许某人对其所购置的装修材料以分期付款方式在两年内还清

    D. 某银行向某人提供10万元的经济适用房贷款

    E. 某银行向某企业提供1000万元的贷款

同步自测解析

一、单项选择题

1.【解析】A　在不兑现的信用货币制度下,是以中央银行发行的纸币作为流通货币,所以货币发行权主要集中于中央银行。

2.【解析】B　公司公开发行股票或发行债券筹集资金是采用商业信用的信用形式。

3.【解析】A　信用是价值运动的一种特殊形式,是以偿还和付息为条件的借贷行为。

4.【解析】C　国家信用是指一国政府向本国居民举借债务,以解决国库收支临时性、季节性的不一致或弥补国库赤字的信用形式。其形式主要是发行国库券或公债。

5.【解析】B　信用关系是在商品货币关系的基础上产生的,反映了商品生产者之间的经济关系,也为商品货币经济所共有。

6.【解析】A　信用中介是指银行吸收存款,集中社会上闲置的货币资本;又通过发放贷款,将集中起来的货币资本贷放给资金短缺部门,发挥着化货币为资本的作用。

7.【解析】C　商业信用有两种表现形式,一是企业之间相互提供的、与商品的生产和流通有关的信用,包括赊销、预付、分期付款等形式,二是企业直接向社会筹资,以解决自身扩大再生产的资金需要,主要是采取公司(企业)债券的形式。要求掌握信用的分类。

8.【解析】C　私有财产的出现是借贷关系存在的前提条件,而只有社会分工,劳动者才能占有劳动产品;只有剩余产品的出现,才会有交换行为和借贷行为的发生。所以,私有制是货币与信用存在的共同前提。

9.【解析】A　征信是债权人对债务人还款能力的调查,是信用交易过程的一个环节。

二、多项选择题

1.【解析】ABD　中央银行又称货币当局,处于金融中介体系的中心环节,具有特殊的地位。它是发行的银行、银行的银行和政府的银行,具有国家行政管理机关和银行的双重任务。它的主要任务有:①制定和实施货币政策,调控宏观金融;②实施金融监管,维护银行业的稳健运行。中央银行只与商业银行、政府有直接联系,与工商企业和居民无直接联系。

2.【解析】ACD　货币政策工具主要包括:存款准备金率、再贴现率和公开市场业务。

3.【解析】ABD　本题考查现代信用货币的基本特征,需要考生熟练掌握。

4.【解析】BDE　本题考查国际货币基金组织贷款的特点。其特点包括:贷款主要是帮助其解决国际收支问题,贷款是有政策条件的,贷款是临时性的。

5.【解析】DE　直接信用又称为"直接金融"或"直接融资"，其方式有发行股票或债券。商业信用的表现形式之一是企业直接向社会集资，以解决自身扩大再生产的资金需要，主要是采取发行公司(企业)债券的形式。本题考查信用的形式。

6.【解析】ABD　商业银行的主要职能有：①信用中介。银行吸收存款，集中社会上闲置的货币资本又通过发放贷款，将集中起来的货币资本贷放给资金短缺部门，发挥着化货币为资本的作用。②支付中介。银行接受客户的委托，为工商企业办理与货币资本运动有关的技术性业务，如汇兑、非现金结算等，使银行成为企业的总会计、总出纳，成为社会的总账房。③信用创造。银行发行信用工具，满足流通界对流通手段和支付手段的需要，并使银行可以超出自有资本与吸收资本的总额而扩张信用。

7.【解析】ACE　直接信用是指公司、企业在金融市场上从资金所有者那里直接融通货币资金，而不需要中介。直接信用方式包括预付或赊销商品形式的商业信用、发行及买卖有价证券形式的公司信用、国家信用等。BD两项均属于间接信用。

8.【解析】ACD　消费信用是指工商企业或银行以商品或货币的形式向个人消费者提供的信用。B项为企业之间相互提供的信用，属于商业信用；E项为银行向企业提供的信用，属于银行信用。

第十六章　金融体系与金融市场

大纲解读

测查应试人员是否掌握金融体系、金融市场、金融工具的定义和种类，并能够对金融体系的变化作出解释，对金融市场的变化和走势作出基本的判断。

1. 金融体系

金融体系的定义，构成现代金融体系的基本要素。

2. 金融市场

金融市场的定义和基本功能，构成金融市场的基本要素，金融市场的分类。

3. 金融工具与利率

金融工具的定义、特征和种类，短期金融工具和长期金融工具的定义和种类，衍生金融工具的定义和种类，利率的定义、计算方法，利率的种类，影响利率水平的因素，利息的本质和作用。

考点精讲

第一节　金 融 体 系

考点一　金融体系

1. 金融体系的定义

金融体系是有关资金的集中、流动、分配和再分配的一个系统。它由资金的流出方(资金盈余单位)、流入方(资金短缺单位)和连接这两者的金融中介机构、金融市场，以及对这一系统进行管理的中央银行和其他金融监管机构共同构成。金融体系关系资金的流动，它的有效运转是经济健康发展的关键。

2. 构成现代金融体系的基本要素

(1) 由货币制度所规范的货币流通。只有在货币制度规范下的货币流通，才能体现金融体系的有效性，才是实现商品经济关系的稳定可靠的保证。

(2) 金融中介。各种类型的金融中介在国民经济的各个环节扮演不同角色，它们所提供的金融服务产品的种类、质量直接关系金融体系的发达程度，是金融体系中不可或缺的主角。

(3) 金融市场。金融市场包括资本市场、货币市场、外汇市场等子市场，是金融工具发行和交易的场所，是金融产品价格(利率、汇率及股票或期货指数)形成并波动的场所，也是金融中介参与金融活动的场所。

(4) 金融工具。金融工具即金融产品或金融商品，它是金融活动的载体，可以在金融市场上交易。

(5) 金融制度和调控机制。为了保证金融体系的有效性，国家必须运用各种制度包括货币制度、汇率制度、利率制度、信用制度、支付清算制度、金融监管制度等对金融运行进行管理和在金融领域进行政策性调节。国家还必须通过货币政策和各种金融政策等宏观调控机制来实现对经济的干预。

【例 16-1】 下列各项中，属于现代金融体系基本要素的是(　　)。(2011 年多选题)

A. 由货币制度所规范的货币流通　　　　B. 由国库制度所规范的资金支付

C. 金融中介　　　　　　　　　　　　D. 金融制度和调控机制

E. 金融工具

【解析】ACDE　构成现代金融体系的基本要素包括：①由货币制度所规范的货币流通；②金融中介；③金融市场；④金融工具；⑤金融制度和调控机制。

第二节　金融市场

考点二　金融市场的定义和基本功能

金融市场是资金供给者和资金需求者通过各种金融工具相互融通资金的场所，它包括所有的融资活动。

金融市场一般具有 4 个方面的基本功能。

(1) 聚敛功能。这是指金融市场引导众多分散的小额资金汇聚成为可以投入社会再生产的资金集合，发挥蓄水池的作用。

(2) 配置功能。这一功能体现在三个方面：资源配置、财富再分配、风险再分配。

①资源配置功能体现在，资金总是流向最有发展潜力、能够为投资者带来最大利益的部门和企业。②财富再分配功能体现在，金融市场上金融资产价格的波动使一部分人的财富增加，而另一部分人的财富减少，从而实现社会财富的再分配。③风险再分配功能体现在，厌恶风险的人可以利用各种金融工具，把风险转嫁给风险厌恶程度较低的人，从而实现风险的再分配。

(3) 调节功能。调节功能即对宏观经济的调节作用。

(4) 反映功能。它被认为是国民经济的晴雨表和气象台，是公认的国民经济的信号系统。

【例 16-2】 它在金融市场上，金融产品价格的波动使一部分人的收入增加，另一部分人的收入减少，这体现了金融市场的(　　)功能。(2011 年单选题)

A. 反映　　　　　B. 配置　　　　　C. 补偿　　　　　D. 聚敛

【解析】B　本题考查对金融市场配置功能的理解。

考点三　金融市场的基本要素

1. 金融市场上的交易对象与交易工具

金融市场上的交易对象是货币资金，市场上流通的各种金融工具则是金融交易的工具，它是货币资金的有形代表。

2. 金融市场上的交易主体

金融市场上的交易主体包括任何参与交易的个人或者家庭、工商企业、政府部门、金融机构和中央银行。

3. 金融市场上的交易价格

金融市场上，金融交易所形成的价格称为金融产品的价格，如利率、汇率、保险费率、股价等。

考点四 金融市场的分类

金融市场的分类如表 16-1 所示。

表 16-1　金融市场的分类

分　类	市　场	功　能
按交易的金融工具的期限长短	货币市场	供应短期货币资金，流通的金融工具的期限在一年以内。子市场主要有短期债券市场、票据市场、同业拆借市场等
	资本市场	供应长期货币资金，流通的金融工具的期限在一年以上。其子市场主要有：股票市场、债券市场等
按金融工具的发行和转让流通的不同	一级市场	又称为初级市场或发行市场，它是指通过金融工具的发行来融通资金的市场
	二级市场	又称为次级市场或流通市场，它是买卖、转让已发行金融工具的市场
按金融交易的交割期限不同	现货市场	金融现货交易是交易协议达成后立即办理交割的交易，包括现金交易和固定方式交易两种类型
	期货市场	金融期货交易一般是指交易协议达成后，在未来某一特定时间，如几周、几个月之后才办理交割的交易
	期权市场	金融期权交易是指买卖双方按成交协议签订合同、允许买方在交付一定的期权费用后，取得在特定时间内、按协议价格买进或卖出一定数量的证券的权利
按金融交易的地理区域不同	国内金融市场	国内金融市场的活动范围限于本国领土之内，交易双方当事人为本国的自然人与法人
	国际金融市场	广义：指进行各种国际金融业务的场所
		狭义：指同市场所在国的国内金融体系相分离，主要由市场所在国的非居民从事的境外金融交易

【例 16-3】 主要供应长期资金，解决投资资金需求的是(　　)。(2012 年单选题)

A. 货币市场　　　　B. 资本市场　　　　C. 同业拆借市场　　　D. 票据市场

【解析】B　资本市场的功能是供应长期货币资金，主要解决投资方面的资金需求。

第三节　金融工具与利率

考点五　金融工具的定义、特征和种类

1. 金融工具的定义

金融工具，又称信用工具，是债权、债务双方缔结的具有法律效力的债权、债务契约，是列明借贷金额和偿还债务等具体条件的书面文件。

2. 金融工具具备的特征

① 期限性，指债务人必须在信用凭证所载明的发行日至到期日的期限内清偿债务。

② 流动性，指金融工具在极短时间内变卖为现金而不至于亏损的能力。

③ 风险性，指持有金融工具能否按期收回本利，特别是本金是否会遭受损失。

④ 收益性，指持有金融工具所获得的利息或股息收入与预付本金的比率。

3. 金融工具的种类

金融工具的种类如表 16-2 所示。

表 16-2　金融工具的种类

短期金融工具	国库券		因财政的收入和支出的季节性、临时性的不一致而发行,一般为一年以内的短期金融工具
	大额可转让定期存单		银行和其他存款机构为了吸引存款而发行的一种不记名的定期存款凭证
	票据	商业汇票	企业之间根据购销合同进行延期付款时，所开具的反映债权、债务关系的票据
		银行汇票	汇款人将款项交存银行，由该银行签发给汇款人持往异地办理转账结算或支取现金的票据
		银行本票	指申请人将款项交存银行，由银行签发给其凭以在同城范围内办理转账结算或支取现金的票据
		支票	是银行的存款人签发给收款人办理结算或委托开户银行将款项支付给收款人的票据
长期金融工具	长期政府债券		指由政府发行的，向本国居民筹集资金以解决自身财政需要的有价证券
	公司债券		指股份公司直接向社会集资，为解决自身积累和固定资产投资方面的资金需要，按照法定程序发行的、约定在一定期限内还本付息的有价证券
	银行债券		指银行为调整自身的资产负债结构、吸收较为稳定的长期资金来源而发行的一种有价证券
	股票		是股份公司发给投资者的股份资本所有权的书面凭证
衍生金融工具	期货		期货交易是指交易双方经过协商，同意在约定的时间按照协议约定的价格和数量进行的交易
	期权		期权交易是一种协议，协议一方拥有在一定时期内以一定的价格买进或卖出某种资产的权利，协议的另一方则承担在约定时期内卖出或买进这种资产的义务

(续表)

		期限互换	把方向相反的远期和即期交易结合起来进行的外汇买卖,若即期卖出一定数额的某种货币,那么同时签订一个买进同样数额的同种货币的远期合同,反之亦然
衍生金融工具	互换	利率互换	指两个独立的筹资者,根据各自筹资的优势,分别借到币种、数额、期限相同而计启、方法不同(通常是固定利率和浮动利率之别)的贷款,然后双方直接或通过中介人对利率部分进行调换,以获取期望得到的或筹资成本较低的利率种类
		货币互换	指利率计算方法相同的不同币种之间的互换

【例16-4】 某商业银行签订买入500万美元的即期合约,同时又签订一年后卖出500万美元的远期合约,该银行使用的是( )交易方式。(2013年单选题)

A. 货币互换　　　　B. 期限互换　　　　C. 利率互换　　　　D. 期权互换

【解析】B 期限互换是把方向相反的远期和即期交易结合起来进行的外汇买卖,若即期卖出一定数额的某种货币,那么同时签订一个买进同样数额的同种货币的远期合同,反之亦然。

考点六　利率与利息

1. 利息率是一定时期内利息额对借贷本金额之比,简称利率

(1) 单利计息方法,即仅以原有本金计息的方式。以本金与约定期的利率(i)相乘,即到约定期(t),本金与利息之和应该是 $P_t=P_0(1+i^t)$。

(2) 复利计息方法,即在每期届满时,将应得利息加入本金再计息的方式。复利的计算方法,是根据单利的计算方法来推导,由此推到第 t 期,则有 $P_t=P_0(1+i)^t$。

【例16-5】 甲向乙借10万元钱,双方约定年利率为5%,按复利方式计息,两年后归还,届时甲应向乙支付利息( )元。(2011年单选题)

A. 10 000　　　　B. 10 250　　　　C. 10 500　　　　D. 10 750

【解析】B 复利条件下,本息和利率 $P_t=P_0×(1+i)^t=100\,000×(1+5\%)^2=110\,250$(元),利息=110 250-100 000=10 250(元)。

2. 影响利率的因素

(1) 平均利润率。平均利润率是决定利率水平的基本因素,平均利润率是利率的最高限,零则为利率的最低限。

(2) 货币资金供求关系。货币资金供过于求,利率下降;反之,则利率上升。

(3) 通货膨胀率。实际利率=名义利率-通货膨胀率。当名义利率低于同期通货膨胀率时,实际利率为负。

【例16-6】 在利率体系中,起主导作用的是( )。(2013年单选题)

A. 固定利率　　　　B. 浮动利率　　　　C. 实际利率　　　　D. 基准利率

【解析】D 本题考查基准利率。在利率体系中,起主导作用的是基准利率。

(4) 历史的沿革。假定在货币供求均衡的情况下,利率按习惯的做法、历史的沿革来确定。

(5) 中央银行货币政策。中央银行利用手中所掌握的货币政策工具，通过变动再贴现率、信用规模和货币供给，或直接干预各种存贷款利率，都会通过不同途径对利率水平发生影响。

(6) 国际金融市场利率。国际市场的利率水平对各国利率的影响，是通过货币资金在国际间的移动而实现的。

3. 利率种类

(1) 基准利率。

(2) 按照利率的管理体制来划分，利率可分为市场利率和计划(官方)利率。

(3) 按在信贷期限内利率是否能变动来划分，利率可分为固定利率与浮动利率。

(4) 按是否剔除通货膨胀因素来划分，利率可以分为名义利率和实际利率。

4. 利息的本质和作用

利息是由借款者支付给贷款者的超过借贷本金的价值，即出借资金的报酬或使用资金的代价。

利息的价值判断作用主要体现在：利息是衡量不同时期货币资金实际价值的尺度；利息可以提高资金使用效率。

同 步 自 测

一、单项选择题

1. 若实际利率为7%，同期通货膨胀率为9%，则名义利率应为(　　)。
   A. 16%　　　　　　B. 7%　　　　　　C. 2%　　　　　　D. -2%

2. 因利率上升而使金融工具持有者受损的风险属于金融工具的(　　)风险。
   A. 违约　　　　　　B. 国家　　　　　　C. 操作　　　　　　D. 市场

3. 在我国现行的多种金融机构并存的金融组织体系中，居主体地位的金融机构是(　　)。
   A. 中央银行　　　　　　　　　　B. 政策性银行
   C. 国有商业银行　　　　　　　　D. 股份制商业银行

4. 衍生金融工具是通过某种交易方式，从普通金融工具派生出来的金融工具，其自身价值决定于其所(　　)。
   A. 派生的普通金融工具的价值　　　B. 代表的基础金融工具的价值变化
   C. 代表的普通金融工具的价值升值　　D. 派生的普通金融工具的价值贬值

5. 按照金融交易的交割期限，可以把金融市场分为(　　)。
   A. 货币市场和资本市场　　　　　　B. 现货市场和期货市场
   C. 股票市场和债券市场　　　　　　D. 初级市场和次级市场

6. 利率按计息方式不同分为(　　)。
   A. 单利和市场利率　　　　　　　　B. 复利与名义利率
   C. 单利与复利　　　　　　　　　　D. 市场利率与固定利率

7. 甲向乙借得10万元钱，双方约定年利率为4%，以单利方式5年后归还，则届时本金、利息之和为(　　)万元。
   A. 2　　　　　　　B. 11　　　　　　C. 12　　　　　　D. 17

8. 在我国现行的多种金融机构并存的金融组织体系中,居主体地位的金融机构是( )。

    A. 中央银行   B. 政策性银行   C. 股份制银行   D. 城市商业银行

二、多项选择题

1. 下列风险情形中,属于金融风险中市场风险的是( )。

    A. 因通货膨胀导致企业收益下降   B. 大量负面评论影响企业声誉

    C. 债务人不能按时还本付息   D. 某国宣布进入战时戒备状态

    E. 银行利率上升导致金融工具价格下跌

2. 衍生金融工具包括( )。

    A. 期货   B. 互换   C. 股票

    D. 公司债券   E. 银行债券

3. 金融工具在二级市场的交易方式有( )。

    A. 定向交易   B. 私募交易   C. 交易场所内交易

    D. 场外交易   E. 公募交易

4. 下列各项中,属于现代金融体系基本要素的有( )。

    A. 由货币制度所规范的货币流通   B. 由国库制度所规范的资金支付

    C. 金融中介   D. 金融制度和调控机制

    E. 金融工具

5. 长期金融工具主要是指各类证券,包括( )。

    A. 长期政府债券   B. 银行债券   C. 银行汇票

    D. 股票   E. 银行本票

6. 下列各项中,属于现代金融体系基本要素的有( )。

    A. 由货币制度所规范的货币流通   B. 由国库制度所规范的资金收付

    C. 金融中介   D. 金融制度和调控机制

    E. 金融工具

7. 一般来讲,金融工具的特征主要有( )。

    A. 期限性   B. 投机性   C. 流动性

    D. 风险性   E. 收益性

8. 下列有关固定利率与浮动利率的说法,正确的是( )。

    A. 固定利率在融资期限内不作任何调整

    B. 浮动利率可以任意随时调整

    C. 浮动利率的水平较接近市场利率水平

    D. 固定利率手续繁杂,成本较高

    E. 浮动利率计算依据多样,成本较高

9. 以下有关金融工具期限性、流动性、风险性和收益性之间的关系的看法,正确的是( )。

    A. 风险与期限成正比例关系

    B. 风险性与流动性成正比例关系

    C. 收益率与期限性、风险性成反比例关系

    D. 收益率与流动性成反比例关系

    E. 风险性与流动性成反比例关系

同步自测解析

一、单项选择题

1. 【解析】A 实际利率=名义利率-通货膨胀率，所以，名义利率=实际利率+通货膨胀率=7%+9%=16%。本题考查名义利率和实际利率。

2. 【解析】D 因利率上升而使金融工具持有者受损的风险属于金融工具的市场风险。

3. 【解析】C 国有商业银行在我国现行的多种金融机构并存的金融组织体系中居主体地位。

4. 【解析】B 衍生金融工具是通过某种交易方式，从普通金融工具派生出来的金融工具，其自身价值决定于其所代表的基础金融工具的价值变化。

5. 【解析】B 按照金融交易的交割期限，可以把金融市场分为现货市场和期货市场。

6. 【解析】C 利率按计息方式不同分为单利与复利。

7. 【解析】C 利息的计算涉及三个因素：本金、期限和利率。利息的计息方法包括单利和复利两种。单利计息方法仅以原有本金计息，复利计息在每期届满时，将应得利息加入本金再计息。单利计算比较容易，以本金与约定的利率相乘即可。本金与利息之和=本金×(1+利率×期限)=10×(1+4%×5)=12(万元)。

8. 【解析】C 经过二十多年的改革开放，我国目前形成了以中国人民银行、中国银行业监督管理委员会、中国证券业监督管理委员会、中国保险业监督管理委员会为领导，股份制银行为主体，多种金融机构并存，分工协作的金融中介体系。

二、多项选择题

1. 【解析】AE 市场风险包括因通货膨胀、货币贬值而致使收益下降甚至本金受损的风险，也包括因银行利率上升所导致的金融工具价格下跌，致使持有者的金融资产价值受损的风险。本题考查金融风险中的市场风险。

2. 【解析】AB 衍生金融工具是通过某种交易方式，从普通金融工具派生出来的金融工具，其自身价值决定于其所代表的基础金融工具的价值变化。其种类主要有：①期货和期权；②互换。CDE 三项属于普通金融工具。

3. 【解析】CD 二级市场的交易方式分为场外交易和场内交易。

4. 【解析】ACDE 构成现代金融体系的基本要素包括：①由货币制度所规范的货币流通；②金融中介；③金融市场；④金融工具；⑤金融制度和调控机制。

5. 【解析】ABD 长期金融工具主要是指各类证券，主要包括：①长期政府债券；②公司债券；③银行债券；④股票。CE 项属于短期金融工具。

6. 【解析】ACDE 构成现代金融体系的基本要素：①由货币制度所规范的货币流通；②金融中介；③金融市场；④金融工具；⑤金融制度和调控机制。

7. 【解析】ACDE 金融工具具备 4 个特征：①期限性，指债务人必须在信用凭证所载明的发行日至到期日的期限内清偿债务；②流动性，指金融工具在极短的时间内变现为现金而不至于亏损的能力；③风险性，指持有金融工具能否按期收回本利，特别是本金是否会遭受损失；④收益性，通过收益率来表示，指持有金融工具所获得的利息或股息收入与预付本金的比率。

8.【解析】ACE　B项，浮动利率是指某一种信用以确定的利率为基准利率，在缔结每一次信用关系时，视对象不同的信用程度，利率水平在规定的范围之内上下浮动；D项，固定利率的成本较低。

9.【解析】ADE　期限越长，未来的不确定因素就越多，因而风险与期限成正比例关系；并且一旦发生意外，容易变现的金融工具随时可以变卖成现金而避免风险，不易变现的金融工具则可能因承担风险而致使资产受损，因而风险性与流动性成反比例关系，收益性与期限性、风险性成正比例关系，与流动性成反比例关系。

第十七章　汇率与国际收支

大纲解读

　　测查应试人员是否掌握有关汇率与国际收支的基本知识，包括汇率的类型、标价与报价、影响因素、决定理论，国际收支的平衡与失衡、调节方法等，并能够解释和分析有关国际金融问题。

1. 外汇与汇率

　　外汇的概念和分类，国际货币的概念与条件，汇率的定义，汇率的标价方法和报价方法，影响汇率变动的主要因素，汇率决定理论。

2. 国际收支

　　国际收支的概念，国际收支平衡表的构成，国际收支差额分析，国际收支失衡的调节。

考点精讲

第一节　外汇与汇率

考点一　外汇与汇率

1. 外汇的概念
　　外汇是指以外币表示的、可用于清偿各国间债权债务的支付手段。

2. 外汇包括
　　①外币现钞，即纸币、铸币；②外币支付凭证或者支付工具，即票据、银行存款凭证、银行卡等；③外币有价证券，即债券、股票等；④特别提款权；⑤其他外汇资产。

3. 外汇的特征
　　一般所讲的外汇是指自由外汇，但不是所有外国货币都是自由外汇。一种货币成为自由外汇，必须具备三个特征，即所谓的外汇三性。
　　①外币性，即外汇首先必须以外国货币表示。②可兑换性，即一种货币要成为外汇，还必须能够自由兑换成其他货币表示的资产或支付手段。③普遍接受性，即一种货币要成为外汇，必须被各国所普遍接受和使用。

4. 外汇的分类
　　外汇按买卖的交割期限分为即期外汇和远期外汇。即期外汇又称现汇，是指在外汇成交后于当日或两个营业日内办理交割的外汇。远期外汇又称为期汇，是指按协定的汇率签订买卖合同，在约定的未来某一时间进行交割的外汇。

5. 国际货币

国际货币是指在国际经济交易中被广泛用作计价结算、投资储备的货币。一国货币要成为国际货币，首先必须是可兑换货币，即自由外汇；其次是货币发行国必须具备强大的经济金融实力，该货币币值稳定。美元、欧元、英镑、日元是主要的国际货币。

考点二　汇率

1. 汇率的定义

汇率是指不同货币相互兑换的比率，即以一种货币表示另一种货币的价格。

2. 汇率的标价方法

直接标价法是以一定单位的外国货币作为标准，折算为本国货币来表示汇率，即汇率表示为一定单位外国货币折算成本国货币的数量。世界上绝大多数国家都采用这种直接标价法，人民币汇率采取的就是直接标价法。在直接标价法下，汇率值升降与本币升贬值反向，与外汇升贬值同向。直接标价法下汇率的涨跌以本币数量的变化来表示。如果汇率值上升，则一定单位的外币折算成本币的数量比原来多，说明外汇升值，本币贬值；反之，外汇贬值，本币升值。

间接标价法是以一定单位的本国货币作为标准，折算为外国货币来表示汇率，即汇率表示为一定单位本国货币折算成外国货币的数量。汇率值升降与本币升贬值同向，与外币升贬值反向。

3. 汇率的报价方法

银行的汇率报价通常采取双向报价制，即同时报出买入汇率和卖出汇率。在所报的两个汇率中，前一个汇率值较小，后一个汇率值较大。

买入汇率又称为买入价，是银行买入外汇时所使用的汇率。因为银行买入外汇的对象主要是出口商，也常称为出口汇率。

卖出汇率又称为卖出价，是银行卖出外汇时所使用的汇率。因为银行卖出外汇的对象主要是进口商，也常称为进口汇率。

买入、卖出汇率的判断依据是银行贱买贵卖，买入外汇的价格要低于卖出价格，否则银行就会无限制地亏损。买入、卖出汇率在不同标价法下是不同的。在直接标价法下，前者是买入汇率，后者是卖出汇率。相反，在间接标价法下，前者是卖出汇率，后者是买入汇率。银行买卖外汇不收手续费，所以买卖价差即买入汇率和卖出汇率之间的差额是银行买卖外汇的收益。

中间汇率又称中间价，是指买入汇率和卖出汇率的算术平均数。现钞汇率是银行买卖外币现钞的汇率。

在银行外汇牌价中，还有一种现钞汇率。现钞汇率是银行买卖外币现钞的汇率。外币现钞只能运送到国外才能用于支付，银行运送现钞需要承担运费、保费、利息等费用，而且经营现钞兑换的金额较小，成本比较高，也比较费事，所以现钞的买卖价差要大于现汇。一般说来，银行的现钞买入价低于外汇买入价，而现钞卖出价与外汇卖出价相同。

【例17-1】 某银行挂出英镑对美元的牌价为GBP1=USD1.5100/1.5130，该银行从客户手中买入100万英镑需要支付(　　)万美元。(2013年单选题)

    A. 150.10　　　　　　　B. 151.30　　　　　　C. 152.10　　　　　　　　D. 151.00

【解析】D　本题考查汇率的报价。低的是银行的买入价，高的是银行的卖出价。1.5100×100=151.00万(美元)。

【例17-2】 在国际金融业务中，中间汇率是(　　)的算数平均数。(2012年单选题)

    A. 即期汇率与远期汇率　　　　　　　B. 买入汇率与卖出汇率

    C. 基本汇率与套期汇率　　　　　　　D. 直接标价法汇率与间接标价法汇率

【解析】B　本题考查中间汇率。中间汇率是买入汇率与卖出汇率的算术平均数。

4. 汇率的种类

(1) 即期汇率与远期汇率。即期汇率又称现汇汇率，是指买卖现汇的即期外汇交易所使用的汇率。远期汇率又称为期汇汇率，是指买卖期汇的远期外汇交易所使用的汇率。

(2) 基本汇率与套算汇率。基本汇率是指一国货币对某一关键货币的汇率。关键货币是一国国际经济交易中最常使用、在外汇储备所占比重最大，并可自由兑换的主要国际货币，大多数国家选择本国货币对美元的汇率作为基本汇率。套算汇率又称为交叉汇率，是指对其他外国货币的汇率。之所以称之为套算汇率，是因为它不是直接制定的，而是根据国际外汇市场上该种外国货币对关键货币的汇率和本国的基本汇率间接套算出来的。

考点三　影响汇率变动的主要因素

1. 国际收支

国际收支出现逆差，在外汇市场上表现为外汇需求大于供给，从而引起外汇升值、本币贬值；反之，国际收支顺差会导致外汇贬值、本币升值。

2. 相对通货膨胀率

如果通货膨胀高于他国，则该国货币在外汇市场上趋于贬值；反之则趋于升值。

3. 相对利率

高利率有助于吸引资本流入，减少资本流出，而且提高利率具有紧缩效应，有助于抑制进口，从而使货币升值；反之则货币贬值。

4. 总需求与总供给

当一国总需求增长快于总供给时，本币一般呈贬值趋势。

5. 市场预期

如果市场预期本币贬值，在外汇市场上便出现抛售本币的风潮，助长本币贬值的压力，最终导致本币的实际贬值。

【例17-3】 假定其他条件不变，下列因素中导致货币升值的有(　　)。(2010年多选题)

    A. 紧缩银根　　　　　　B. 国际收支顺差　　　　　C. 降低利率

    D. 总需求相对快速增长　　E. 通货膨胀率下降

【解析】ABE　影响汇率的主要因素有：国际收支、相对通货膨胀率、相对利率、总需求与总供给、市场预期。国际收支出现逆差，在外汇市场上表现为外汇需求大于供给，从而引起外汇升值、本币贬值；反之，国际收支顺差会导致外汇贬值、本币升值，因此选B；高利率有助于吸引资本流入，减少资本流出，而且提高利率具有紧缩效应，有助于抑制进口，从而使货币升值；反之则货币贬值，因此不应该选 C。当一国总需求增长快于总供给时，本币一般呈贬值趋势，因此不选 D。如果通货膨胀高于他国，则该国货币在外汇市场上趋于贬值；反之则趋于升值，因此选 E。而紧缩银根与提高利率的效果类似，会使本币升值，因此要选 A。本题答案为 ABE。

考点四　汇率决定理论

1. 购买力平价理论

购买力平价是指两国货币的购买力之比，货币的购买力与一般物价水平呈反比，是一般物价水平的倒数。

购买力平价理论分为绝对购买力平价和相对购买力平价。绝对购买力平价说明的是某一时点上汇率的决定，即汇率等于两国一般物价水平之比。相对购买力平价说明的是某一时点汇率的变动，即两个时点的汇率之比等于两国一般物价指数之比。

绝对购买力平价和相对购买力平价的关系是：如果绝对购买力平价成立，相对购买力平价一定成立。因为物价指数就是两个时点物价绝对水平之比；反过来，如果相对购买力平价成立，绝对购买力平价不一定成立。

【例17-4】根据购买力平价理论，两国货币购买力之比的变化决定了(　　)的变动。(2012年单选题)

A. 物价　　　　　　B. 汇率　　　　　　C. 利率　　　　　　D. 总供给

【解析】B　本题考查购买力平价理论。根据购买力平价理论，两国货币购买力之比的变化决定了汇率的变动。

2. 利率平价理论

利率平价理论从国际资本流动的角度探讨汇率，考察利率对汇率的影响，特别是对短期汇率变动的影响。

【例17-5】假设在国际金融市场上，美元的利率为2%，欧元的利率为3%，根据抛补利率平价理论，则美元对欧元(　　)。(2012年单选题)

A. 升值　　　　　　B. 贬值　　　　　　C. 升水　　　　　　D. 贴水

【解析】C　高利率货币远期贴水，低利率货币远期升水。美元的利率2%＜欧元的利率5%，所以美元对欧元升水。

第二节　国际收支

考点五　国际收支与国际收支平衡表

1. 国际收支的概念

国际收支是指在一定时期内，某一经济体(国家或地区)居民与非居民之间进行的各种经济交易的系统记录。

2. 国际收支平衡表的构成

国际收支平衡表是指根据经济分析的需要，将国际收支按照复式记账原理和特定账户分类编制出来的一种统计报表。

国际收支平衡表包括以下几部分。

(1) 经常账户：记录实际资源的流动，包括货物和服务、收益、经常转移等三项。

(2) 资金与金融账户：①资本账户包括资本转移和非生产、非金融资产交易；②金融账户包括直接投资、证券投资、其他投资和储备资产等4类。

(3) 净误差与遗漏：基于会计上需要，在国际收支平衡表中借贷双方出现不平衡时，设置的用以抵消统计偏差的项目。

我国国际收支平衡表是在国际货币基金组织《国际收支手册》基础上编制而成的，主要不同是将储备资产单独列项，因此该表包括经常项目，资金与金融账户、储备资产、净误差和遗漏等4项。

【例17-6】 下列国际收支项目中，可计入国际收支平衡表经常账户的有(　　)。(2012年多选题)

A. 货物与服务　　　　B. 资本转移　　　　C. 储备资产　　　　D. 收益

E. 证券投资

【解析】AD　本题考查国际收支平衡表经常账户。B属于资本账户，C、E属于金融账户。

【例17-7】 在国际收支平衡中，用于抵消统计偏差的项目是(　　)。(2012年单选题)

A. 净误差与遗漏　　　B. 资本转移　　　　C. 经常转移　　　　D. 其他投资

【解析】A　本题考查净误差与遗漏科目。净误差与遗漏用于抵消统计偏差。

考点六　国际收支差额分析

根据复式记账法原理，原则上，国际收支平衡表的借方总额和贷方总额是相等的，余额为零。然而，这只是形式上的平衡，是会计意义上的账面平衡，并不代表真正意义上国际收支均衡。

通常用于衡量国际收支状况的局部差额有以下几个。

(1) 贸易差额：即货物进出口差额，反映了一国产业结构、产品国际竞争力和在国际分工中的地位。

(2) 经常差额：代表经常账户的收支状况，反映了实际资源的跨国转移状况。

(3) 综合差额：考察的是除储备资产以外所有项目的状况，该差额反映了一国国际收支的综合情况，可以衡量国际收支对一国储备的压力。

【例17-8】 国际收支平衡表中，反映一国国际收支综合状况，衡量国际收支对该国储备压力的是(　　)。(2011年单选题)

A. 经常差额　　　　　B. 资本差额　　　　C. 基本差额　　　　D. 综合差额

【解析】D　综合差额反映了一国国际收支的综合情况，可以衡量国际收支对一国储备压力。

考点七 国际收支失衡的调节

国际收支失衡分为逆差和顺差两种，都会对一国经济产生诸多不良影响，因此有必要采取政策措施加以调节，使之恢复均衡。国际收支调节政策主要有以下几种。

1. 外汇缓冲政策

外汇缓冲政策指通过外汇储备的变动或临时向外借款抵消超额外汇供求以调节国际收支。

2. 货币政策和财政政策

货币政策在于调节货币供应量，公开市场业务、再贴现和法定存款准备金率是传统的三大货币政策工具。财政政策主要是通过改变税收和政府支出来调节总需求。

3. 汇率政策

在固定汇率制度下，汇率政策表现为对本国货币实行法定升值或法定贬值；在浮动汇率制度下，货币当局或明或暗地干预外汇市场，使本国货币升值或贬值。

4. 直接管制措施

出现结构性逆差时，许多发展中国家往往采取直接管制措施。直接管制措施是指政府直接干预国际经济交易的政策措施，包括贸易管制和外汇管制。

国际收支调节的基本原则是，正确使用并搭配各种调节政策，以最小的经济和社会代价恢复国际收支均衡。

【例 17-9】 为了调节国际收支顺差，一国可以采取的政策有(   )。(2013 年多选题)

A. 在外汇市场上抛售外汇   B. 在外汇市场上购进外汇

C. 实施扩张性财政政策   D. 实施紧缩性财政政策

E. 本币升值

【解析】BCE 国际收支出现顺差时，货币当局在外汇市场上购进外汇，宜采取扩张的货币财政政策，可以采取本币升值的措施。选项 AD 是国际收支逆差时采取的政策。

同 步 自 测

一、单项选择题

1. 已知美元对人民币的即期汇率为 USD1=CNY6.8312，3 个月的远期汇率为 USD1=CNY6.8296，则可以判断美元对人民币(   )。

    A. 升值   B. 贬值   C. 升水   D. 贴水

2. 某银行的欧元对人民币的即期汇率报价为 EUR1=CNY9.6353。客户按该汇率从该银行买入100万欧元需要支付(   )万元人民币。

    A. 963.00   B. 963.53   C. 963.58   D. 963.63

3. 布雷顿森林体系所实行的汇率制度属于(   )。

    A. 自发的可调整的固定汇率制   B. 人为的不可调整的固定汇率制

    C. 自发的不可调整的固定汇率制   D. 人为的可调整的固定汇率制

4. 金本位制度下的汇率制度属于(   )。

    A. 自发的固定汇率制   B. 人为的不可调整的固定汇率制

    C. 自发的浮动汇率制   D. 人为的可调整的固定汇率制

5. 根据新的人民币汇率管理规定，银行对客户的美元现钞卖出价与买入价之差不得超过交易中间价的(　　)。

  A. 1%　　　　　　　B. 3%　　　　　　　C. 4%　　　　　　　D. 5%

6. 就广义的概念而言，国际收支反映的内容是(　　)。

  A. 居民与非居民之间的外汇支付　　　　B. 非居民之间的经济交易

  C. 居民与非居民之间的经济交易　　　　D. 非居民之间的外汇支付

7. 在金本位制度下，各国货币汇率的决定基础是(　　)。

  A. 购买力平价　　　B. 利率平价　　　C. 铸币平价　　　D. 黄金输送点

8. 银行的汇率报价通常采取(　　)。

  A. 直接报价法　　　B. 间接报价法　　C. 美元报价制　　D. 双向报价制

二、多项选择题

1. 一种货币成为外汇必须同时具备的特征是(　　)。

  A. 外币性　　　　　　　B. 币值稳定性　　　　　　C. 世界货币性

  D. 可兑换性　　　　　　E. 普遍接受性

2. 影响汇率变动的因素主要是(　　)。

  A. 国际收支　　　　　　B. 绝对通货膨胀率　　　　C. 绝对利率

  D. 总需求与总供给　　　E. 市场预期

3. 国际货币体系的主要内容包括(　　)。

  A. 确定国际储备资产　　　　　　B. 确定经济政策协调方式

  C. 确定汇率制度　　　　　　　　D. 确定国际金融机构职责

  E. 确定国际收支调节方式

4. 当前人民币汇率制度的特点是(　　)。

  A. 汇率的形成以外汇市场供求为基础　　B. 多元汇率

  C. 单一汇率　　　　　　　　　　　　　D. 浮动汇率

  E. 有管理的汇率

5. 在实际业务中，汇率的划分除有买入、卖出汇率之分，还包括(　　)。

  A. 即期汇率与远期汇率　　　　　　B. 出口汇率与进口汇率

  C. 基本汇率与套算汇率　　　　　　D. 中间汇率与基本汇率

  E. 实际汇率与名义汇率

6. 作为一种国际货币体系，布雷顿森林体系的主要运行特征是(　　)。

  A. 多元化的国际储备体系　　　　　B. 可兑换黄金的美元本位

  C. 可调整的固定汇率　　　　　　　D. 多种汇率安排并存

  E. 国际收支失衡通过国际货币基金组织的信贷资金或调整汇率平价来解决

7. 外汇必须具备的特征有(　　)。

  A. 外币性　　　　　　　B. 可兑换性　　　　　　　C. 保值性

  D. 普遍接受性　　　　　E. 稳定性

8. 按照汇率在国际收支中的对应交易，汇率分为(　　)。

  A. 官方汇率　　　　　　B. 贸易汇率　　　　　　　C. 买入汇率

  D. 金融汇率　　　　　　E. 市场汇率

同步自测解析

一、单项选择题

1.【解析】D　如果货币的期汇比现汇贵，则称该货币远期升水；如果期汇比现汇便宜，则称该货币远期贴水；如果两者相等，则为平价。本题考查即期汇率与远期汇率。

2.【解析】D　买入、卖出汇率的判断依据是银行贱买贵卖，所以本题中客户应支付人民币100×9.6363=963.63(万元)。本题考查汇率的报价。

3.【解析】D　布雷顿森林体系实行的是人为的可调整的固定汇率制度。

4.【解析】A　金本位制度下的汇率制度属于自发的固定汇率制。

5.【解析】C　根据新的人民币汇率管理规定，银行对客户的美元现钞卖出价与买入价之差不得超过交易中间价的4%。

6.【解析】C　国际收支是指在一定时期内，某一经济体(国家或地区)居民与非居民之间进行的各种经济交易的系统记录。

7.【解析】C　在金本位制度下，各国货币汇率的决定基础是铸币平价。

8.【解析】D　银行的汇率报价通常采取双向报价制。

二、多项选择题

1.【解析】ADE　外汇三性包括外币性、可兑换性、普遍接受性。本题考查外汇三性。

2.【解析】ADE　影响汇率变动的主要因素包括：国际收支、相对通货膨胀率、相对利率、总需求与总供给以及市场预期。

3.【解析】ACE　本题考查国际货币体系的主要内容，包括：确定国际储备资产，确定汇率制度、确定国际收支调节方式。

4.【解析】ACDE　当前人民币汇率制度的特点：汇率的形成以外汇市场供求为基础；是单一汇率；是浮动汇率；是有管理的汇率。

5.【解析】AC　在实际业务中，常常从不同角度来划分汇率。除了有买入、卖出汇率之分，还有多种分类，如即期汇率与远期汇率、基本汇率与套算汇率等。

6.【解析】BCE　布雷顿森林体系的主要运行特征为：可兑换黄金的美元本位；国际收支失衡通过国际货币基金组织的信贷资金或调整汇率平价来解决；可调整的固定汇率。

7.【解析】ABD　一种货币成为外汇，必须具备三个特征：①外币性；②可兑换性；③普遍接受性。目前，能够同时具备上述特征的是主要发达国家货币，如美元、欧元、日元、瑞士法郎等。

8.【解析】BD　按照汇率在国际收支中的对应交易，汇率分为贸易汇率和金融汇率。

第四部分

统　计

第十八章　统计与统计数据

大纲解读

本章测查应试人员是否掌握统计与统计数据的概念，以及统计数据的计量尺度。

1. 统计的含义

统计的三种不同含义。

2. 统计数据的计量尺度

定类尺度、定序尺度、定距尺度以及定比尺度的相关介绍。

3. 统计数据的类型

分类数据、顺序数据和数值型数据的概念。

4. 统计指标及其类型

总量指标、指数指标和平均指标的概念。

考点精讲

第一节　统计的含义

考点一　统计的含义

　　统计工作，即统计实践活动，是指利用科学的方法，搜集、整理、分析和提供有关社会现象数字资料的工作的总称。统计工作的基本任务是对国民经济和社会发展状况进行统计调查、统计整理和统计分析，提供统计资料和咨询，实行统计监督。

　　统计数据是统计工作活动过程取得的反映国民经济各社会现象的数字资料以及与之相联系的其他资料的总称。统计资料包括原始的调查资料以及经过加工、整理、分析而成的系统资料。它是统计工作的成果或产品。

　　统计学是关于搜集、整理、分析和解释统计数据的科学，是一门认识方法性质的科学，其目的是探索数据内在的数量规律性，以达到对客观事物的科学认识。

第二节　统计数据的计量尺度

考点二　统计数据的计量尺度

　　统计数据按照其所采用的计量尺度由低级到高级、由粗略到精确分为 4 个层次：定类尺度、定序尺度、定距尺度和定比尺度。

定类尺度，就是指最粗略、计量层次最低的计量尺度，它是按照客观现象的某种属性对其进行分类或分组，各类各组之间的关系是并列、平等而且互相排斥的。

定序尺度，定序尺度是指对客观现象各类之间的等级或顺序差的一种测度。利用定序尺度不仅可以将研究对象分为不同的类别，而且可以反映各类的优劣、量的大小和顺序。

定距尺度，是指对现象类别和次序之间间距的测度。定距尺度不但可以用数字表示现象各类别的不同和顺序大小的差异，而且可以用确切的数值反映现象之间在量的方面的差异。定距尺度的计量尺度一般为实物单位或者价值单位。

定比尺度，是指在定距尺度的基础上，确定相应的比较基数，然后将两种相关的数加以对比形成的相对数，用于反映现象的结构、比重、速度、密度等数量关系。

【例18-1】统计数据按照其所采用的计量尺度由低级到高级、由粗略到精确分的4个层次有(　　)。(2011年多选题)

A. 定类尺度　　　　　　B. 定序尺度　　　　　　C. 定量尺度
D. 定距尺度　　　　　　E. 定比尺度

【解析】ABDE　统计数据按照其所采用的计量尺度由低级到高级、由粗略到精确分为4个层次：定类尺度、定序尺度、定距尺度和定比尺度。故选ABDE。

第三节　统计数据的类型

考点三　统计数据的类型

按照所采用的计量尺度，可以将统计数据分为分类数据、顺序数据和数值型数据。分类数据是由定类尺度计量形成的，表现为类别，通常用文字表述，但不区分顺序。顺序数据是由定序尺度计量形成的，表现为类别，通常用文字表述，但有顺序。数值型数据是由定距尺度和定比尺度计量形成的，说明的是现象的数量特征，通常用数值来表现。分类数据和顺序数据都说明的是事物的品质特征，是不能用数值表示的，通常用文字表述，其结果表现为类别，因而也可统称为定性数据或品质数据。数值型数据说明的是现象的数量特征，通常用数值来表现，也可称为定量数据或数量数据。对不同类型的数据，可采用不同的统计方法来处理和分析。例如，对品质数据通常可以计算出各组的频数或频率，而数值型数据则可以用更多的统计方法进行处理。

【例18-2】下列统计数据类型中，由定距尺度和定比尺度计量形成的是(　　)。(2013年单选题)

A. 数值型数据　　　B. 分类数据　　　C. 顺序数据　　　D. 定性数据

【解析】A　本题考查统计数据的类型。按照所采用的计量尺度，可以将统计数据分为分类数据、顺序数据和数值型数据。分类数据是由定类尺度计量形成的，表现为类别，通常用文字表述，但不区分顺序。顺序数据是由定序尺度计量形成的，表现为类别，通常用文字表述，但有顺序。数值型数据是由定距尺度和定比尺度计量形成的，说明的是现象的数量特征，通常用数值来表现。

第四节　统计指标及其类型

考点四　统计指标及其类型

统计指标按其所反映的内容或其数值表现形式，可分为总量指标、相对指标和平均指标三种。总量指标是反映现象总体规模的统计指标，通常以绝对数的形式来表现，因此又称为绝对数，如土地面积、国内生产总值、财政收入等。总量指标按其所反映的时间状况不同又可分为时期指标和时点指标。时期指标又称时期数，它所反映的是现象在一段时期内的总量，如产品产量、能源生产总量、财政收入、商品零售额等。时期数通常可以累积，从而得到更长时期内的总量。时点指标又称时点数，它所反映的是现象在某一时刻上的总量，如年末人口数、科技机构数、股票价格等。时点数通常不能累积，各时点数累积后没有实际意义。相对指标是两个绝对数之比，如经济增长率、物价指数、全社会固定资产投资增长率等。相对数的表现形式通常有比例和比率两种。平均指标又称平均数或均值，它所反映的是现象在某一空间或时间上的平均数量状况，如人均国内生产总值、人均利润。

同 步 自 测

一、单项选择题

1. 对客观现象各类之间的等级或顺序差的一种测度是(　　)。
   A．定类尺度　　　　　B．定序尺度　　　　　C．定距尺度　　　　　D．定比尺度
2. 以下哪个指标不属于总量指标(　　)。
   A．土地面积　　　　　B．国内生产总值　　　C．股票价格　　　　　D．财政收入

二、多项选择题

1. 时点指标包括(　　)。
   A．年末人口数　　　　B．科技机构数　　　　C．股票价格
   D．产品产量　　　　　E．财政收入
2. 按照所采用的计量尺度，可以将统计数据分为(　　)。
   A．分类数据　　　　　B．顺序数据　　　　　C．混合数据
   D．数值型数据　　　　E．分层数据

同步自测解析

一、单项选择题

1.【解析】B　定序尺度是指对客观现象各类之间的等级或顺序差的一种测度。利用定序尺度不仅可以将研究对象分为不同的类别，而且可以反映各类的优劣、量的大小和顺序。

2.【解析】C　总量指标是反映现象总体规模的统计指标，通常以绝对数的形式来表现，因此又称为绝对数，如土地面积、国内生产总值、财政收入等。股票价格属于时点指标。

二、多项选择题

1.【解析】ABC　时点指标又称时点数，它所反映的是现象在某一时刻上的总量，如年末人口数、科技机构数、股票价格等。时期指标又称时期数，它所反映的是现象在一段时期内的总量，如产品产量、能源生产总量、财政收入、商品零售额等。

2.【解析】ABD　按照所采用的计量尺度，可以将统计数据分为分类数据、顺序数据和数值型数据，故选 ABD。

第十九章 统 计 调 查

大纲解读

本章测查应试人员是否掌握统计调查的概念、方式以及统计数据的搜集方式和统计数据的质量要求及检查。

1. 统计调查的概念与种类
统计调查的概念与作用，统计调查的种类。

2. 统计调查的方式
统计报表、普查、抽样调查、重点调查、典型调查。

3. 统计数据搜集的方法
搜集第一手、第二手统计数据的方法。

4. 统计数据的质量
统计数据的误差及误差的来源，统计数据的质量要求及检查。

考点精讲

第一节   统计调查的概念与种类

考点一 统计调查的概念与种类

1. 统计调查的概念与作用
统计调查，是指按照预定的目的和任务，运用科学的统计调查方法，有计划、有组织地搜集数据信息资料的过程。

统计调查包括搜集第一手统计数据和搜集第二手统计数据两种。

第一手统计数据，即原始统计数据，是指从各个调查单位搜集的、尚待汇总整理的个体统计数据，这些个体数据需要通过汇总、整理，形成反映总体特征的综合数据。它是统计活动所取得的初级统计数据，是原始的统计信息。

第二手统计数据指已经经过加工整理的统计数据，能够在一定程度上说明总体现象。它包括始用于其他研究目的，但本次研究仍可利用的资料；为对比分析所利用的历史资料、外地区外部门的资料等。

统计调查搜集的主要是第一手统计数据。

2. 统计调查的种类
统计调查可以按不同标志进行以下分类。

(1) 按调查对象的范围不同，分为全面调查和非全面调查。全面调查是对构成调查对象的所有单位进行逐一的、无一遗漏的调查，包括全面统计报表和普查。例如，人口普查就要对全国人口无一例外地进行登记调查；又如，经济普查的对象是中华人民共和国境内从事第二、第三产业活动的全部法人单位、产业活动单位和个体经营户。

全面调查由于调查的单位多、组织工作量大，所以需费大量的人力、财力。因此在不影响统计研究目的实现的条件下，常常采用非全面调查。

非全面调查是对调查对象中的一部分单位进行调查，包括非全面统计报表、抽样调查、重点调查和典型调查等。例如，为了研究城市居民家庭的生活水平，可以只对一定数量的住户进行调查；为了掌握进出口商品的质量，抽取一部分商品做检验。又如，为了研究出生婴儿的性别比，可以抽选一定数量的医院、保健院，对其出生婴儿进行调查，不必对全国每一个出生婴儿进行调查。

(2) 按调查登记的时间是否连续，分为连续调查和不连续调查。连续调查是为了观察总体现象在一定时期内(通常是一年内)的数量变化，它要求随着调查对象的发展变化，连续地进行调查登记。例如，工厂的产品生产，原材料的投入，能源的消耗，人口的出生、死亡等等，必须在调查期内连续登记，然后再进行加总。可见，连续调查的资料是说明现象的发展过程，目的是为了解社会现象在一段时期的总量。

【例 19-1】 为了观察总体现象在一定时期内(通常是一年内)的数量变化，要求随着调查对象的发展变化，连续地进行调查登记的调查是(   )。(2012 年单选题)

A. 连续调查   B. 不连续调查

C. 全面调查   D. 非全面调查

【解析】A 按调查登记的时间是否连续，分为连续调查和不连续调查。连续调查是为了观察总体现象在一定时期内(通常是一年内)的数量变化，它要求随着调查对象的发展变化，连续地进行调查登记。按调查对象的范围不同，分为全面调查和非全面调查。故选 A。

第二节　统计调查的方式

考点二　统计调查的方式

在我国，常用的统计调查的方式有统计报表、普查、抽样调查、重点调查和典型调查。

1. 统计报表

统计报表是我国目前搜集统计数据的一种重要方式，统计报表是按照国家有关法规的规定，自上而下地统一布置、自下而上地逐级提供基本统计数据的一种调查方式。统计报表要以一定的原始数据为基础，按照统一的表式、统一的指标、统一的报送时间和报送程序进行填报。

统计报表的类型多样。按调查对象范围的不同，统计报表可分为全面统计报表和非全面统计报表。全面统计报表要求调查对象中的每一个单位都填报，非全面统计报表只要求调查对象中的一部分单位填报。目前的大多数统计报表都是全面报表，按报送周期长短不同可分为日报、月报、季报、年报等，按报表内容和实施范围不同可分为国家的、部门的、地方的统计报表。

2. 普查

普查是为某一特定目的而专门组织的一次性全面调查,如人口普查、经济普查、农业普查等。普查作为一种特殊的数据搜集方式,具有以下几个特点:第一,普查通常是一次性的或周期性的。由于普查涉及面广、调查单位多,需要耗费大量的人力、物力和财力,通常需要间隔较长的时间,一般每隔10年或5年进行一次。经济普查每10年进行两次,分别在每逢年份的末尾数字为3、8的年份实施。人口普查逢"0"的年份进行,农业普查逢"6"的年份进行,均为每10年一次。第二,普查一般需要规定统一的标准调查时间,以避免调查数据的重复或遗漏,保证普查结果的准确性。如我国前四次人口普查的标准时间定为普查年份的7月1日0时,第五次和第六次人口普查的标准时间为普查年份的11月1日0时。农业普查的标准时间定为普查年份的1月1日0时。标准时间一般定为调查对象比较集中、相对变动较小的时间。第三,普查的数据一般比较准确,规范化程度也较高,因此它可以为抽样调查或其他调查提供基本依据。第四,普查的使用范围比较窄,只能调查一些最基本及特定的现象。

3. 抽样调查

抽样调查是实际中应用最广泛的一种调查方式和方法,它是从调查对象的总体中抽取一部分单位作为样本进行调查,并根据样本调查结果来推断总体数量特征的一种非全面调查。关于抽样调查,需要掌握总体、个体和样本等基本概念。在一个统计问题中,通常把所要调查研究的事物或现象的全体称为总体,而把组成总体的每个元素(成员)称为个体,一个总体中所含的个体的数量称为总体容量。抽样调查具有以下几个特点:第一,经济性。第二,时效性强。第三,适应面广。第四,准确性高。

在实际应用中,抽样方法主要有两种:概率抽样和非概率抽样。

概率抽样方法是根据一个已知的概率选取被调查者,无须调查人员在选样中判断或抽选。从理论上讲,概率抽样是最理想、最科学的抽样方法,它能保证样本数据对总体参数的代表性,而且它能够将调查误差中的抽样误差限制在一定范围之内。但相对于非概率抽样来说,概率抽样也是花费较大的抽样方法。概率抽样有以下几种形式。一是简单随机抽样。是最基本的形式,它是完全随机地选择样本。此法要求有一个完美的抽样框,或有总体中每一个个体的详尽名单。二是分层抽样。分两个步骤:首先将总体分成不同的"层",然后在每一"层"内进行抽样。分层抽样可防止简单随机抽样造成的样本构成与总体构成不成比例的现象,如样本中的性别比远远高于或低于总体性别比。三是整群抽样。是将一组被调查者视作一个抽样单位而不是个体的抽样方法。例如,在市场调查的入户调查中,可以对被选作抽样单位的某个大院的每家每户进行调查。四是等距抽样。又称系统抽样,是在样本框中每隔一定距离抽选一个被调查者。这一方法也比较常用,有时还可与整群抽样法和分层抽样法结合使用。例如,可采用系统抽取选择"群"或个体,也可在某一"层"的范围内进行系统采样。

非概率抽样是用一种主观的(非随机的)方法从总体中抽选样本单位。优点是:快速简便,费用相对较低;不需要任何抽样框;对探索性研究和调查的设计开发有很大帮助。缺点是:为了对总体进行推断,需要对样本的代表性做很强的假定,做这样的假定通常有很大的风险;由于不是严格按随机抽样原则来抽取样本,虽然根据样本调查的结果也可在一定程度上说明总体的性质、特征,但不能从数量上推断总体。非概率抽样的主要类型有偶遇抽样、判断抽样、配额抽样、滚雪球抽样等。

【例 19-2】 在概率抽样中，每隔一定距离抽选一个被调查者的抽样方法是(　　)。(2013年单选题)

　　A. 分层抽样　　　　　B. 系统抽样　　　C. 整群抽样　　　　D. 判断抽样

　　【解析】B　本题考查系统抽样的概念。等距抽样，又称系统抽样，是在样本框中每隔一定距离抽选一个被调查者。

4. 重点调查

重点调查是一种非全面调查，它是在所要调查的总体中选择一部分重点单位进行的调查。所选择的重点单位虽然只是全部单位中的一部分，但就调查的标志值来说在总体中占绝大比重，调查这一部分单位的情况，能够大致反映被调查对象的基本情况。

重点调查的适用范围很广，当调查目的只要求了解基本状况和发展趋势，不要求掌握全面数据，而调查少数重点单位就能满足需要时，采用重点调查就比较适宜。

5. 典型调查

典型调查是一种非全面调查，它是根据调查的目的与要求，在对被调查对象进行全面分析的基础上，有意识地选择若干具有典型意义的或有代表性的单位进行的调查。

典型调查的主要作用有：第一，弥补全面调查的不足；第二，在一定条件下可以验证全面调查数据的真实性。例如，在一次重大普查之后，可以选择若干个典型单位，检查统计数据的准确程度。

第三节　统计数据搜集的方法

考点三　统计数据搜集的方法

1. 搜集第一手统计数据的方法

搜集调查对象的原始数据，常用的方法有直接观察法、报告法、采访法等。

(1) 直接观察法。直接观察法是指调查人员到现场对调查对象进行观察点数和计量，以取得原始数据的过程。我国的农产量抽样调查常用这种方法。

(2) 报告法。报告法是我国统计调查中常用的方法，一般由统计机构将调查表格分发或利用网络传送给被调查者，被调查者则根据填报的要求将填好的调查表发回。在被调查单位有健全的原始记录和核算制度、统计基础较好的条件下，利用报告法能够有效地取得数据。我国现行的统计制度采用的就是这种方法。

(3) 采访法。采访法是根据被调查者的答复来搜集统计数据，这种方法又分为口头询问法和被调查者自填两种。口头询问法是由调查人员对被调查者逐一进行采访，由被调查者当面填答。被调查者自填法，即调查人员把调查表交给被调查者，向被调查者说明填表的要求和方法，并对有关注意事项加以解释，由被调查者按实际情况一一填写，填好后交给调查人员审核并收回。

(4) 登记法。登记法是由有关的组织机构发出通告，规定当事人在某事发生后到该机构进行登记，填写所需登记的材料。如我国的人口出生和死亡的统计以及流动人口的统计，就是采用规定当事人到公安机构登记的方法。

(5) 电话访问法。电话访问是调查人员通过电话向被调查者询问、交谈以获得所需资料。

该方法在西方国家是一种普遍使用的调查方法。目前，在国外流行的有中心控制电话访谈法和电脑辅助电话访谈法(CATI)。在我国，随着电子计算机系统的普及，电话访问系统将会日益完善并得到广泛的应用。

(6) 网络调查法。随着互联网的普及，传统的调查方法都可以和网络结合，形成网络调查。

(7) 试验设计法。试验设计法是用于搜集测试某一新产品、新工艺或新方法使用效果的数据的方法。利用试验设计搜集数据，必须在控制的条件下进行试验并在试验过程中搜集数据。一般对于可以通过科学试验取得数据的，采用试验设计法；而对于无法通过科学试验获得数据的，例如社会经济现象，则应采用大量观察法。

【例 19-3】 搜集调查对象的原始数据所用到的方法包括(　　)。(2012 年多选题)

A. 直接观察法　　　　　　　　B. 报告法　　　　　　　　C. 采访法
D. 登记法　　　　　　　　　　E 电话访问法

【解析】ABCDE　直接观察法、报告法、采访法、登记法、电话访问法、网络调查法、试验设计法均是搜集调查对象的原始数据所用到的方法。

2. 搜集第二手统计数据的方法

通过各种渠道获取现成的第二手数据是十分重要而有效的手段。第二手统计数据的主要来源有公开的出版物、未公开的内部调查等。

间接来源的统计数据，必须注意几个问题：一是要评估第二手统计数据的可用价值；二是要注意指标的含义、口径、计算方法是否具有可比性，是否避免误用和滥用；三是注意甄别有问题的数据，要及时剔除或纠正；四是引用数据时，一定要注明数据来源。

第四节　统计数据的质量

考点四　统计数据的质量

1. 统计数据的误差及误差的来源

统计数据的误差通常是指统计数据与客观现实之间的差距，误差有登记性误差和代表性误差两类。

登记性误差是调查过程中由于调查者或被调查者的人为因素所造成的误差。调查者所造成的登记性误差主要有：调查方案中有关的规定或解释不明确导致的填报错误、抄录错误、汇总错误等。被调查者造成的登记性误差主要有：因人为因素干扰形成的有意虚报或瞒报调查数据，这种误差在统计调查中应予以特别重视。从理论上讲，登记性误差是可以消除的。

代表性误差主要是指在用样本数据进行推断时所产生的随机误差.其产生的原因主要有：抽取样本时没有遵循随机原则；样本结构与总体结构存在差异；样本容量不足等。这类误差通常是无法消除的，但事先可以进行控制或计算。

2. 统计数据的质量要求及检查

数据的质量包括多方面的含义，而不仅仅是指数据本身的准确性或误差的大小。就一般的统计数据而言，可将其质量评价标准概括为 6 个方面：①精度，即最低的抽样误差或随机误差；②准确性，即最小的非抽样误差或偏差；③关联性，即满足用户决策、管理和研究的需要；④及时性，即在最短的时间里取得并公布数据；⑤一致性，即保持时间序列的可比性；⑥最低成本，即在满足以上标准前提下，以最经济的方式取得数据。

同 步 自 测

一、单项选择题

1. 以下哪种方法是调查人员通过电话向被调查者询问、交谈以获得所需资料而采用的方法(　　)。

　　A. 电话访问法　　　B. 网络调查法　　　　C. 试验设定法　　　　　D. 采访法

2. 调查过程中由于调查者或被调查者的人为因素所造成的误差是(　　)。

　　A. 代表性误差　　　B. 登记性误差　　　　C. 系统误差　　　　　　D. 抽样误差

二、多项选择题

1. 抽样调查的特点包括(　　)。

　　A. 经济性　　　　　B. 时效性强　　　　　C. 适应面广

　　D. 准确性高　　　　E. 时效性弱

2. 常用的统计调查的方式有(　　)。

　　A. 统计报表　　　　B. 普查　　　　　　　C. 抽样调查

　　D. 重点调查　　　　E. 典型调查

同步自测解析

一、单项选择题

1.【解析】A　电话访问法是调查人员通过电话向被调查者询问、交谈以获得所需资料。该方法在西方国家是一种普遍使用的调查方法。

2.【解析】B　登记性误差是调查过程中由于调查者或被调查者的人为因素所造成的误差。

二、多项选择题

1.【解析】ABCD　抽样调查具有以下几个特点：第一，经济性。第二，时效性强。第三，适应面广。第四，准确性高。故选ABCD。

2.【解析】ABCDE　常用的统计调查的方式有统计报表、普查、抽样调查、重点调查和典型调查。

第二十章　统计数据的整理与显示

📁 大纲解读

本章测查应试人员是否掌握统计数据的加工整理方法，包括品质数据的整理与显示以及数值型数据的整理与显示。

1. 品质数据的整理与显示

分类数据的整理与显示，顺序数据的整理与显示。

2. 数值型数据的整理与显示

数据的分组，数值型数据的图示。

3. 统计表

统计表的构成，统计表的设计。

📝 考点精讲

第一节　品质数据的整理与显示

考点一　品质数据的整理与显示

1. 分类数据的整理与显示

(1) 频数与频数分布。频数(Frequency)，也称次数，是落在各类别中的数据个数。我们把各个类别及其相应的频数全部列出来就是频数分布或称次数分布(Frequency Distribution)。将频数分布用表格的形式表现出来就是频数分布表。

(2) 分类数据的图示。如果用图形来表示频数分布，就会更加形象和直观。一张好的统计图表，往往胜过冗长的文字表述。统计图的类型很多，多数统计图除了可以绘制二维平面图外，还可以绘制三维立体图。图形的制作均可由计算机来完成。这里首先介绍反映分类数据的图示方法，其中包括条形图和圆形图。如果想要两个总体或两个样本的分类相同且问题可比，还可以绘制环形图。

条形图(Bar Chart)。条形图是用宽度相同的条形的高度或长短来表示数据变动的图形。条形图可以横置或纵置，纵置时也称为柱形图。条形图有单式、复式等形式。在表示定类数据的分布时，用条形图的高度来表示各类别数据的频数或频率。绘制时，各类别可以放在纵轴，称为条形图；也可以放在横轴，称为柱形图。

圆形图(Pie Chart)。圆形图也称饼图，是用圆形及圆内扇形的面积来表示数值大小的图形。圆形图主要用于表示总体中各组成部分所占的比例，对于研究结构性问题十分有用。在绘制圆形图时，总体中各部分所占的百分比用圆内的各个扇形面积表示，这些扇形的中心角度是按各部分百分比占360°的相应比例确定的。例如，港、澳、台商投资企业的百分比为44.90%，那么其扇形的中心角度就应为360°×44.90%=161.64°，其余类推。

2. 顺序数据的整理与显示

(1) 累积频数和累积频率。①累积频数(Cumulative Frequencies)，就是将各类别的频数逐级累加起来。其方法有两种：一是从类别顺序的开始一方向类别顺序的最后一方累加频数(数值型数据则是从变量值小的一方向变量值大的一方累加频数)，称为向上累积；二是从类别顺序的最后一方向类别顺序的开始一方累加频数(数值型数据则是从变量值大的一方向变量值小的一方累加频数)，称为向下累积。通过累积频数，可以很容易看出某一类别(或数值)以下及某一类别(或数值)以上的频数之和。②累积频率或百分比(Cumulative Percentages)，就是将各类别的百分比逐级累加起来，也有向上累积和向下累积两种方法。

(2) 顺序数据的图示。顺序数据与分类数据的图示方法基本相同，这里简单介绍一下累积频数分布图。根据累积频数或累积频率，可以绘制累积频数或频率分布图。

【例 20-1】 某国有企业工人的工资水平按有关规定从低到高分为一级至五级。根据下表(表 20-1)中该企业按 2012 年年底工人工资状况整理的累积频数分布表，该企业工资等级为四级的工人占全体工人的百分比为(   )。(2013 年单选题)

表 20-1　某国有企业 2012 年年底工人工资等级累积频数分布表

工人工资等级	向上累积百分比/%
一级	10
二级	20
三级	50
四级	50
五级	100

A. 50%　　　　B. 67.5%　　　　C. 35%　　　　D. 85%

【解析】C　本题考查向上累积百分比。85%-50%=35%。

第二节　数值型数据的整理与显示

考点二　数值型数据的整理与显示

1. 数据的分组

分组就是根据统计研究的需要，将数据按照某种标准划分成不同的组别。分组后再计算出各组中出现的次数或频数，形成一张频数分布表。分组的方法有单变量值分组和组距分组两种。单变量值分组是把每一个变量值作为一组，这种分组方法通常只适合于离散变量且变量值较少的情况。在连续变量或变量值较多的情况下，通常采用组距分组。

组距分组是将全部变量值依次划分为若干个区间，并将这一区间的变量值作为一组。下面结合具体的例子说明分组的过程和频数分布表的编制过程。

采用组距分组需要经过以下几个步骤。

第一步，确定分组组数。确定分组组数的要求是：第一，划分的组数，既不应太多也不应太少。组数过多，达不到通过分组压缩资料的目的；组数太少，将造成原始资料的信息丢失过多。第二，组数的确定，要尽量保证组间资料的差异性与组内资料的同质性。第三，采用的分组办法，要能够充分显示客观现象本身存在的状态。

第二步，关于统计分组组数问题，不少统计学家曾做过研究，并给出了经验公式。比较有代表性的是斯特基(H. A. Sturges)的方法。计算公式为

$$K=1+\frac{\log_{10} N}{\log_{10} 2} \tag{20-1}$$

K 为分组组数，N 为数据个数。

第三步，求极差。将最大的观察值与最小的观察值相减便得到极差(下一章还将专门介绍极差)。此例中，极差值为 112-50=62。

第四步，确定各组组距。在实行等距分组的情况下，组距的确定采用以下办法为。

根据上式计算出来的组距，可能带有小数，为了编表和计算方便，也是审美习惯使然，最好把它取成接近于能被 5 除尽的一个数。例如，根据公式计算出来的组距如果是 5.4、3.8、8.7、0.4 等，可以把组距定为 5.5、5、10、0.5。本例中，组距可取 10。

用极差与组数相除确定组距的意义很明显，它表明分组组数给定的情况下，应取多大的组距才能覆盖全部数据。组距与组数成反比关系，组数越多，组距越小，组数越少，组距越大。

组距是每组观察值的最大差，即每组的上限值与下限值之间的差。用公式表示为

组距=某组的上限值-该组的下限值

第五步，确定组限。组限是组与组之间的界限，或者说是每组观察值变化的范围。组限有上限与下限之分，在组距分组中，一个组的最小值称为下限，最大值称为上限；上限与下限的差值称为组距；上限值与下限值的平均数称为组中值。组中值的代表性如何，取决于组中观察值的变化是否呈对称分布状态。

确定组限时应注意：第一，第一组的下限值应比最小的观察值小一点，最后一组的上限值应比最大的观察值大一点。第二，特别需要或不得已的情况除外，最好不要使用开口组。第三，组限应取得美观些，按数字偏好，组限值应能被 5 除尽，且一般要用整数表示。本例中，我们把第一组的下限值定为 50，那么各组的组限依次为

50～60，60～70，70～80，80～90，90～100，100～110，110～120

第六步，确定各组观察值出现的频数。凡观察值落在某一区间的，就计发生一次，最后统计各组观察值发生的总次数。采用组距分组时，需要遵循"不重不漏"的原则。"不重"是指一项观察值只能分在其中的某一组，不能在其他组重复出现；"不漏"是指组别能够穷尽，即在所分的全部组别中每项数据都能分在其中的某一组，不能遗漏。

为解决"不重"的问题，统计分组时习惯上规定"上组限不在内"，即当相邻两组的上下限重叠时，恰好等于某一组上限的观察值不算在本组内，而计算在下一组内。例如在本例中，70 这一数值不计算在"60～70"这一组中，而计算在"70～80"这一组中。

第七步，制作频数分布表，并填上相关的内容，以及其他需要说明的事项。

【例20-2】 关于统计分组的说法，正确的是(   )。(2013年单选题)

A. 组数的确定，要尽量保证组间资料的差异性与组内资料的同质性

B. 对于变量值较少的离散变量，通常采用组距分组

C. 统计分组时习惯上规定"下组限不在内"

D. 组距与组数成正比关系，组数越多，组距越大

【解析】A 本题考查统计数据的分组。组数的确定，要尽量保证组间资料的差异性与组内资料的同质性。A正确。分组的方法有单变量值分组和组距分组两种。单变量值分组是把每一个变量值作为一组，这种分组方法通常只适合于离散变量且变量值较少的情况。在连续变量或变量值较多的情况下，通常采用组距分组。B错误。为解决"不重"的问题，统计分组时习惯上规定"上组限不在内"，即当相邻两组的上下限重叠时，恰好等于某一组上限的观察值不算在本组内，而计算在下一组内。C错误。组距与组数成反比关系，组数越多，组距越小，组数越少，组距越大。D错误。

2. 数值型数据的图示

通过数据分组后形成的频数分布表，我们可以初步看出数据分布的一些特征和规律。如果我们进一步用图形来表示这一分布的结果，会更形象直观。显示分组数据频数分布特征的图形有直方图、折线图等，上面介绍的条形图、圆形图等也都适用于显示数值型数据。

(1) 直方图。直方图是用矩形的宽度和高度来表示频数分布的图形。在平面直角坐标中，我们用横轴表示数据分组，用纵轴表示频数或频率，这样，各组与相应的频数就形成了一个矩形，即直方图。

(2) 折线图。折线图也称频数多边形图，它是在直方图的基础上，把直方图顶部的中点(即组中值)用直线连接起来，再把原来的直方图抹掉就是折线图。

第三节 统 计 表

考点三 统计表

1. 统计表的构成

统计表一般由4个主要部分组成，即表头、行标题、列标题和数字资料，必要时可以在统计表的下方加上表外附加。表头应放在表的上方，它所说明的是统计表的主要内容。行标题和列标题通常安排在统计表的第一列和第一行，它所表示的主要是所研究问题的类别名称和指标名称，通常也被称为"类"。如果是时间序列数据，行标题和列标题也可以是时间，当数据较多时，通常将时间放在行标题的位置。表的其余部分是具体的数字资料。表外附加通常放在统计表的下方，主要包括资料来源、指标的注释和必要的说明等内容。

2. 统计表的设计

第一，要合理安排统计表的结构，比如行标题、列标题、数字资料的位置应安排合理。当然，由于强调的问题不同，行标题和列标题可以互换，但应使统计表的横竖长度比例适当，避免出现过高或过长的表格形式。

第二，表头一般应包括表号、总标题和表中数据的单位等内容。总标题应简明确切地概括出统计表的内容，一般需要表明统计数据的时间(When)、地点(Where)以及何种数据(What)，

即标题内容应满足 3W 要求。如果表中的全部数据都是同一计量单位，可放在表的右上角标明，若各指标的计量单位不同，则应放在每个指标后或单列出一列标明。

第三，表中的上下两条横线一般用粗线，中间的其他线要用细线，这样使人看起来清楚、醒目。通常情况下，统计表的左右两边不封口，列标题之间一般用竖线隔开，而行标题之间通常不必用横线隔开。总之，表中尽量少用横竖线。表中的数据一般是右对齐，有小数点时应以小数点对齐，而且小数点的位数应统一。对于没有数字的表格单元，一般用"—"表示，一张填好的统计表不应出现空白单元格。

第四，在使用统计表时，必要时可在表的下方加上注释，特别要注意注明资料来源，以表示对他人劳动成果和知识产权的尊重，方便读者查阅使用。

同 步 自 测

一、单项选择题

1. 将各类别的频数逐级累加起来是( )。

    A. 累积频数   B. 累积频率   C. 百分比   D. 频率

2. 在直方图的基础上，把直方图顶部的中点(即组中值)用直线连接起来，再把原来的直方图抹掉的是( )。

    A. 折线图   B. 饼图   C. 条形图   D. 圆形图

二、多项选择题

1. 统计表一般由四个主要部分组成( )。

    A. 表头   B. 行标题

    C. 列标题   D. 数字资料

    E. 注释

2. 表外附加通常放在统计表的下方，主要包括( )。

    A. 资料来源   B. 指标的注释

    C. 必要的说明   D. 行标题

    E. 列标题

同步自测解析

一、单项选择题

1. 【解析】A 累积频数就是将各类别的频数逐级累加起来。

2. 【解析】A 折线图也称频数多边形图，它是在直方图的基础上，把直方图顶部的中点(即组中值)用直线连接起来，再把原来的直方图抹掉。

二、多项选择题

1. 【解析】ABCD 统计表一般由 4 个主要部分组成，即表头、行标题、列标题和数字资料，必要时可以在统计表的下方加上表外附加。

2. 【解析】ABC 表外附加通常放在统计表的下方，主要包括资料来源、指标的注释和必要的说明等内容。

第二十一章　数据特征的测度

大纲解读

本章测查应试人员是否掌握对统计数据特征的测度，主要从三个方面进行，一是分布的集中趋势，二是分布的离散程度，三是分布的偏态和峰度。

1. 集中趋势的测度

众数，中位数，算术平均数，几何平均数。

2. 离散程度的测试

极差，标准差和方差，离散系数。

考点精讲

第一节　集中趋势的测度

考点一　集中趋势的测度

集中趋势是指一组数据向某一中心值靠拢的倾向，测度集中趋势也就是寻找数据一般水平的代表值或中心值。集中趋势的测度，主要包括位置平均数和数值平均数。位置平均数是指按数据的大小顺序或出现频数的多少，确定的集中趋势的代表值，主要有众数、中位数等；数值平均数是指根据全部数据计算出来的平均数，主要有算术平均数、几何平均数等。

1. 众数

众数是一组数据中出现频数最多的那个数值，用 M_0 表示。例如，一家连锁超市的 10 个分店某月的销售额(单位：万元)分别为

61　65　73　78　80　80　80　80　96　97

这 10 个分店月销售额的众数为 $M_0=80$(万元)

用众数反映集中趋势，非常直观，不仅适用于品质数据，也适用于数值型数据。众数是一个位置代表值，不受极端值的影响，抗干扰性强。(所谓极端值就是明显比其他数据大得多或小得多的数值。)

2. 中位数

把一组数据按从小到大的顺序进行排列，位置居中的数值叫做中位数，用 M_e 表示。中位数将数据分成两部分，其中一半的数据小于中位数，另一半数据大于中位数。这里只简单介绍一下根据未分组数据计算中位数的方法。

根据未分组数据计算中位数时，要先对数据进行排序，然后确定中位数的位置，

其公式为

$$中位数位置 = \frac{n+1}{2}$$

式中，n 为数据的个数。最后确定中位数的具体数值。设一组数据为 X_1，X_2，$\cdots$，X_n，按从小到大顺序为 X_1，X_2，$\cdots$，X_n，则中位数为

$$M_e = \begin{cases} X_{(\frac{n+1}{2})} & \text{当 } n \text{ 为奇数时} \\ \frac{1}{2}(X_{(\frac{n}{2})} + X_{(\frac{n}{2}+1)}) & \text{当 } n \text{ 为偶数时} \end{cases} \tag{21-1}$$

【例21-1】 2012 年底，某地级市下辖 6 个区县的民用汽车拥有量(单位：万辆)分别为：10、14、16、18、19、22，这组数据的中位数是(　　)万辆。(2013 年单选题)

A. 16　　　　　　　　　　　　B. 16.5

C. 18　　　　　　　　　　　　D. 17

【解析】D　本题考查中位数的计算。把一组数据按从小到大的顺序进行排列，位置居中的数值叫做中位数。(16+18)/2=17。

3. 算术平均数

算术平均数是全部数据的算术平均，又称均值，用 $\bar{x}$ 表示。算术平均数是集中趋势最主要的测度值，在统计学中具有重要的地位，是进行统计分析和统计推断的基础。它主要适用于数值型数据，但不适用于品质数据。根据数据表述形式的不同，算术平均数有不同的计算形式和计算公式。

(1) 简单算术平均数。简单算术平均数主要用于处理未分组的原始数据。设一组数据为 X_1，X_2，$\cdots$，X_n，简单算术平均数的计算公式为

$$\bar{X} = \frac{X_1 + X_2 + \cdots + X_n}{n} = \frac{\sum_{i=1}^{n} X_i}{n} \tag{21-2}$$

(2) 加权算术平均数。加权算术平均数主要用于处理经分组整理的数据。设原始数据被分成 k 组，各组的组中值为 X_1，X_2，$\cdots$，X_k，各组的频数分别为 f_1，$f_2 \cdots f_k$，加权算术平均数的计算公式为

$$\bar{X} = \frac{X_1 f_1 + X_2 f_2 + \cdots + X_k f_k}{f_1 + f_2 + \cdots + f_k} = \frac{\sum_{i=1}^{k} X_i f_i}{\sum_{i=1}^{k} f_i} \tag{21-3}$$

4. 几何平均数

n 个观察值连乘积的 n 次方根就是几何平均数。根据资料的条件不同，几何平均数也有加权和不加权之分。这里只介绍简单几何平均数的计算。

设一组数据为 X_1，X_2，$\cdots$，X_n，且大于 0，表示几何平均数，则

$$\bar{X}_c = \sqrt[n]{X_1 \cdot X_2 \cdot X_3 \cdots X_n} = \sqrt[n]{\prod_{i=1}^{n} X_i} \tag{21-4}$$

式中，∏ 为连乘积符号。

【例 21-2】 某产品的生产需经过 8 道不同的加工工序，根据各道工序的合格率计算该产品的平均合格率，应使用(   )。(2013 年单选题)

A. 算术平均数 　　　　　　　　　B. 中位数
C. 众数 　　　　　　　　　　　　D. 几何平均数

【解析】D 本题考查几何平均数。算术平均数是集中趋势最主要的测度值，它主要适用于数值型数据，但不适用于品质数据。简单算术平均数主要用于处理未分组的原始数据。加权算术平均数主要用于处理经分组整理的数据。几何平均数要求各观察值之间存在连乘积关系，它的主要用途是：①对比率、指数等进行平均。②计算平均发展速度。

第二节　离散程度的测度

考点二　离散程度的测度

离散程度是指数据之间的差异程度或频数分布的分散程度。离散程度与集中趋势是两个同样重要的数据分布特征。集中趋势的测度值是对数据一般水平的一个概括性变量，它对一组数据的代表程度，取决于该组数据的离散水平。数据的离散程度越大，集中趋势的测度值对该组数据的代表性就越差；离散程度越小，其代表性就越好。离散程度的测度，主要包括极差、方差和标准差、离散系数等。

1. 极差

极差是最简单的变异指标。它是总体或分布中最大的标志值与最小的标志值之差，又称全距，用 R 表示。

$$R = X_{max} - X_{min} \qquad (21\text{-}5)$$

极差反映的是变量分布的变异范围或离散幅度，在总体中任何两个单位的标志值之差都不可能超过极差。极差计算简单，含义直观，运用方便。但它仅仅取决于两个极端值的水平，不能反映其间的变量分布情况，同时易受极端值的影响。

2. 标准差和方差

标准差是总体所有单位标志值与其平均数离差之平方的平均数的平方根，用 σ 表示。标准差的计算公式为

$$\sigma = \sqrt{\frac{\sum_{i=1}^{n}(X_i - \bar{X})^2}{n}} \quad \text{(用于未整理的原始数据)} \qquad (21\text{-}6)$$

或

$$\sigma = \sqrt{\frac{\sum_{i=1}^{n}(X_i - \bar{X})^2 f_i}{\sum_{i=1}^{n} f_i}} \quad \text{(用于分组数据)} \qquad (21\text{-}7)$$

方差就是标准差的平方，用 σ^2 来表示。方差的计算公式为

$$\sigma^2 = \sqrt{\dfrac{\sum\limits_{i=1}^{n}(X_i - \bar{X})^2}{n}} \quad (用于未整理的原始数据) \tag{21-8}$$

或

$$\sigma^2 = \sqrt{\dfrac{\sum\limits_{i=1}^{n}(X_i - \bar{X})^2 f_i}{\sum\limits_{i=1}^{n} f_i}} \quad (用于分组数据) \tag{21-9}$$

3. 离散系数

离散系数通常是就标准差来计算的，因此也称标准差系数，它是一组数据的标准差与其相应的算术平均数之比，是测度数据离散程度的相对指标，用 V_σ 表示，其计算公式为

$$V_\sigma = \dfrac{\sigma}{X} \times 100\% \tag{21-10}$$

离散系数主要是用于比较对不同组别数据的离散程度。离散系数大的说明数据的离散程度也就大，离散系数小的说明数据的离散程度也就小。

同 步 自 测

一、单项选择题

1. 表示总体所有单位标志值与其平均数离差之平方的平均数的平方根的是(　　)。

　A. 方差　　　　　　　B. 标准差　　　　　　C. 极差　　　　　　D. 离散系数

2. 离散系数大的说明数据的离散程度(　　)。

　A. 也越大　　　　　　B. 越小　　　　　　　C. 不相关　　　　　D. 答案不确定

二、多项选择题

1. 离散程度的测度，主要包括(　　)。

　A. 极差　　　　　　　B. 方差　　　　　　　C. 标准差

　D. 离散系数　　　　　E. 误差

同步自测解析

一、单项选择题

1.【解析】B　标准差是总体所有单位标志值与其平均数离差之平方的平均数的平方根，用 σ 表示。

2.【解析】A　离散系数主要是用于比较对不同组别数据的离散程度。离散系数大的说明数据的离散程度也就大，离散系数小的说明数据的离散程度也就小。

二、多项选择题

1.【解析】ABCD　离散程度的测度，主要包括极差、方差和标准差、离散系数等。

第五部分

会　计

第二十二章　会计基本概念

大纲解读

本章测查应试人员是否掌握会计的基础概念。

1. 会计概述

会计的概念及特征，会计的基本职能，会计的对象，会计核算的具体内容，会计核算的一般要求。

2. 会计的基本前提

会计主体，持续经营，会计分期，货币计量。

3. 会计基础和会计确认计量的基本原则

权责发生制，收付实现制；合理确定会计记账基础，配比原则，历史成本原则，划分收益性支出与资本性支出原则。

4. 会计信息质量要求

可靠性，相关性，清晰性，可比性，实质重于形式，重要性，谨慎性，及时性。

考点精讲

第一节　会　计　概　述

考点一　会计概述

1. 会计的概念及特征

(1) 会计的概念。会计是以货币为主要计量单位，采用专门的技术方法，对单位的全部经济活动进行核算和监督的一种经济管理活动，它通过系统、客观、及时地对单位的经济活动进行确认、计量、记录和报告，为管理者和其他信息使用者提供决策信息。

(2) 会计的特征。

① 会计是以货币作为主要计量单位。

② 会计具有一整套区别于其他工作的专门的技术方法。

③ 会计具有核算和监督的基本职能。

④ 会计的本质是一种经济管理活动。

2. 会计的基本职能

会计的职能，是指会计在经济管理中所具有的功能。会计的基本职能包括进行会计核算和会计监督两个方面。

(1) 会计的核算职能。会计的核算职能是指主要运用货币计量形式，通过确认、计量、记录和报告，从数量上连续、系统和完整地反映一个单位的经济活动情况，如实反映单位的财务状况、经营成果和现金流量等信息，为加强经济管理和提高经济效益提供会计信息。核算职能是会计的最基本职能。

(2) 会计的监督职能。会计的监督职能是指对特定主体的经济活动和相关会计核算的合法性、合理性进行审查。会计监督的具体内容主要包括：以国家的财经法规、制度、政策为依据，对即将进行或已经进行的经济活动的合法性进行监督；从单位内部提高经济效益的目标出发，评价各项经济活动是否有效，是否符合经济运行的客观规律和内部管理要求；对贪污盗窃、营私舞弊等违法犯罪活动进行监督，以保护单位财产的安全完整。

(3) 核算和监督职能之间的关系。会计核算职能和会计监督职能是相互联系、密不可分的。会计核算是会计的首要职能，是进行会计监督的基础，会计核算工作的好坏，直接影响着会计信息质量的高低，没有会计核算所提供的会计资料、信息，会计监督就没有依据；同时，如果只进行会计核算而没有会计监督，就难以保证会计核算所提供信息的真实性和经济活动的合法性，就不能很好地发挥会计在经济管理活动中应有的作用。会计是通过核算为管理提供会计信息，又通过监督直接履行管理职能，两者必须结合起来发挥作用，才能正确、及时、完整地反映经济活动。

【例 22-1】 对特定主体的经济活动和相关会计核算的合法性、合理性进行审查是会计的( )。(2012 年单选题)

A. 核算职能　　　　B. 监督职能　　　　C. 计划职能　　　　D. 控制职能

【解析】B　会计的监督职能是指对特定主体的经济活动和相关会计核算的合法性、合理性进行审查。

3. 会计的对象

会计的对象就是会计所核算和监督的内容，即会计的客体。凡是特定对象能以货币表现的经济活动，都是会计核算和监督的内容。会计中把以货币表现的经济活动一般又称为价值运动或资金运动。会计对象在企业可表现为企业再生产过程中能以货币表现的经济活动，即企业的资金运动。包括资金投入、资金周转、资金退出三个基本环节，或供应、生产和销售三个过程，随着企业供产销过程的不断进行，企业的资金也在不断地进行着循环和周转，由货币资金转化为固定资金、储备资金，再转化为生产资金、成品资金，最后转化为货币资金。由于资金的取得、运用和退出等经济活动所引起的各项财产和资源的增减变化，在经营过程中各项生产费用的支出和产品成本形成的情况，以及企业销售收入的取得和企业纯收入的实现、分配情况，就构成了企业会计的具体对象。

4. 会计核算的具体内容

(1) 款项和有价证券的收付。

(2) 财物的收发、增减和使用。

(3) 债权、债务的发生和结算。

(4) 资本的增减。

(5) 收入、支出、费用、成本的计算。

(6) 财务成果的计算和处理。

(7) 需要办理会计手续、进行会计核算的其他事项。

5. 会计核算的一般要求

(1) 各单位必须按照国家统一的会计制度的要求，设置会计科目和账户、复式记账、填制会计凭证、登记会计账簿、进行成本计算、财产清查和编制财务会计报告。

(2) 各单位必须根据实际发生的经济业务事项进行会计核算，编制财务会计报告。

(3) 各单位发生的各项经济业务事项应当在依法设置的会计账簿上统一登记、核算，不得违反《会计法》和国家统一的会计制度的规定私设会计账簿登记、核算。

(4) 各单位对会计凭证、会计账簿、财务会计报告和其他会计资料应当建立档案、妥善保管。

(5) 使用电子计算机进行会计核算的，其软件及其生成的会计凭证、会计账簿、财务会计报告其他会计资料，也必须符合国家统一的会计制度的规定。

(6) 会计记录的文字应当使用中文。在民族自治地方，会计记录可以同时使用当地通用的一种民族文字。在中华人民共和国境内的外商投资企业、外国企业和其他外国组织的会计记录可以同时使用一种外国文字。

第二节　会计的基本前提

考点二　会计的基本前提

会计的基本前提又叫基本假设，是对会计核算所处时间、空间环境等所作出的合理假设，是会计确认、计量和报告的基础。会计核算对象的确定、会计方法的选择、会计数据的搜集等，都以会计核算的基本前提为依据。一般认为，会计核算的 4 个基本前提包括：会计主体、持续经营、会计分期、货币计量。

1. 会计主体

会计主体，是指会计工作为其服务的特定单位或组织。会计核算应当以企业发生的各项经济业务为对象，记录和反映企业本身的各项生产经营活动。明确会计主体这一前提，一是可以划定会计所要处理的各项交易或事项的范围，即明确了会计为谁(哪一主体)记账和编制报表。二是可以将会计主体的经济活动与会计主体所有者的经济活动区分开来。一般来说，法律主体必然是一个会计主体，会计主体不一定是法律主体。

2. 持续经营

持续经营，是指会计核算应当以企业持续、正常的生产经营活动为前提。即企业将按照既定的经营方针和预定的经营目标无限期地经营下去，而不会终止清算。在组织会计工作时，是以会计主体在可以预见的未来，将不会面临破产清算为前提。有了这个前提，企业会计主体所持有的资产将按预定目的在正常经营过程中耗用或出售，它所承担的债务将按预定日期进行偿还。这个假设为各项费用分配方法的确定提供了依据，会计确认和计量的原则中的如历史成本原则、权责发生制原则就是建立在这个前提下的。

3. 会计分期

会计分期，是指在会计工作中人为地将持续不断的企业生产经营过程划分为一个个首尾相接、间隔相等的期间，作为会计核算的周期，这个首尾相接、间隔相等的期间称为会计期间。确定会计期间有利于分期确定费用、收入和利润，分期确定期初、期末的资产、负债和所有者权益的数额，以分期结算账目和编制会计报表，及时向信息使用者提供会计信息。会计分期这一前提规定了会计核算的时间范围，是适时总结生产经营活动或预算执行情况的前提条件之一。只有规定固定的会计期间才能把各期的工作成果进行比较。会计期间通常为一年，称为会计年度。我国《会计法》规定，会计年度自公历1月1日起至12月31日止。

4. 货币计量

货币计量，是指会计主体在会计核算过程中采用货币作为计量单位，记录、反映会计主体的经营情况及其成果。尽管计量标准有实物、劳动和货币三种，但财务会计采用货币作为统一计量单位，可以更全面地反映企业的生产经营和业务收支情况。按照国际会计惯例，当货币所代表价值波动不大，或者前后波动能够相互抵消时，在会计核算中可以不考虑币值变化的因素。在我国，企业的会计核算以人民币为记账本位币。业务收支以人民币以外的货币为主的企业，可以选定其中一种货币作为记账本位币，但是编报的财务会计报告应当折算为人民币。在境外设立的中国企业向国内报送的财务会计报告，应当折算为人民币。

【例 22-2】会计核算的 4 个基本前提包括(　　)。(2013 年多选题)

A. 会计主体　　　　　　B. 持续经营　　　　　　C. 会计分期

D. 货币计量　　　　　　E. 会计分录

【解析】ABCD　　一般认为，会计核算的 4 个基本前提包括：会计主体、持续经营、会计分期、货币计量。

第三节　会计基础和会计确认计量的原则

考点三　会计基础和会计确认计量的原则

1. 会计基础

会计基础，是指在会计确认、计量和报告的过程中用来确认一定会计期间的收入和费用，从而确定损益的标准。

(1) 权责发生制。权责发生制，也称应计制。权责发生制要求，凡是当期已经实现的收入和已经发生或应当负担的费用，不论款项是否收付，都应当作为当期的收入和费用；凡是不属于当期的收入和费用，即使款项已在当期收付，也不应当作为当期的收入和费用。即企业是按收入的权利和支出的义务是否属于本期来确认收入、费用的入账时间，而不是按是否在本期实际收到款项来确认。

(2) 收付实现制。收付实现制，也称现金制。收付实现制要求，凡是本期实际收到款项的收入，不论其应否归属于本期，均应作为本期的收入处理；凡是本期实际以款项支付的费用，不论其应否在本期收入中得到补偿，均应作为本期的费用处理。即企业是以实际收到款项或支付款项作为确认收入、费用的基础。

我国《企业会计准则》规定，企业会计的确认、计量和报告应当以权责发生制为基础。即企业应当在收入已经实现和费用已经发生时就进行确认，而不是等到实际收到现金或者支付现金时才确认。

我国目前行政单位会计则采用收付实现制，事业单位会计核算一般采用收付实现制，部分经济业务或者事项采用权责发生制核算的，由财政部在会计制度中具体规定。

【例 22-3】 我国行政单位会计核算采用的记账基础是( )。(2013 年单选题)

A. 收付实现制   B. 实地盘存制

C. 永续盘存制   D. 权责发生制

【解析】A 本题考查收付实现制的内容。我国行政单位会计核算采用的记账基础是收付实现制。

2. 会计确认计量的基本原则

(1) 合理确定会计记账基础即权责发生制原则。

(2) 配比原则。

(3) 历史成本原则。

(4) 划分收益性支出与资本性支出原则。

第四节　会计信息质量要求

考点四　会计信息质量要求

(1) 可靠性。要求企业应当以实际发生的交易或者事项为依据进行会计确认、计量和报告，如实反映符合确认和计量要求的各项会计要素及其他相关信息，如实反映企业的财务状况、经营成果和现金流量，保证会计信息真实可靠、内容完整。

(2) 相关性。相关性又称有用性，要求企业提供的会计信息应当与财务会计报告使用者的经济决策需要相关，有助于财务会计报告使用者对企业过去、现在或者未来的情况作出评价或者预测，有助于信息使用者作出经济决策。

(3) 清晰性。清晰性又称可理解性，要求会计提供的会计信息必须清晰明了，便于财务会计报告使用者理解和利用。

(4) 可比性。要求企业提供的会计信息必须具有可比性。一方面要求同一企业不同时期发生的相同或者相似的交易或者事项，必须采用一致的会计政策，企业的会计核算方法和程序前后各期应当保持一致，不得随意变更。

(5) 实质重于形式。要求企业应当按照交易或事项的经济实质进行会计确认、计量和报告，而不应当仅仅以交易或者事项的法律形式为依据。

(6) 重要性。要求企业在会计核算过程中对交易或事项应当区别其重要程度，采用不同的核算方式。

(7) 谨慎性。要求企业在进行会计核算时，不得多计资产或收益、少计负债或费用，并不得设置秘密准备。

(8) 及时性。要求企业的会计核算及时进行，不得提前或延后。会计信息的价值在于帮助所有者或其他方面作出经济决策，要在会计核算过程中坚持这一原则，一是要求及时收集会计信息，即在经济业务发生后，及时收集整理各种原始单据；二是及时处理会计信息，即在国家统一的会计制度规定期限内，及时编制出财务会计报告；三是及时传递会计信息，即在国家统一的会计制度规定的时限内，及时将编制出的财务会计报告传递给财务会计报告使用者。

同 步 自 测

一、单项选择题

1. 要求会计提供的会计信息必须清晰明了，便于财务会计报告使用者理解和利用，是指以下哪种会计信息质量要求( )

    A. 相关性　　　　　B. 可比性　　　　　C. 清晰性　　　　　D. 实质重于形式

2. 我国目前事业单位会计核算一般采用( )。

    A. 权责发生制　　　B. 收付实现制　　　C. 二者均有　　　　D. 不确定

二、多项选择题

1. 会计信息质量要求包括( )。

    A. 可靠性　　　　　B. 相关性　　　　　C. 清晰性

    D. 可比性　　　　　E. 重要性

同步自测解析

一、单项选择题

1.【解析】C　清晰性又称可理解性，要求会计提供的会计信息必须清晰明了，便于财务会计报告使用者理解和利用。

2.【解析】B　我国目前行政单位会计则采用收付实现制，事业单位会计核算一般采用收付实现制，部分经济业务或者事项采用权责发生制核算的，由财政部在会计制度中具体规定。

二、多项选择题

1.【解析】ABCDE　会计信息质量要求包括可靠性、相关性、清晰性、可比性、实质重于形式、重要性、谨慎性、及时性。故选ABCDE。

第二十三章 会 计 核 算

大纲解读

本章测查应试人员是否掌握会计核算的基本方法。

1. 会计要素和会计科目

资产、负债、所有者权益、收入、费用和利润。会计科目的分类。

2. 会计等式与复式记账

会计等式，复式记账法、借贷记账法等。

3. 会计凭证

原始凭证，记账凭证，会计凭证的传递和保管。

4. 会计账簿

会计账簿的分类，会计账户，账簿的内容、启用与登记规则，对账，结账。

5. 财产清查

财产清查的概念、方法、结果处理。

考点精讲

第一节 会计要素和会计科目

考点一 会计要素和会计科目

（一）会计要素

1. 会计要素的确认

（1）资产

① 资产的定义。资产是指企业过去的交易或者事项形成的，由企业拥有或者控制的、预期会给企业带来经济利益的资源。它包括各种财产、债权和其他权利。

② 资产的分类。资产应按流动性分为流动资产和非流动资产。流动资产是指可以在一年或者超过一年的一个营业周期内变现或者耗用的资产，包括现金及各种存款、短期投资、应收款项、存货等。流动资产以外的资产，称为非流动资产，主要包括长期投资、固定资产和无形资产等。

（2）负债

① 负债的定义。负债是指过去的交易或者事项形成的现时义务，履行该义务预期会导致

经济利益流出企业。

② 负债的分类。企业的负债按其流动性分为流动负债和非流动负债。流动负债是指将在一年或者超过一年的一个营业周期内偿还的债务，包括短期借款、应付票据、应付账款、应付工资、应交税金、其他应付款、预提费用等。非流动负债是指偿还期在一年或者超过一年的一个营业周期以上的债务，包括长期借款、长期应付款等。

(3) 所有者权益

① 所有者权益的定义。所有者权益是指所有者在企业资产中享有的经济利益，其金额为资产减去负债后的余额。

② 所有者权益的分类。所有者权益包括企业所有者对企业的投入资本(即实收资本)、资本公积、盈余公积和未分配利润等。

(4) 收入

① 收入的定义。收入是指企业在日常活动中发生的、会导致所有者权益增加的、与所有者投入资本无关的经济利益的总流入。

② 收入的分类。收入按性质不同，可分为销售商品收入、提供劳务收入和让渡资产使用权收入。

(5) 费用

① 费用的定义。费用是指企业在日常活动中发生的、会导致所有者权益减少的、与所有者分配利润无关的经济利益的总流出。

② 费用的分类。费用按照与收入的配比关系不同，可分为营业成本和期间费用。具体包括主营业务成本、其他业务成本以及管理费用、财务费用和销售费用。

(6) 利润

① 利润的定义。利润是指企业在一定会计期间的经营成果。利润包括收入减去费用后的净额、直接计入当期利润的利得和损失等。

② 利润的分类。利润按照构成，可分为营业利润、利润总额和净利润。

2. 会计要素的计量

(1) 会计要素计量属性

会计要素计量属性反映的是会计要素金额的确定基础，主要包括历史成本、重置成本、可变现净值、现值和公允价值等。

① 历史成本，又称为实际成本，就是取得或制造某项财产物资时所实际支付的现金或者其他等价物。

② 重置成本，又称现行成本，是指按照当前市场条件，重新取得同样一项资产所需支付的现金或现金等价物金额。

③ 可变现净值，是指在正常生产经营过程中以预计售价减去进一步加工成本和销售所必需的预计税金、费用后的净值。

④ 现值，是指对未来现金流量以恰当的折现率进行折现后的价值，是考虑货币时间价值因素等的一种计量属性。

⑤ 公允价值，是指在公平交易中，熟悉情况的交易双方自愿进行资产交换或者债务清偿的金额。

(2) 各种会计要素计量属性之间的关系

在各种会计要素计量属性中,历史成本通常反映的是资产或者负债过去的价值,而重置成本、可变现净值、现值以及公允价值通常反映的是资产或者负债的现时成本或者现时价值,是与历史成本相对应的计量属性。

(3) 会计要素计量属性的应用原则

企业在对会计要素进行计量时,一般应当采用历史成本。采用重置成本、可变现净值、现值、公允价值计量的,应当保证所确定的会计要素金额能够取得并且能够可靠计量。

【例 23-1】 在公平交易中,熟悉情况的交易双方资源进行资产交换或者债务清偿的金额,会计上称为( )。(2012 年单选题)

A. 历史成本　　　　B. 可变现净值　　　　C. 公允价值　　　　D. 重置成本

【解析】C 本题考查公允价值。历史成本,又称为实际成本,就是取得或制造某项财产物资时所实际支付的现金或者其他等价物。可变现净值,是指在正常生产经营过程中以预计售价减去进一步加工成本和销售所必需的预计税金、费用后的净值。重置成本,又称现行成本,是指按照当前市场条件,重新取得同样一项资产所需支付的现金或现金等价物金额。

(二) 会计科目

1. 会计科目的概念

会计科目是指按照经济业务的内容和经济管理的要求,对会计要素的具体内容进行分类核算的科目。

2. 会计科目的分类

(1) 按其归属的会计要素分类

会计科目按其所归属的会计要素不同,通常可以分为资产类、负债类、所有者权益类、成本类和损益类 5 类。

① 资产类科目:按资产的流动性又可分为反映流动资产的科目和反映非流动资产的科目。

② 负债类科目:按负债的偿还期限又可分为反映流动负债的科目和反映非流动负债的科目。

③ 所有者权益类科目:按所有者权益的形成和性质又可分为反映资本的科目和反映留存收益的科目。

④ 成本类科目:按成本的不同内容和性质又可分为反映制造成本的科目和反映劳动成本的科目。

⑤ 损益类科目:按损益的不同内容又可分为反映收入的科目和反映费用的科目。

(2) 按提供信息的详细程度及其统驭关系分类

根据所需提供信息的详细程度及其统驭关系的不同分设总分类科目和明细分类科目。

① 总分类科目,又称一级科目或总账科目,它是对会计要素具体内容进行总括分类、提供总括信息的会计科目;总分类科目反映各种经济业务的概括情况,是进行总分类核算的依据。

② 明细分类科目,又称明细科目,是对总分类科目作进一步分类、提供更详细和更具体会计信息的科目。

3. 会计科目的设置原则

(1) 合法性原则:指所设置的会计科目应当符合国家统一的会计制度的规定。

(2) 相关性原则:指所设置的会计科目应当为提供有关各方所需要的会计信息服务,满足对外报告与对内管理的要求。

(3) 实用性原则：指所设置的会计科目应符合单位自身特点，满足单位实际需要。

第二节　会计等式与复式记账

考点二　会计等式与复式记账

(一) 会计等式

$$资产=负债+所有者权益 \tag{23-1}$$
$$收入-费用=利润 \tag{23-2}$$

(二) 复式记账

在会计科目中记录经济交易或者事项的具体手段及方式称为记账方法。记账方法按其登记经济交易或者事项方式的不同，可划分为单式记账法与复式记账法两类。单式记账法是一种不完整的记账方法，对于部分经济业务只在一个账户中进行记录。其特点是平时只登记现金、银行存款的收付业务和各种往来款项。单式记账法不能全面、完整、系统地反映交易或者事项的来龙去脉，也不便于检查、核对账户记录的正确性，因此是一种比较简单、不完整的记账方法，现已很少使用。

1. 复式记账法

复式记账法是以资产与权益平衡关系作为记账基础，对于每一笔经济业务或者事项，都要在两个或两个以上相互联系的会计科目中进行登记，系统地反映每一项经济交易或者事项所引起的会计要素的增减变化及其结果的一种记账方法。复式记账法是会计核算中最基本、最主要的会计方法之一。复式记账法具有以下的特点。

(1) 以会计基本等式为依据。复式记账法是以会计的基本等式"资产=负债+所有者权益"为依据建立起来的一种科学记账法。

(2) 记录完整。将全部经济业务记录有关账户，既可以了解每一交易或者事项的来龙去脉，也可以通过会计要素具体内容的增减变动，全面、系统地了解经济活动的过程和结果。

(3) 便于查账。采用复式记账法，可以进行试算平衡，以检查账户的记录正确与否。

2. 借贷记账法

根据记账符号的不同，复式记账法可分为借贷记账法、收付记账法和增减记账法三种。我国明确规定中国境内的所有企业都采用借贷记账法。

(1) 借贷记账法的概念

借贷记账法是指以"借"和"贷"作为记账符号的一种复式记账法。

(2) 借贷记账法的记账符号

借贷记账法用"借"和"贷"作为记账符号，将会计科目左方称为借方，右方称为贷方。采用借贷记账法，所有科目的借方和贷方按相反方向记录，即一方登记增加额，另一方登记减少额。至于"借"表示增加还是"贷"表示增加，则是由会计科目所反映的经济内容，即会计科目的性质所决定的。

(3) 借贷记账法的会计账户结构

资产类账户与权益类账户的结构截然相反。资产类账户的借方表示增加，贷方表示减少，期初、期末余额一般在借方；权益类账户的贷方表示增加，借方表示减少，期初、期末余额一般在贷方。

资产类账户、权益类账户的内部勾稽关系如下所示。

资产类账户期末借方余额=期初借方余额+本期借方发生额-本期贷方发生额　(23-3)

权益类账户期末贷方余额+期初贷方余额+本期贷方发生额-本期借方发生额　(23-4)

成本类账户结构、费用类账户结构与资产类账户结构相同，收入类账户结构与权益类账户结构相同。损益类会计账户余额转入所有者权益类账户，期末无余额。

【例23-2】 在借贷记账法下，权益类账户的记账规则是(　　)。(2013年单选题)

A. 借方表示减少，贷方表示增加，余额在借方

B. 借方表示增加，贷方表示减少，余额在贷方

C. 借方表示增加，贷方表示减少，余额在借方

D. 借方表示减少，贷方表示增加，余额在贷方

【解析】D 本题考查权益类账户的记账规则。对于权益类账户，借方表示减少，贷方表示增加，余额在贷方。

(4) 借贷记账法的记账规则

按照借贷记账法的账户结构，对每笔交易或事项都应作借贷相反记录。因此，借贷记账法的规则是"有借必有贷，借贷必相等"。即当发生经济交易或事项时，企业必须按照相同的金额，一方面记入一个或几个会计科目的借方，另一方面同时记入一个或几个会计科目的贷方，借方金额合计与贷方金额合计必须相等。

(5) 会计科目的对应关系和会计分录

① 会计科目的对应关系。会计科目的对应关系是指按借贷记账法的记账规则记录经济业务时，在两个或两个以上有关科目之间形成的应借、应贷相互对应关系。存在这种对应关系的会计科目(账户)称为对应科目(账户)。

② 会计分录。会计分录简称分录，是指对每项经济业务交易或事项标明其应借、应贷会计科目及其金额的一种记录。每个分录都应具备对应账户名称、记账方向、金额三个要素。

按照所涉及账户的多少，会计分录分为简单会计分录和复合会计分录。简单会计分录指只涉及一个账户借方和另一个账户贷方的会计分录，即一借一贷的会计分录；复合会计分录指由两个以上(不含两个)对应账户所组成的会计分录，即一借多贷、一贷多借或多借多贷的会计分录。

会计分录的书写规则：先写借后写贷、金额默认为人民币"元"。一般情况下，借写在上面，贷写在下面，当有多个借或多个贷时，借贷无须重复，只需在借方第一个会计科目前写明借，将其余的方向相同的会计科目对齐，然后在贷方第一个会计科目前写明贷，将其余的方向相同的会计科目对齐。

编制会计分录时，首先需要确定经济业务事项所涉及的账户及性质，确定账户、类别；

其次确定账户的金额是增加还是减少；再次确定账户的方向，哪个(哪些)账户记借方，哪个(哪些)账户记贷方；最后编制会计分录，并检查账户、借贷方向、金额是否正确。

(6) 借贷记账法的试算平衡

① 试算平衡的含义。试算平衡是指以会计恒等式和借贷记账规则为理论基础，根据资产与权益之间的平衡关系，按照记账规则的要求，通过对所有会计科目记录的汇总和计算，来检查各类会计科目的记录是否正确的一种方法。

② 试算平衡的分类。试算平衡包括发生额试算平衡法和余额试算平衡法两种方法。

发生额试算平衡法。将一定时期内的交易或事项全部记入有关账户后，所有账户的借方发生额合计与贷方发生额合计必然相等。公式为

$$全部会计科目本期借方发生额合计=全部会计科目本期贷方发生额合计 \qquad (23\text{-}5)$$

余额试算平衡法。它是根据本期所有账户借方余额合计与贷方余额合计的恒等关系，检验本期账户记录是否正确的方法。公式为

$$全部会计科目的借方期初余额合计=全部会计科目的贷方期初余额合计 \qquad (23\text{-}6)$$
$$全部会计科目的借方期末余额合计=全部会计科目的贷方期末余额合计 \qquad (23\text{-}7)$$

实际工作中，余额试算平衡通过编制试算平衡表方式进行。编制试算平衡表时，应注意必须保证所有账户的发生额和余额均已记入试算平衡表，且没有发现记账错误。

即使实现了试算平衡，也不能说明账户记录绝对正确。因为有些错误并不会影响借贷双方的平衡关系。这些错误情况包括以下几类。

a. 漏记某项经济业务，将使本期借贷双方的发生额等额减少，借贷仍然平衡；

b. 重记某项经济业务，将使本期借贷双方的发生额等额虚增，借贷仍然平衡；

c. 某项经济业务记错有关账户，借贷仍然平衡；

d. 某项经济业务在账户记录中，颠倒了记账方向，借贷仍然平衡；

e. 借方或贷方发生额中，偶然发生多记少记并相互抵消，借贷仍然平衡等。

3. 总分类科目与明细分类科目的平行登记

它是根据本期所有账户借方余额合计与贷方余额合计的恒等关系，检验本期账户记录是否正确的方法。

(1) 总分类科目与明细分类科目的关系。总分类账户对明细分类账户具有统驭控制作用；明细分类账户对总分类账户具有补充说明作用。总分类账户与其所属明细分类账户在总金额上应相等。

(2) 总分类科目与明细分类科目的平行登记。平行登记是指对所发生的每项经济业务事项都要以会计凭证为依据，一方面记入有关总分类账户，另一方面记入有关总分类账户所属明细分类账户的方法。总账与明细账平行登记要求做到以下几点。

① 所依据会计凭证相同(依据相同)。

② 借贷方向相同(方向相同)。

③ 所属会计期间相同(期间相同)。

④ 计入总分类科目的金额与计入其所属明细分类科目的金额合计相等(金额相等)。

第三节 会 计 凭 证

考点三 会计凭证

(一) 会计凭证的种类

(1) 原始凭证是在经济业务最初发生或完成时取得或填制的，用以记录或证明经济业务的发生或完成情况，明确有关经济责任的文字凭据，如销货发票、款项收据等。

(2) 记账凭证又称记账凭单，是指由会计部门根据审核无误的原始凭证对经济业务事项的内容加以分类，并据以确定会计分录后填制的会计凭证，它是登记账簿的直接依据。如收款凭证、付款凭证、转账凭证等。

(二) 原始凭证

1. 原始凭证的种类

(1) 按取得的来源不同，原始凭证可以分为自制原始凭证和外来原始凭证。原始凭证是在经济业务发生的过程中直接产生的，是经济业务发生的最初证明，在法律上具有证明效力，所以也可称为"证明凭证"。原始凭证按其取得的来源不同，可以分为自制原始凭证和外来原始凭证两类。自制原始凭证是指在经济业务发生、执行或完成时，由本单位的经办人员自行填制的原始凭证，如收料单、领料单、产品入库单等。自制原始凭证按其填制手续不同，又可分为一次凭证、累计凭证、汇总原始凭证和记账编制凭证 4 种。外来原始凭证，是指在同外单位发生经济往来关系时，从外单位取得的凭证。外来原始凭证都是一次凭证。如企业购买材料、商品时，从供货单位取得的发货票，就是外来原始凭证。

(2) 按照格式的不同，原始凭证可以分为通用凭证和专用凭证。

2. 原始凭证的基本内容

原始凭证所包括的基本内容，通常称为凭证要素，主要有：原始凭证名称、填制凭证的日期、凭证的编号、接受凭证单位名称(抬头人)、经济业务内容(含数量、单价、金额等)、填制单位签章、有关人员(部门负责人、经办人员)签章、填制凭证单位名称或者填制人姓名、凭证附件。

3. 原始凭证的填制要求

(1) 填制原始凭证的基本要求。

① 记录要真实。

② 内容要完整。

③ 手续要完备。

④ 书写要清楚、规范。

⑤ 编号要连续。

⑥ 不得涂改、刮擦、挖补。

⑦ 填制要及时。

(2) 自制原始凭证的填制要求。

① 一次凭证的填制。一次凭证由经办人员在经济业务发生或完成时填制。

② 累计凭证的填制。累计凭证由经办人于每次经济业务完成后在其上面重复填制而成。

③ 汇总原始凭证的填制。汇总原始凭证由有关责任者根据经济管理的需要定期编制。

④ 记账编制凭证的填制。记账编制凭证由会计人员根据一定时期内某一账户的记录结果，对某一特定事项进行归类、整理而编制。

(3) 外来原始凭证的填制要求。外来原始凭证一般由税务部门统一印制或者经税务部门批准由经营部门印制，在填制时加盖出具凭证单位公章方有效，对于一式多联的原始凭证必须用复写纸套写。

4. 原始凭证的审核

审核的主要内容有以下几项。

(1) 审核原始凭证的合法性和真实性。审核所发生的经济业务是否符合国家有关规定的要求，是否有违反财经制度的现象；原始凭证中所列的经济业务事项是否真实，有无弄虚作假情况。

(2) 审核原始凭证的合理性。审核所发生的经济业务是否符合厉行节约、反对浪费、有利于提高经济效益的原则，有否违反该原则的现象。

(3) 审核原始凭证的完整性。审核原始凭证是否具备基本内容，有否应填未填或填写不清楚的现象。

(4) 审核原始凭证的正确性。审核原始凭证在计算方面是否存在失误。审核后的原始凭证应根据不同情况处理：对于完全符合要求的原始凭证，应及时据以编制记账凭证入账。对于真实、合法、合理但内容不够完整、填写有错误的原始凭证，应退回给有关经办人员，由其负责将有关凭证补充完整、更正错误或重开后，再办理正式会计手续。对于不真实、不合法的原始凭证，会计机构和会计人员有权不予接受，并向单位负责人报告。

(三) 记账凭证

1. 记账凭证的种类

(1) 按内容可将记账凭证分为收款凭证、付款凭证和转账凭证。

① 收款凭证。收款凭证是用来记录现金和银行存款等货币资金收款业务的凭证，它是根据现金和银行存款收款业务的原始凭证填制的。

② 付款凭证。付款凭证是用来记录现金和银行存款等货币资金付款业务的凭证，它是根据现金和银行存款付款业务的原始凭证填制的。

③ 转账凭证。转账凭证是用来记录与现金、银行存款等货币资金收付款业务无关的转账业务(即在经济业务发生时不需要收付现金和银行存款的各项业务)的凭证，它是根据有关转账业务的原始凭证填制的。

【例 23-3】 由会计部门根据审核无误的原始凭证对经济业务事项的内容加以分类，并据以确定会计分录后填制的会计凭证称为(　　)。(2013 年单选题)

　A. 原始凭证　　　　B. 记账凭证　　　C. 收款凭证　　　　D. 转账凭证

【解析】B 本题考查记账凭证。由于原始凭证来自不同的单位，种类繁多，数量庞大，格式不一，不能清楚地表明应记入的会计科目的名称和方向，为了便于登记账簿，需要根据原始凭证反映的不同经济业务，加以归类和整理，填制具有统一格式的记账凭证，确定会计分录，并将相关的原始凭证附在后面。

(2) 按填列方式可将记账凭证分为复式记账凭证和单式记账凭证。

① 复式记账凭证。复式记账凭证又被称为多科目记账凭证，要求将某项经济业务所涉及的全部会计科目集中填列在一张记账凭证上。复式记账凭证可以集中反映账户的对应关系，因而便于了解经济业务的全貌，了解资金的来龙去脉，同时也便于查账，可以减少填制记账凭证的工作量，减少记账凭证的数量，但是不便于汇总计算每一会计科目的发生额，不便于分工记账。上述收款凭证、付款凭证和转账凭证的格式都是复式记账凭证的格式。

② 单式记账凭证。单式记账凭证又被称为单科目记账凭证，要求将某项经济业务所涉及的每个会计科目，分别填制记账凭证，每张记账凭证只填列一个会计科目，其对方科目只供参考，不据以记账。也就是把某一项经济业务的会计分录，按其所涉及的会计科目，分散填制两张或两张以上的记账凭证。

2. 记账凭证的基本内容。

记账凭证必须具备以下基本内容或要素。

(1) 记账凭证的名称。

(2) 记账凭证的日期：记账凭证的日期是其编制的日期。记账凭证的填制日期与原始凭证的填制日期可能相同，也可能不相同。

(3) 记账凭证的编号。

(4) 经济业务事项的内容摘要。

(5) 经济业务事项所涉及的会计科目及其记账方向。

(6) 经济业务事项的金额。

(7) 记账标记。

(8) 所附原始凭证的张数。

(9) 制证、审核、记账、会计主管等有关人员的签章，收款凭证和付款凭证还应由出纳人员签名或盖章。

3. 记账凭证的填制要求

(1) 填制记账凭证的基本要求。

① 记账凭证各项内容必须完整。

② 记账凭证应连续编号，并根据不同的情况采用不同的编号方法。每一会计期间，都必须按月编制序号，不得采用按年或按季连续编号方法。如果一笔经济业务需要填制一张以上的记账凭证，可以采用分数编号法。

③ 记账凭证的书写应清楚、规范。相关要求同原始凭证。

④ 填制记账凭证的依据，必须是经审核无误的原始凭证，可以根据每一张原始凭证填制或者根据若干张同类原始凭证汇总编制，也可以根据原始凭证汇总表填制，但不得将不同内容和类别的原始凭证汇总填制在一张记账凭证上。

⑤ 除结账和更正错误的记账凭证可以不附原始凭证外，其他记账凭证必须附有原始凭证。

⑥ 填制记账凭证时若发生错误，应当重新填制。

⑦ 记账凭证填制完经济业务事项后，如有空行，应当自金额栏最后一笔金额数字下的空行处至合计数上的空行处画线注销。

(2) 收款凭证的编制要求。收款凭证左上角的"借方科目"按收款的性质填写"库存现金"或"银行存款"；"日期"填写的是编制收款凭证的日期；右上角填写编制收款凭证的顺序号；"摘要"填写对所记录的经济业务的简要说明；"贷方科目"填写与收入库存现金或银行存款相对应的会计科目；"记账"是指该凭证已登记账簿的标记，防止经济业务事项重记或漏记；"金额"是指该项经济业务事项的发生额；该凭证右边"附件×张"是指该收款记账凭证所附原始凭证的张数；最下边分别由有关人员签章，以明确经济责任。

(3) 付款凭证的编制要求。付款凭证的编制方法与收款凭证基本相同，只是左上角由"借方科目"换为"贷方科目"，凭证中间的"贷方科目"换为"借方科目"。出纳人员在办理付款业务后，应在凭证中加盖"付讫"的戳记，以避免重付。

(4) 转账凭证的编制要求。转账凭证将经济业务事项中所涉及的全部会计科目按照先借后贷的顺序记入"会计科目"栏中的"一级科目"和"二级及明细科目"，并按应借、应贷方向分别记入"借方金额"或"贷方金额"栏。其他项目的填列与收款凭证、付款凭证相同。

4. 记账凭证的审核

记账凭证的审核主要包括以下一些内容。

(1) 内容是否真实。

(2) 项目是否齐全。

(3) 科目是否正确。

(4) 金额是否正确。

(5) 书写是否正确。

(四) 会计凭证的传递和保管

1. 会计凭证的传递

(1) 确定传递路线。

(2) 确定传递时间。

2. 会计凭证的保管

(1) 会计凭证应定期装订成册，防止散失。

(2) 会计凭证封面应注明单位名称、凭证种类、凭证张数、起止号数、年度、月份、会计主管人员、装订人员等有关事项，会计主管人员和保管人员应在封面上签章。

(3) 会计凭证应加贴封条，防止抽换凭证。

(4) 原始凭证较多时，可单独装订，但应在凭证封面注明所属记账凭证的日期、编号和种类，同时在所属的记账凭证上应注明"附件另订"及原始凭证的名称和编号，以便查阅。

(5) 每年装订成册的会计凭证，在年度终了时可暂由单位会计机构保管一年，期满后应当移交本单位档案机构统一保管；未设立档案机构的，应当在会计机构内部指定专人保管。出纳人员不得兼管会计档案。

(6) 严格遵守会计凭证的保管期限要求，期满前不得任意销毁。

第四节　会 计 账 簿

考点四　会计账簿

(一) 会计账簿概述

1. 会计账簿的概念

会计账簿是指由一定格式账页组成的，以经过审核的会计凭证为依据，全面、系统、连续地记录各项经济业务事项的簿籍。各单位应当按照国家统一的会计制度的规定和会计业务的需要设置会计账簿。

2. 会计账簿的分类

(1) 按用途分类。会计账簿(以下简称账簿)按其用途的不同，可以分为序时账簿、分类账簿和备查账簿三种。

① 序时账簿。序时账簿又称日记账，是按照经济业务发生或完成时间的先后顺序逐日逐笔进行登记的账簿。在我国，大多数单位一般只设库存现金日记账和银行存款日记账。

② 分类账簿。分类账簿是对全部经济业务事项按照会计要素的具体类别而设置的分类账户进行登记的账簿。分类账簿按照其反映指标时的详细程度分为总分类账和明细分类账两种。

③ 备查账簿。备查账簿简称备查簿，是对某些在序时账簿和分类账簿等主要账簿中都不予登记或登记不够详细的经济业务事项进行补充登记时使用的账簿，是一种表外账簿。例如，租入固定资产登记簿、应收票据贴现备查簿和委托加工材料登记簿等。备查簿并非每个单位都应设置，只需根据各个单位的实际需要来设置和登记。

(2) 按账页格式分类。账簿按账页格式的不同可以分为两栏式、三栏式、多栏式和数量金额式四种。

① 两栏式账簿。两栏式账簿只有借方和贷方两个基本金额栏目。

② 三栏式账簿。三栏式账簿有借方、贷方和余额三个基本栏目。各种日记账、总分类账以及资本、债权、债务明细账都可以采用三栏式账簿。

③ 多栏式账簿。多栏式账簿是在账簿的两个基本栏目借方和贷方按需要分设若干专栏的账簿。收入、费用明细账一般采用这种格式的账簿，如应交税费、生产成本、制造费用明细账等。

④ 数量金额式账簿。数量金额式账簿的借方、贷方和余额三个栏目内，都分设数量、单价和金额三小栏，借以反映财产物资的实物数量和价值量。原材料、库存商品和产成品等明细账一般都采用数量金额式账簿。

(3) 按外形特征分类。账簿按外形特征不同，可分为订本账、活页账和卡片账。

① 订本账。订本账启用之前就已将账页装订在一起，并对账页进行了连续编号。订本账能避免账页散失和防止抽换账页，但是不能准确为各账户预留账页，预留太多造成浪费，预留太少影响连续登记。订本账同一本账簿在同一时间只能由一个人登记，这样不便于记账人员分工记账。这种账簿一般适用于总分类账、库存现金日记账和银行存款日记账。

② 活页账。活页账在账簿登记完毕之前并不固定装订在一起，而是装在活页账页中。各

种明细分类账一般可采用活页账形式。

③ 卡片账。卡片账是将账户所需格式印刷在硬卡上。在我国,单位一般只对固定资产明细账采用卡片账形式。

3. 会计账户

(1) 会计账户的概念。会计账户(以下简称账户)是根据会计科目设置的,具有一定的格式和结构,用于分类反映资产、负债、所有者权益、收入、费用和利润等会计要素增减变动情况及其结果的载体。

(2) 账户的基本结构。账户分为左方(记账符号为"借")、右方(记账符号为"贷")两方面,一方登记增加,一方登记减少。资产、成本、费用类账户借方登记增加额,贷方登记减少额;负债、所有者权益、收入类账户借方登记减少额,贷方登记增加额。

登记本期增加的金额称为本期增加发生额;登记本期减少的金额称为本期减少发生额;增减相抵后的差额称为余额。余额按照表示时间不同,分为期初余额和期末余额,基本关系为

$$期末余额=期初余额+本期增加发生额-本期减少发生额 \tag{23-8}$$

账户基本结构包括账户名称(会计科目)、记录经济业务的日期、所依据记账凭证编号、经济业务摘要、增减金额和余额等。

4. 账簿与账户的关系

账簿与账户的关系是形式与内容的关系。

(二) 账簿的内容、启用与登记规则

1. 账簿的基本内容

(1) 封面。封面主要标明账簿的名称。

(2) 扉页。扉页主要标明账簿的使用信息。

(3) 账页。账页是账簿用来记录经济业务事项的载体,其应当包括以下一些内容。

① 账户的名称。

② 登记账簿的日期栏。

③ 记账凭证的种类和号数栏。

④ 摘要栏。

⑤ 金额栏。

⑥ 总页次和分页次栏。

2. 会计账簿的启用

在启用会计账簿时,应当在账簿封面上写明单位名称和账簿名称,并在账簿扉页上填列"账簿启用登记表"。列明:启用日期、账簿页数、记账人员和会计机构负责人、会计主管人员姓名,并加盖有关人员的签章和单位公章。记账人员或者会计机构负责人、会计主管人员调动工作时,应当注明交接日期、接办人员或监交人员姓名,并由交接双方签名或者盖章。在年度开始启用新账簿时,为了保证年度之间账簿记录的相互衔接,应把上年度的年末余额,记入新账的第一行,并在摘要栏中注明"上年结转"或"年初余额"字样。

3. 会计账簿的登记规则

(1) 登记会计账簿时,应当将会计凭证日期、编号、业务内容摘要、金额和其他有关资

料逐项记入账内，做到数字准确、摘要清楚、登记及时、字迹工整。

(2) 账簿登记完毕后，要在记账凭证上签名或者盖章，并注明已经登账的符号表示已经记账，避免重记或漏记。

(3) 账簿中书写的文字和数字应紧靠底线书写，上面要留有适当空格，不要写满格，一般应为格距 1/2。

(4) 登记账簿必须使用蓝黑墨水或者碳素墨水书写，不得使用圆珠笔(银行的复写账簿除外)或者铅笔书写。

(5) 特殊记账使用红墨水。在手工记账条件下，下列情况，可以用红墨水记账：①按照红字冲账的记账凭证，冲销错误记录；②在不设借、贷等栏的多栏式账页中，登记减少数；③在三栏式账户的余额栏前，未写明余额方向的，在余额栏内登记负数余额；④根据国家统一的会计制度的规定可以用红字登记的其他会计分录。

(6) 各种账簿应按页次顺序连续登记，不得跳行、隔页。如果发生跳行、隔页，应当将空行、空页用红色墨水画线注销，或者注明"此行空白""此页空白"字样，并由记账人员签名或者盖章。

(7) 凡需要结出余额的账户，结出余额后，应当在"借或贷"栏内写明"借"或者"贷"等字样。没有余额的账户，应当在"借或贷"栏内写"平"字，并在"余额"栏用"0～"表示。库存现金日记账和银行存款日记账必须逐日结出余额。

(8) 每一账页登记完毕结转下页时，应当结出本页合计数及余额，写在本页最后一行和下页第一行有关栏内，并在摘要栏内注明"过次页"和"承前页"字样；也可以将本页合计数及金额只写在下页第一行有关栏内，并在摘要栏内注明"承前页"字样。

对需要结计本月发生额的账户，结计"过次页"的本页合计数应当为自本月初起至本页止的发生额合计数；对需要结计本年累计发生额的账户，结计"过次页"的本页合计数应当为自年初起至本页止的累计数；对既不需要结计本月发生额，也不需要结计本年累计发生额的账户，可以只将每页末的余额结转次页。

(三) 会计账簿的格式和登记方法

1. 日记账的格式和登记方法

(1) 库存现金日记账的格式和登记方法。

① 库存现金日记账的格式。库存现金日记账的格式有三栏式和多栏式两种。无论采用三栏式还是多栏式库存现金日记账，都必须使用订本账。

② 库存现金日记账的登记方法。库存现金日记账由出纳人员根据与库存现金收、付有关的记账凭证，按时间顺序逐日逐笔进行登记，并根据"上日余额+本日收入−本日支出=本日余额"的公式，逐日结出库存现金余额，与库存现金实存数核对，以检查每日库存现金收、付是否有误。

(2) 银行存款日记账的格式和登记方法。银行存款日记账应按企业在银行开立的账户和币种分别设置，每个银行账户设置一本日记账。

银行存款日记账的格式和登记方法与库存现金日记账相同。

2. 总分类账的格式和登记方法

(1) 总分类账的格式。总分类账是按照总分类账户分类登记以提供总括会计信息的账簿。

总分类账最常用的格式为三栏式，设置借方、贷方和余额三个基本金额栏目。

(2) 总分类账的登记方法。总分类账可以根据记账凭证逐笔登记，也可以根据经过汇总的科目汇总表或汇总记账凭证等登记。

3. 明细分类账的格式和登记方法

(1) 明细分类账的格式。明细分类账是根据二级账户或明细账户开设账页，分类、连续地登记经济业务以提供明细核算资料的账簿，其格式有三栏式、多栏式和数量金额式等多种。

① 三栏式明细分类账。三栏式明细分类账适用于只进行金额核算的资本、债权、债务明细账。

② 多栏式明细分类账。多栏式明细分类账适用于收入、成本、费用类科目的明细核算。

③ 数量金额式明细分类账。数量金额式明细分类账适用于既要进行金额核算又要进行数量核算的存货明细账。

(2) 明细分类账的登记方法。不同类型经济业务的明细分类账可根据管理需要，依据记账凭证、原始凭证或汇总原始凭证逐日逐笔或定期汇总登记。固定资产、债权、债务等明细账应逐日逐笔登记；库存商品、原材料、产成品收发明细账以及收入、费用明细账可以逐笔登记，也可定期汇总登记。

明细分类账的登记通常有以下几种方法：一是根据原始凭证直接登记明细账；二是根据汇总原始凭证登记明细分类账；三是根据记账凭证登记明细分类账。

(3) 总分类账和明细分类账的平行登记。平行登记是对所发生的每一笔经济业务，都要以会计凭证为依据，一方面记入有关总分类账户，另一方面要记入该总分类账户所属的明细分类账户的方法。平行登记的要点是同期、同向、等额，即所属会计期间相同、借贷方向相同、记入总分类账的金额与记入明细账的合计金额相等。

(四) 对账

对账就是核对账目，即账簿、账户记录的正确与否所进行的核对工作。通过对账，应当做到账证相符、账账相符、账实相符。

1. 账证核对

账证核对是指核对会计账簿记录与原始凭证、记账凭证的时间、凭证编号、内容、金额是否一致，记账方向是否相符。

2. 账账核对

账账核对是指核对不同会计账簿之间的账簿记录是否相符。具体包括以下几项。

(1) 总分类账簿有关账户的余额核对。

(2) 总分类账簿与所属明细分类账簿核对。

(3) 总分类账簿与序时账簿核对。

(4) 明细分类账簿之间的核对。

3. 账实核对

账实核对是指各项财产物资、债权债务等账面余额与实有数额之间的核对。具体包括以下几项。

(1) 库存现金日记账账面余额与库存现金数额是否相符。

(2) 银行存款日记账账面余额与银行对账单的余额是否相符。银行存款日记账与银行对账单一般至少一个月核对一次。

(3) 各项财产物资明细账账面余额与财产物资的实有数额是否相符。

(4) 有关债权债务明细账账面余额与对方单位的账面记录是否相符。

(五) 错账更正方法

账簿记录发生错误,不准涂改、挖补、刮擦或者用药水消除字迹,不准重新抄写,必须按照规定的方法予以更正。常用的错账更正法有划线更正法,红字更正法和补充登记法。电子账簿中一般用相反符号来进行对冲更正。

1. 划线更正法

划线更正法又称红线更正法。在结账前发现账簿记录有文字或数字错误,而记录凭证没有错误,采用划线更正法。更正时,可在错误的文字或数字上划一条红线,在红线的上方填写正确的文字或数字,并由记账及相关人员在更正处盖章。对于错误的数字,应全部划红线更正,不得只更正其中的错误数字。对于文字错误,可只划去错误的部分。

2. 红字更正法

红字更正法,即负数更正法,是指用红字冲销原有错误的账户记录或凭证记录,以更正或调整账簿记录的一种方法。通常以下有两种情况。

(1) 记账后在当年内发现记账凭证所记的会计科目错误,从而引起记账错误,可以采用红字更正法。更正时应用红字填写一张与原记账凭证完全相同的记账凭证,以示注销原记账凭证,然后用蓝字填写一张正确的记账凭证,并据以记账。

(2) 记账后在当年内发现记账凭证所记的会计科目无误而所记金额大于应记金额,从而引起记账错误,可以采用红字更正法。更正时应该按多记的金额用红字编制一张与原记账凭证应借、应贷科目完全相同的记账凭证,以冲销多记的金额,并据以记账。

3. 补充登记法

记账后发现记账凭证填写的会计科目无误,只是所记金额小于应记金额时,采用补充登记法。更正方法:按少记的金额用蓝字编制一张与原记账凭证应借、应贷科目完全相同的记账凭证,以补充少记的金额,并据以记账。

(六) 结账

1. 结账的程序

结账就是在会计期末(月末、季末或年末)将本期内所有发生的经济业务事项全部登记入账后,计算出本期发生额和期末余额。结账的内容通常包括两个方面:一是结清各种损益类账户,并据以计算确定本期利润;二是结算各资产、负债和所有者权益账户,分别结出其本期发生额和期末余额。结账的程序如下所述。

(1) 在结账前将本期发生的经济业务事项全部登记入账,并保证其正确性。

(2) 调整有关账项,合理确定本期应计的收入和应计的费用。

(3) 将损益类科目转入"本年利润"科目,结平所有损益类科目。

(4) 结算出资产、负债和所有者权益科目的本期发生额和余额,并结转下期。

2. 结账的方法

(1) 对不需按月结计本期发生额的账户,每次记账以后,都要随时结出余额,每月最后一笔余额即为月末余额。月末结账时，只需要在最后一笔经济业务事项记录之下通栏画单红线，不需要再结计一次余额。

(2) 库存现金、银行存款日记账和需要按月结计发生额的收入、费用等明细账，每月结账时，要结出本月发生额和余额，在摘要栏内注明"本月合计"字样，并在下面通栏画单红线。

(3) 需要结计本年累计发生额的某些明细账户，每月结账时，应在"本月合计"行下结出自年初起至本月末止的累计发生额，登记在月份发生额下面，在摘要栏内注明"本年累计"字样，并在下面通栏画单红线。12月末的"本年累计"就是全年累计发生额，全年累计发生额下通栏画双红线。

(4) 总账账户平时只需结出月末余额。年终结账时，将所有总账账户结出全年发生额和年末余额，在摘要栏内注明"本年合计"字样，并在合计数下通栏划双红线。

(5) 年度终了结账时，有余额的账户，要将其余额结转下年，并在摘要栏注明"结转下年"字样；在下一会计年度新建有关会计账户的第一行余额栏内填写上年结转的余额，并在摘要栏注明"上年结转"字样。

(七) 会计账簿的更换与保管

1. 会计账簿的更换

会计账簿的更换通常在新会计年度建账时进行。总账、日记账和多数明细账应每年更换一次。固定资产明细账不必每年更换。备查账簿可以连续使用。

2. 会计账簿的保管

年度终了，各种账户在结转下年、建立新账后，一般都要把旧账送交总账会计集中统一管理。会计账簿暂由本单位财务会计部门保管一年，期满之后，由财务会计部门编造清册移交本单位的档案部门保管。

第五节 财 产 清 查

考点五 财产清查

(一) 财产清查概述

1. 财产清查的概念

财产清查是指通过对货币资金、实物资产和往来款项的盘点或者核对，确定其实存数，查明账存数与实存数是否相符的一种专门方法。

(1) 按清查的范围，财产清查可分为全面清查和局部清查。

① 全面清查。它是指对属于本单位或者存放在本单位的所有财产物资、货币资金和各项债权债务进行全面的盘点与核对。需要进行全面清查的主要有以下几种情况：a.年终决算之前；b.单位撤并或者改变其隶属关系时，中外合资、国内合资前，企业股份制改造前以及单位主要领导调离工作前等情况下要进行一次全面清查，以明确经济责任；c.开展资产评估、清产核资等专项经济活动前。

②局部清查。局部清查是根据需要对部分财产物资进行盘点与核对。需要进行局部清查

的主要有以下几种情况：a.对于库存现金，每日业务终了应由出纳人员当日清点核对，以保持实存数和库存现金日记账结存额相符；b.对于银行存款，出纳人员至少每月要同银行核对一次；c.对于贵重物资，每月应清查盘点一次；d.对于各种往来款项，每年至少同对方企业核对一至两次；e.在通常情况下，对于流动性较大的材料物资，除年度清查外，年内还要轮流盘点或重点抽查。

(2) 按清查的时间，财产清查可分为定期清查和不定期清查。

① 定期清查。它是指根据事先计划或者管理制度规定的时间安排对财产所进行的清查。一般在年度、季度、月份终了及每日结账时进行。

② 不定期清查。它是指事先没有安排计划，而是根据需要对财产物资所进行的临时性清查。需要进行不定期清查的主要有以下几种情况：a.在单位更换出纳和财产物资保管人员时，应对相关的财产物资、货币资金进行清查以分清经济责任；b.当单位发生意外损失和非常灾害时，应对单位所受损失的相关财产物资进行清算，以查明损失情况；c.当单位撤销、合并或改变隶属关系时，应对相关单位的各项财产物资、货币资金、债权、债务进行及时清查，以摸清家底；d.经济管理部门如财政、税务、银行以及审计部门对企业进行检查时，根据检查的要求和范围进行不定期清查。

2. 财产清查的意义

造成账实不符的原因主要有：①在收发财产物资时，由于计量、检验不准确而发生品种、数量或质量上的差错；②账务处理中出现漏记、重记、错记或计算上的错误；③财产物资在保管过程中发生自然损耗；④未达账项；⑤由于管理不善、工作人员失职，以及不法分子的营私舞弊、贪污失职；⑥发生自然灾害和意外事故，导致财产物资毁损。

加强财产清查工作，对于加强企业管理、充分发挥会计的监督作用具有重要意义。

(1) 通过财产清查，可以查明各项财产物资的实有数量，确定实有数量与账面数量之间的差异，查明原因和责任，以便采取有效措施，消除差异，改进工作，从而保证账实相符，提高会计资料的准确性。

(2) 通过财产清查，可以查明各项财产物资的保管情况是否良好，有无因管理不善，造成霉烂、变质、损失浪费，或者被非法挪用、贪污盗窃的情况，以便采取有效措施，改善管理，切实保障各项财产物资的安全完整。

(3) 通过财产清查，可以查明各项财产物资的库存和使用情况，合理安排生产经营活动，充分利用各项财产物资，加速资金周转，提高资金使用效果。

3. 财产清查的一般程序

(1) 建立财产清查组织。

(2) 组织清查人员学习有关政策规定，掌握有关法律、法规和相关业务知识，以提高财产清查工作的质量。

(3) 确定清查对象、范围，明确清查任务。

(4) 制订清查方案，具体安排清查内容、时间、步骤、方法及必要的清查前准备。

(5) 清查时本着先清查数量、核对有关账簿记录等，后认定质量的原则进行。

(6) 填制盘存清单。

(7) 根据盘存清单填制实物、往来款项清查结果报告表。

(二) 财产清查的方法

1. 货币资金的清查方法

(1) 库存现金的清查。库存现金的清查采用实地盘点的方法来确定库存现金的实存数，然后再与库存现金日记账的账面余额核对，查明账实是否相符及盈亏情况。

库存现金清查主要包括两种情况：经常性现金清查；定期或不定期清查。

清查时，出纳人员必须在场，库存现金由出纳人员经手盘点，清查人员从旁监督。同时，清查人员还应认真审核库存现金收付凭证和有关账簿，检查财务处理是否合理合法、账簿记录有无错误，以确定账存数与实存数是否相符。

在库存现金盘点结束后，直接填制"库存现金盘点报告表"，由盘点人员、出纳人员及其相关负责人签名盖章，并据以调整库存现金日记账的账面记录。

(2) 银行存款的清查。银行存款的清查通过与开户银行转来的对账单进行核对，查明银行存款的实有数额。银行存款日记账与开户银行转来的对账单不一致的原因有两个方面：一是双方或一方记账有误；二是存在未达账项。

所谓未达账项，是指企业与银行之间由于凭证传递上的时间差，一方已登记入账，另一方因尚未接到凭证而未登记入账的款项。具体来说，未达账项大致有下列4种情况。

① 企业已收，银行未收，即企业已收款入账，银行尚未收款入账。

② 企业已付，银行未付，即企业已付款入账，银行尚未付款入账。

③ 银行已收，企业未收，即银行已收款入账，企业尚未收款入账。

④ 银行已付，企业未付，即银行已付款入账，企业尚未付款入账。

编制银行存款余额调节表的目的是为了消除未达账项的影响，核对银行存款账目有无错误。该表本身并非原始凭证，不能根据该表在银行存款日记账上登记，只有等到银行转来有关结算凭证后再按记账程序登记入账。

2. 实物的清查方法

(1) 实地盘点法。实地盘点法是在财产物资存放现场逐一清点数量或用计量仪器确定其实存数的一种方法。这种方法适用范围较广，而且数字准确可靠，大多数财产物资都可采取这种方法，但工作量较大。

(2) 技术推算法。技术推算法是指按照一定标准推算其实有数的一种方法。这种方法适用于堆垛量大、不便一一清点，单位价值又比较低的实物清查。

为了明确经济责任，在进行实物资产清查盘点时，实物保管人员必须在场。对各项财产物资的盘点结果，应逐一填制盘存单，由盘点人员和实物保管人员共同签章，并同账面余额记录核对，确认盘盈盘亏数，填制实存账存对比表，作为调整账面记录的原始凭证。

3. 往来款项的清查方法

往来款项是单位与其他单位或个人之间的各种应收款项，应付款项，预收账款，预付账款及其他应收、应付款项。往来款项的清查一般用发函询证的方法进行核对，派人前往或利用通讯工具，向结算往来单位核实账目。

(三) 财产清查结果的处理

1. 财产清查结果处理的要求

(1) 分析产生差异的原因和性质，提出处理建议。

(2) 积极处理多余积压财产，清理往来款项。

(3) 总结经验教训，建立健全各项管理制度。

(4) 及时调整账簿记录，保证账实相符。

2. 财产清查结果处理的步骤和方法

为了记录、反映资产的盘盈、盘亏和毁损情况，应设置"待处理财产损溢"账户。"待处理财产损溢"账户是资产类账户，用来核算企业在清查财产过程中查明的各种财产物资的盘盈、盘亏和毁损。

(1) 审批之前的处理。根据"清查结果报告表""盘点报告表"等已经查实的数据资料，编制记账凭证，记入有关账簿，使账簿记录与实际盘存数相符，同时根据企业的管理权限，将处理建议报股东大会或者董事会或者经理(厂长)会议等类似机构批准。

(2) 审批之后的处理。根据发生差异的原因和性质以及审批的意见，进行差异处理，调整账项。

一般来说，当原材料、产成品、现金发生盘盈时，报经批准后冲减"管理费用"和"营业外收入"等科目。当原材料、产成品、现金发生盘亏时，报经批准后确认为当期损益，转入"管理费用""营业外支出"等科目。流动资产盘盈可冲减管理费用，固定资产盘盈可计入"营业外收入"。由于人为原因造成的财产毁损，应由责任人赔偿；由于自然灾害和意外事故造成的损失，可计入营业外支出；定额内损耗可计入管理费用。往来款项清查结果的账务处理主要是坏账损失和由于债权单位赊销等原因造成的无法偿还债务。发生的坏账损失，借记"坏账准备"科目，贷记"应收账款"等科目。企业确实无法支付的应付款项，经批准应转入企业的营业外收入，直接记入"营业外收入"科目。

需要说明的是，企业在日常工作中发生的待处理财产损溢，通常必须在年报编制前处理完毕。

同 步 自 测

一、单项选择题

1. 用红字冲销原有错误的账户记录或凭证记录，以更正或调整账簿记录的方法是(   )。

    A. 红字更正法　　　B. 蓝字更正法　　C. 红线更正法　　　D. 划线更正法

2. 要求将某项经济业务所涉及的全部会计科目集中填列在一张记账凭证上的是(   )。

    A. 转账凭证　　B. 收款凭证　　C. 单式记账凭证　　D. 复式记账凭证

二、多项选择题

1. 自制原始凭证按其填制手续不同，又可分为(   )。

    A. 一次凭证　　　　　　B. 累计凭证　　　　　　C. 汇总原始凭证

    D. 记账编制凭证　　　　E. 其他凭证

2. 会计账簿(以下简称账簿)按其用途的不同，可以分为(   )。

    A. 三栏式　　　　　　　B. 序时账簿　　　　　　C. 分类账簿

    D. 多栏式　　　　　　　E. 备查账簿

同步自测解析

一、单项选择题

1. 【解析】A 红字更正法，即负数更正法，是指用红字冲销原有错误的账户记录或凭证记录，以更正或调整账簿记录的一种方法。

2. 【解析】D 复式记账凭证又被称为多科目记账凭证，要求将某项经济业务所涉及的全部会计科目集中填列在一张记账凭证上。

二、多项选择题

1. 【解析】ABCD 自制原始凭证按其填制手续不同，又可分为一次凭证、累计凭证、汇总原始凭证和记账编制凭证4种。

2. 【解析】BCE 会计账簿(以下简称账簿)按其用途的不同，可以分为序时账簿、分类账簿和备查账簿三种。

第二十四章 财务会计报告

大纲解读

本章测查应试人员是否掌握财务会计报告的概念、构成以及分类。

1. 财务会计报告

财务会计报告的概念、构成以及分类。

2. 会计报表

资产负债表，利润表，现金流量表，所有者权益变动表。

3. 财务会计报告的编制要求

编制时间，编制依据，要素的确认和计量，结账日。

考点精讲

第一节 财务会计报告

考点一 财务会计报告

(一) 财务会计报告的概念

财务会计报告，是指企业对外提供的反映企业在某一特定日期财务状况和某一会计期间经营成果、现金流量的文件。

会计主体通过定期编制财务会计报告，可以将日常会计核算资料集中起来，进行归类、整理，全面、概括地反映单位的经济活动全貌，向财务会计报告使用者传递关于单位财务状况、经营成果和现金流量的有用信息，有助于财务会计报告使用者作出经济决策。财务会计报告使用者包括单位管理层、投资者、债权人、政府及其有关部门和社会公众等。

(二) 财务会计报告的构成

财务会计报告包括会计报表、会计报表附注、财务情况说明书和其他应当在财务会计报告中披露的相关信息和资料。其中会计报表包括资产负债表、利润表、现金流量表、所有者权益变动表等报表。会计报表附注是指对在会计报表中列示项目所作的进一步说明，以及对未能在会计报表中列示项目的说明等。

(三) 财务会计报告的分类

财务会计报告分为年度、半年度、季度和月度财务会计报告。年度、半年度财务会计报告应当包括：会计报表(包括资产负债表、利润表、现金流量表、所有者权益变动表及相关附表)、会计报表附注和财务情况说明书，季度、月度财务会计报告通常仅指会计报表(至少应当包括资产负债表、利润表)，国家统一的会计制度规定季度、月度财务会计报告需要编制会计报表附注的，从其规定。

第二节 会 计 报 表

考点二 会计报表

会计报表是指企业以一定的会计方法和程序由会计账簿的数据整理得出，以表格的形式反映企业财务状况、经营成果和现金流量的书面文件，是财务会计报告的主体和核心。

对于企业来说，会计报表包括资产负债表、利润表、现金流量表、所有者权益变动情况表以及相关附表。其中，相关附表是反映企业财务状况、经营成果和现金流量的补充报表，主要包括利润分配表以及国家统一会计制度规定的其他附表。

(一) 资产负债表

1. 资产负债表的内容和作用

资产负债表是反映企业在某一特定日期财务状况的报表，主要反映资产、负债和所有者权益三方面的内容，以"资产=负债+所有者权益"这一会计等式为依据。

通过资产负债表，可以帮助报表使用者全面了解企业的财务状况，分析企业的债务偿还能力，从而为未来的经济决策提供参考信息。

2. 资产负债表的格式

资产负债表主要有报告式和账户式两种格式，目前我国企业的资产负债表采用账户式。账户式资产负债表分为左右两方，左方为资产项目，按照资产流动性大小排列；右方为负债和所有者权益项目，一般按照求偿权顺序排列，具体格式见表24-1。

表24-1 资产负债表

编制单位：　　　　　　　　　　年　月　日　　　　　　　　　　　　元

资产类	年初数	期末数	负债及权益类	年初数	期末数
流动资产：			流动负债：		
货币资金			短期借款		
短期投资			应付票据		
应收票据			应付账款		
应收股利			预收账款		
应收利息			其他应付款		
应收账款			应付工资		

(续表)

资产类	年初数	期末数	负债及权益类	年初数	期末数
预付账款			应付福利费		
应收补贴款			应付股利		
其他应收款			应交税金		
存货			其他未交款		
待摊费用			预提费用		
一年内到期的长期债券投资			预计负债		
其他流动资产			一年内到期的长期负债		
流动资产合计			其他流动负债		
长期投资：			流动负债合计		
长期股权投资			长期负债：		
长期债权投资			长期借款		
长期投资合计			应付债券		
其中：合并价差			长期应付款		
固定资产：			专项应付款		
固定资产原价			其他长期负债		
减：累计折旧			长期负债合计		
固定资产净值			递延税项：		
减：固定资产减值准备			递延税款贷项		
工程物资			负债合计		
在建工程			少数股东权益：		
固定资产清理			所有者权益或股东权益：		
固定资产合计			实收资本		
无形资产及其他资产：			减：已归还投资		
无形资产			实收资本净额		
长期待摊费用			资本公积		
其他长期资产			盈余公积		
无形资产及其他资产合计			其中：法定公益金		
递延税项：			未分配利润		
递延税款借项			所有者权益合计		
资产总计			负债及权益合计		

单位负责人：　　　　　财务负责人：　　　　　　　　　　　　制表人：

（二）利润表

1. 利润表的内容和作用

利润表是反映企业在一定会计期间经营成果的报表，按照一定的分类标准和顺序，将企业一定会计期间的各种收入、费用支出和直接计入当期利润的利得和损失进行适当分类、排列而成，以"利润=收入-费用"会计等式为依据。

通过利润表，可以从总体上了解企业收入、费用和净利润(或亏损)的实现及构成情况；同时，通过利润表提供的不同时期的比较数字(本期金额、上期金额)，可以分析企业的获利能力及利润的未来发展趋势，了解投资者投入资本的保值增值情况。

2. 利润表的格式

利润表主要有多步式和单步式两种格式，我国企业的利润表多采用多步式，具体格式见表 24-2。

第一步，计算营业利润。

$$营业利润=营业收入-营业成本-营业税金及附加-销售费用-管理费用 \qquad (24\text{-}1)$$
$$-财务费用-资产减值损失+公允价值变动收益和投资收益(减损失)$$

第二步，计算利润总额。

$$利润总额=营业利润+营业外收入-营业外支出 \qquad (24\text{-}2)$$

第三步，计算净利润。

$$净利润=利润总额-所得税 \qquad (24\text{-}3)$$

第四步，计算每股收益。

$$每股收益=净利润÷发行在外普通股的加权平均数 \qquad (24\text{-}4)$$

表 24-2 利润表

项　　目	本　月　数	本年累计数
一、主营业务收入		
减：主营业务成本		
主营业务税金及附加		
二、主营业务利润		
加：其他业务利润		
减：营业费用		
管理费用		
财务费用		
三、营业利润		
加：投资收益		
补贴收入		
营业外收入		
减：营业外支出		
加：以前年度损益调整		
四、利润总额		
减：所得税		
少数股东损益		
五、净利润		

【例24-1】　反映企业在一定期间经营成果的会计报表是(　　)。(2013年单选题)

A. 利润表　　　　　　　　　　　　B. 资产负债表

C. 所有者权益变动表　　　　　　　D. 现金流量表

【解析】A　本题考查利润表的概念。

现金流量表是反映企业在一定会计期间现金和现金等价物流入和流出情况的报表。

(三) 现金流量表

1. 现金流量表的内容和作用

现金流量表是反映企业在一定会计期间现金和现金等价物流入和流出情况的报表。现金，指企业库存现金以及可以随时用于支付的存款，包括库存现金、可以随时用于支付的银行存款和其他货币资金；现金等价物，指企业持有的期限短、流动性强、易于转换为已知金额现金、价值变动风险很小的投资(除特别注明外，以下所指现金均含现金等价物)。现金流量，指一定会计期间内企业现金和现金等价物的流入和流出。企业从银行提取现金或将库存现金存入银行以及用现金购买现金等价物或者将现金等价物出售取得现金，属于现金内部不同项目的增减变动，不产生现金流量。

现金流量表主要能够向各类报表使用者提供以下几个方面的会计信息：现金及现金等价物流入、流出以及净流量的信息，企业获取现金及现金等价物的能力，企业当期获取现金的主要来源和当期现金的使用去向。

【例24-2】　反映企业在一定会计期间现金和现金等价物流入和流出情况的报表是(　　)。(2012年单选题)

A. 资产负债表　　　　　　　　　　B. 现金流量表

C. 利润表　　　　　　　　　　　　D. 所有者权益变动表

【解析】B　现金流量表是反映企业在一定会计期间现金和现金等价物流入和流出情况的报表。

2. 现金流量表的格式

现金流量表应当按照经营活动、投资活动和筹资活动的现金流量分类分项列示，具体格式见表24-3。

经营活动，指企业投资活动和筹资活动以外的所有交易和事项。在现金流量表上，经营活动的现金流量应当按照其经营活动的现金流入和流出的性质分项列示；银行、保险公司和非银行金融机构的经营活动按照其经营活动特点分项列示。

投资活动，是指企业长期资产的购建和不包括在现金等价物范围内的投资及其处置活动。在现金流量表上，投资活动的现金流量应当按照其投资活动的现金流入和流出的性质分项列示。

筹资活动，是指导致企业资本及债务规模和构成发生变化的活动。在现金流量表上，筹资活动的现金流量应当按照其筹资活动的现金流入和流出的性质分项列示。

表 24-3　现金流量表

编制单位：　　　　　　　　　　年　月　日　　　　　　　　　　　　　元

项　目	行次	本月数	本年累计数
一、经营活动产生的现金流量			
1. 销售商品、提供劳务收到的现金			
2. 收到税费返还			
3. 收到的其他与经营活动有关的现金			
现金流入小计			
1. 购买商品、接受劳务支付的现金			
2. 支付给职工以及为职工支付的现金			
3. 支付的各项税费			
4. 支付的其他与经营活动有关的现金			
现金流出小计			
经营活动产生的现金流量净额			
二、投资活动产生的现金流量			
1. 收回投资所收到的现金			
2. 取得投资收益所收到的现金			
3. 处理固定资产、无形资产和其他长期资产而收到的现金净额			
4. 收到的其他与投资活动有关的现金			
现金流入小计			
1. 购建固定资产、无形资产和其他长期资产所支付的现金			
2. 投资所支付的现金			
3. 支付的其他与投资活动有关的现金			
现金流出小计			
投资活动产生的现金流量净额			
三、筹资活动产生的现金流量			
1. 吸收投资所收到的现金			
2. 借款所收到的现金			
3. 收到的其他与筹资活动有关的现金			
现金流入小计			
1. 偿还债务所支付的现金			
2. 分配股利、利润或者偿付利息所支付的现金			
3. 支付的其他与筹资活动有关的现金			
现金流出小计			
筹资活动产生的现金净流量净额			
四、汇率变动对现金的影响额			
五、现金及现金等价物净增加额			

单位负责人：　　　　　财务负责人：　　　　　制表人：

(续表)

补充资料			
1. 将净利润调节为经营活动的现金流量			
净利润			
加：计提的资产减值准备			
固定资产折旧			
无形资产摊销			
长期待摊费用摊销			
待摊费用减少(减：增加)			
预提费用的增加(减：减少)			
处置固定资产、无形资产和其他长期资产的损失(减：收益)			
固定资产报废损失			
财务费用			
投资损失(减：收益)			
递延税款贷项(减：借项)			
存货的减少(减：增加)			
经营性应收项目的减少(减：增加)			
经营性应付项目的增加(减：减少)			
其他			
少数股东本期收益			
经营活动产生的现金流量净额			
2. 不涉及现金收支的投资和筹资活动			
债务转为资本			
一年内到期的可转换公司债券			
融资租入固定资产			
其他			
3. 现金及现金等价物净增加情况			
现金的期末余额			
减：现金的期初余额			
加：现金等价物的期末余额			
减：现金等价物的期初余额			
现金及现金等价物的净增加额			

单位负责人：　　　　　财务负责人：　　　　　制表人：

(四) 所有者权益变动表

1. 所有者权益变动表的内容和作用

所有者权益变动表是反映构成所有者权益的各组成部分当期的增减变动情况的报表，它解释在某一特定时间内，股东权益如何因企业经营的盈亏及现金股利的发放而发生变化。

所有者权益变动表全面反映了企业的股东权益在年度内的变化情况，便于会计信息使用者深入分析企业股东权益的增减变化情况,并进而对企业的资本保值增值情况作出正确判断,从而提供对决策有用的信息。

2. 所有者权益变动表的格式

所有者权益变动表以矩阵形式列示,具体表样见表24-4。一方面,列示导致所有者权益变动的交易或事项,不仅按照所有者权益的各组成部分反映所有者权益变动情况,而且从所有者权益变动的来源对一定时期所有者权益变动情况进行全面反映;另一方面,按照所有者权益各组成部分及其总额列示交易或事项对所有者权益的影响。

对于上述资产负债表、利润表、现金流量表、所有者权益变动表等所有会计报表,企业均需提供比较报表,即各项目均需按照"本年金额"和"上年金额"两栏分别填列。

表24-4 所有者权益变动表

编制单位: 年度 元

项 目	本年金额						上年金额					
	实收资本(或股本)	资本公积	减库存股	盈余公积	未分配利润	所有者权益合计	实收资本(或股本)	资本公积	减库存股	盈余公积	未分配利润	所有者权益合计
一、上年年末余额												
加:会计政策变更												
前期差错更正												
二、本年年初余额												
三、本年增减变动金额(减少以"-"号填列)												
(一)净利润												
(二)直接计入所有者权益的利得和损失												
1. 可供出售金融资产公允价值变动净额												
2. 权益法下被投资单位其他所有者权益变动的影响												
3. 与计入所有者权益项目相关的所得税影响												
4. 其他												
上述(一)和(二)小计												

(续表)

项　目	本年金额						上年金额					
	实收资本(或股本)	资本公积	减库存股	盈余公积	未分配利润	所有者权益合计	实收资本(或股本)	资本公积	减库存股	盈余公积	未分配利润	所有者权益合计
(三)所有者投入和减少资本												
1. 所有者投入资本												
2. 股份支付计入所有者权益的金额												
3. 其他												
(四)利润分配												
1. 提取盈余公积												
2. 对所有者(或股东)的分配												
3. 其他												
(五)所有者权益内部结转												
1. 资本公积转增资本(或股本)												
2. 盈余公积转增资本(或股本)												
3. 盈余公积弥补亏损												
4. 其他												
四、本年年末余额												

单位负责人：　　　　　　财务负责人：　　　　　　　　制表人：

第三节　财务会计报告的编制要求

考点三　财务会计报告的编制要求

(一) 编制时间

应于年度终了编报财务会计报告。国家统一的会计制度规定企业应当编报半年度、季度和月度财务会计报告的，从其规定。

(二) 编制依据

应根据真实的交易、事项以及完整、准确的账簿记录等资料,并按照国家统一的会计制度规定的编制基础、编制依据、编制原则和方法编制财务会议报告。

(三) 要素的确认和计量

应依据《企业财务会计报告条例》和国家统一的会计制度规定,对会计报表中各项会计要素进行合理的确认和计量,不得随意改变会计要素的确认和计量标准。

(四) 结账日

应依照有关法律、行政法规和《企业财务会计报告条例》规定的结账日进行结账,不得提前或者延迟。年度结账日为公历年度每年的12月31日;半年度、季度、月度结账日分别为公历年度每半年、每季、每月的最后一天。

【例24-3】 年度结账日为公历年度每年的( )。(单选题)

A.12月31日　　　　B.6月30日　　　　C.7月1日　　　　D.1月1日

【解析】A 年度结账日为公历年度每年的12月31日;半年度、季度、月度结账日分别为公历年度每半年、每季、每月的最后一天。

(五) 先做财产清查、核实债务

在编制年度财务会计报告前,应按照以下规定进行全面清查资产、核实债务。

①清查、核实结算款项,包括应收款项、应付款项、应交税费等是否存在,与债务、债权单位的相应债务、债权金额是否一致;②清查、核实原材料、在产品、自制半成品、库存商品等各项存货的实存数量与账面数量是否一致,是否有报废损失和积压物资等;③清查、核实各项投资是否存在,投资收益是否按照国家统一的会计制度规定进行确认和计量;④清查、核实房屋建筑物、机器设备、运输工具等各项固定资产的实存数量与账面数量是否一致;⑤清查、核实在建工程的实际发生额与账面记录是否一致;⑥需要清查、核实的其他内容。

(六) 先做对账、结账及其他检查工作

在编制财务会计报告前,除应全面清查资产、核实债务外,还应当完成下列工作:①核对各会计账簿记录与会计凭证的内容、金额等是否一致,记账方向是否相符(账证核对);②依照《企业财务会计报告条例》规定的结账日进行结账,结出有关会计账簿的余额和发生额,并核对各会计账簿之间的余额;③检查相关的会计核算是否按照国家统一的会计制度的规定进行;④对于国家统一的会计制度没有规定统一核算方法的交易、事项,检查其是否按照会计核算的一般原则进行确认和计量,以及相关账务处理是否合理;⑤检查是否存在因会计差错、会计政策变更等原因需要调整前期或者本期相关项目的情况。

(七) 报表格式、内容及依据

应按照国家统一的会计制度规定的会计报表格式和内容,根据登记完整、核对无误的会计账簿记录和其他有关资料编制会计报表,做到内容完整、数字真实、计算准确,不得漏报或者任意取舍。

(八) 勾稽关系

会计报表之间、会计报表各项目之间，凡有对应关系的数字，应当相互一致。会计报表中本期与上期的有关数字应当相互衔接。年度、半年度会计报表至少应当反映两个年度或者相关两个期间的比较数据。不得随意改变财务会计报告的编制基础、编制依据、编制原则和方法。

(九) 其他

应遵守《企业财务会计报告条例》及有关法律、法规规定的其他要求。

同 步 自 测

一、单项选择题

1. 反映企业在某一特定日期财务状况的报表，主要反映资产、负债和所有者权益三方面的内容的是(　　)。

    A. 资产负债表　　　　　　　　　　　B. 现金流量表

    C. 所有者权益变动表　　　　　　　　D. 利润表

2. 目前我国企业的资产负债表采用(　　)。

    A. 单步式　　　　B. 报告式　　　　C. 多步式　　　　D. 账户式

二、多项选择题

1. 利润表主要有哪些格式(　　)。

    A. 单步式　　　　　　　B. 多步式　　　　　　　C. 复式

    D. 混合式　　　　　　　E. 账户式

2. 会计报表包括(　　)。

    A. 资产负债表　　　　　B. 利润表　　　　　　　C. 现金流量表

    D. 所有者权益变动情况表　　　　　E. 相关附表

同步自测解析

一、单项选择题

1.【解析】A　资产负债表是反映企业在某一特定日期财务状况的报表，主要反映资产、负债和所有者权益三方面的内容。

2.【解析】D　资产负债表主要有报告式和账户式两种格式，目前我国企业的资产负债表采用账户式。

二、多项选择题

1.【解析】AB　利润表主要有多步式和单步式两种格式，我国企业的利润表多采用多步式。

2.【解析】ABCDE　会计报表包括资产负债表、利润表、现金流量表、所有者权益变动情况表以及相关附表。故选 ABCDE。

第六部分

法　律

第二十五章　法的一般原理

大纲解读

测查应试人员是否掌握法的基础知识，是否理解法的一般原理，并能够运用法的一般原理分析和思考在经济工作中遇到的法律问题。

1. 法的概念、本质和基本特征

法的概念，法的本质，法的基本特征。

2. 法律规则的逻辑构成和分类

法律规则逻辑的内容，法律规则的分类。

3. 法的制定和法律解释

法的制定的概念，我国的立法程序，法律解释的概念和分类。

4. 法的功能和效力

法的规范作用和社会作用的体现，法的效力范围。

考点精讲

第一节　法的概念、本质和基本特征

考点一　法的概念、本质和基本特征

1. 法的概念

根据马克思主义法学的观点，法的概念可作如下表述：法是由一定物质生活条件决定的，体现统治阶级意志，由国家制定或认可并由国家强制力保证实施的，以维护、巩固和发展一定的社会关系和社会秩序为目的的具有普遍效力的行为规范体系。

2. 法的本质与特征

(1) 法的本质体现为以下几点。

① 法的阶级性。法是统治阶级的意志体现，而不是统治阶级中某一部分人或者个别人的意志，它反映的是整个统治阶级的整体利益和共同意志。

② 法的国家意志性。统治阶级意志并不都表现为法，只有通过合法的程序，上升为国家意志的那部分统治阶级意志才能成为法。

③ 法的物质制约性。法作为一种有目的的意识属于上层建筑范畴，是物质关系的反映。因此，法最终决定于构成物质关系的社会物质生活条件。

(2) 法的特征是指法与上层建筑的其他组成部分(如社会道德规范)相比较而体现的特殊性。法具有如下特征。

① 法是一种特殊的社会规范。法通过规定人们的权利和义务来调整一定的社会关系和社会秩序，是一种特殊的社会规范。它是评价人们行为合法不合法的标准，具有指引人们行为的作用，是警戒和制裁违法和犯罪行为的根据。与道德、纪律等其他社会规范相比，法是具有特殊强制性的社会规范。

② 法由国家制定或认可。制定和认可是法律创制的主要方式。所谓法的制定，是指有权的国家机关按照一定的立法程序，创制成文法的活动。所谓法的认可，是指国家机关对既存的社会规范予以承认，赋予其法律效力。

③ 法以权利和义务为内容。法律通过法律规则体现，具体的法律规则以授权、禁止和命令的形式规定了权利和义务，法律规则的后果则是对权利和义务的再分配。法所规定的权利义务，不仅是对公民而言的，而且也是针对一切社会组织、国家机构的。

④ 法由国家强制力保证实施。

⑤ 法在国家权力管辖范围内普遍有效，具有普遍性。

⑥ 法具有严格的程序规定的规范。

第二节　法律规则的逻辑构成和分类

考点二　法律规则的逻辑构成和分类

法律规则是指经过国家制定或认可的关于人们行为或活动的命令、允许和禁止的一种规范。法律规则是构成法的"细胞"。

1. 法律规范的逻辑构成

任何一个法律规范均由假定条件、行为模式和法律后果三个部分构成。假定条件是法律规则中有关适用该规则的条件和情况的部分，包括适用条件和主体行为条件；行为模式即法律规则中规定人们如何具体行为之方式的部分，包括可为(授权)模式、应为(义务)模式和勿为模式；法律后果是法律规则中规定人们在做出符合或不符合行为模式的要求时应承担相应的结果部分，包括肯定的后果和否定的后果。

法律规则和法律条文是有区别的概念。法律规则是法律条文的内容，法律条文是法律规则的表现形式，并不是所有的法律条文都直接规定法律规则，也不是每一个条文都完整地表述一个规则或只表述一个法律规则。

2. 法律规则的分类

① 按照规则的内容不同，法律规则可以分为授权性规则和义务规则。

② 按照规则内容的确定性程度不同，可以把法律规则分为确定性规则、委任性规则和准用性规则。

③ 按照规则对人们行为规定和限定的范围或程度不同，可以把法律规则分为强行性规则和任意性规则。

【例 25-1】(　　)是指经过国家制定或认可的关于人们行为或活动的命令、允许和禁止的一种规范。法律规则是构成法的"细胞"。(2013 年单选题)

　　A. 法律规范　　　　　B. 法律制度　　　　　C. 法律体系　　　　　D. 法律规则

【解析】D　法律规则是指经过国家制定或认可的关于人们行为或活动的命令、允许和禁止的一种规范。法律规则是构成法的"细胞"。

【例25-2】 按照法律规则内容的不同，可以将法律规则分为义务规则和(　　)。(2013年单选题)

A. 委任性规则　　　　B. 准用性规则　　　　C. 授权性规则　　　D. 强行性规则

【解析】C　本题考查法律规则的分类。按照规则的内容不同，法律规则可以分为授权性规则和义务规则。按照规则内容的确定性程度不同，可以把法律规则分为确定性规则、委任性规则和准用性规则。按照规则对人们行为规定和限定的范围或程度不同，可以把法律规则分为强行性规则和任意性规则。

第三节　法的制定和法律解释

考点三　法的制定和法律解释

1. 法的制定

(1) 概念：法的制定，是指国家机关依照法定的职权和程序，创制、认可、修改和废止法律和规范性法律文件的活动，是掌握国家政权的阶级把自己的意志上升为国家意志的活动。

广义的立法是指法定的国家机关制定规范性文件的活动，狭义的立法仅指最高国家权力机关及其常设机关制定法律的活动。

(2) 立法程序

① 立法的准备阶段。这个阶段包括立法预测、立法规划的制订、法律草案的拟订和论证以及其他一切立法的准备工作。

② 法的形成或者法的确立阶段。这是立法工作的核心阶段，具体包括以下几步：法律案的提出；法律案的审议；法律案的表决和通过；公布法律。

③ 法律的完备阶段。这一阶段包括了法的修改、废除、法的解释和规范性法律文件的系统化工作。

【例25-3】 (　　)是立法工作的核心阶段。

A. 准备阶段　　　　B. 形成阶段　　　　C. 完备阶段　　　　D. 审议阶段

【解析】B　法的形成或者法的确立阶段是立法工作的核心阶段。

【例25-4】 立法程序包括(　　)。

A. 准备阶段　　　　　　　　B. 形成阶段　　　　　　　　C. 完备阶段

D. 审议阶段　　　　　　　　E. 表决阶段

【解析】ABC　立法程序包括准备阶段、形成阶段和完备阶段。

2. 法律解释

法律解释是指一定的解释主体根据法定权限和程序，按照一定的标准和原则，对法律的含义以及法律所使用的概念、术语等进行进一步说明的活动。

根据解释主体的不同，法律解释可以分为以下三类：①立法解释；②行政解释；③司法解释。在以上三种解释的关系上，立法解释是行政解释和司法解释的基础；在法律解释的效力上，立法解释的效力是最高的，其他国家机关对法律的解释效力低于立法解释。

【例 25-5】(　　)是指一定的解释主体根据法定权限和程序，按照一定的标准和原则，对法律的含义以及法律所使用的概念术语等进行进一步说明的活动。

A. 法的制定　　　　B. 司法解释　　　　C. 法律解释　　　D. 立法解释

【解析】C　法律解释是指一定的解释主体根据法定权限和程序，按照一定的标准和原则，对法律的含义以及法律所使用的概念、术语等进行进一步说明的活动。

第四节　法的功能和效力

考点四　法的功能和效力

法的功能，泛指法对个人以及社会发生影响的体现，又称为法的作用。一切社会的法都有规范作用和社会作用之分。

法的规范作用可以分为指引、评价、教育、预测和强制 5 种。

法的社会作用与法的本质密切相关，具体包括两个方面：一是维护统治阶级的阶级统治，二是执行社会公共事务。

法律效力可以分为三种，即对象效力、空间效力、时间效力。

(1) 对象效力，即法律对人的效力，是指法可以适用于哪些人。根据我国法律，对人的效力包括两个方面：①对中国公民的效力。②对外国人和无国籍人的效力。

(2) 法的空间效力，是指法适用的地域范围。

(3) 法的时间效力，是指法何时生效、何时终止效力，以及法对其生效前的事件和行为有无溯及力。

同 步 自 测

一、单项选择题

1. 我国法的渊源不包括(　　)。

A. 宪法　　　　B. 法律　　　　C. 道德　　　　D. 国际惯例

2. 根据马克思主义法学的基本观点，下列表述正确的是(　　)。

A. 法在本质上是社会成员公共意志的体现

B. 法既执行政治职能，也执行社会公共职能

C. 法最终决定于历史传统、风俗习惯、国家结构、国际环境等条件

D. 法不受客观规律的影响

3. 根据我国法律，法对人的效力采用的原则是(　　)。

A. 属人主义

B. 属地主义

C. 保护主义

D. 以属地主义为主，与属人主义、保护主义相结合

4. 关于法的溯及力，下列说法正确的是(　　)。

A. 法的溯及力，是指法对其生效以后的事件和行为是否适用

B. 法律生效以后，如果对其生效以前的事件和行为适用的话，就具有溯及力

C. 法律都具有溯及力

D. 法律生效以后，如果对其生效以后的事件和行为适用的话，就具有溯及力

5. 债发生的原因不包括(　　)。

　　A. 侵权　　　　　　B. 无因管理　　　　C. 紧急避险　　　D. 不当得利

6. (　　)是我国法律体系的基础。

　　A. 民法　　　　　　B. 宪法　　　　　　C. 行政法　　　　D. 刑法

7. 下列各法律中，不属于经济法的是(　　)。

　　A. 反不正当竞争法　　　　　　　　B. 产品质量法

　　C. 消费者权益保护法　　　　　　　D. 国家赔偿法

8. (　　)保证法律的实施。

　　A. 道德力量　　　　B. 社会舆论　　　　C. 国家强制力　　D. 风土人情

二、多项选择题

1. 有关法的普遍性含义，下列表述正确的是(　　)。

　　A. 在国家权力所及的范围内，法具有普遍效力或约束力

　　B. 要求法律面前人人平等

　　C. 法律的内容始终具有与人类的普遍要求相一致的趋向

　　D. 一切具体的法律的效力都是完全相同的

　　E. 法是由国家制定或认可并由国家强制力保证实施的，以权利义务为内容的

2. 法的本质是指(　　)。

　　A. 法的正式性　　　　　B. 法的阶级性　　　　　C. 法的物质制约性

　　D. 法的经济性　　　　　E. 法的强制性

3. 法的效力可以分为(　　)。

　　A. 对人效力　　　　　　B. 空间效力　　　　　　C. 时间效力

　　D. 对物效力　　　　　　E. 强制效力

4. 关于法的可诉性，下列说法正确的有(　　)。

　　A. 法的可诉性是指法律具有被任何人在法律规定的机构中，通过争议解决程序加以运用以维护自身权利的可能性

　　B. 权利人的权利受到侵害时，向仲裁机构申请仲裁，体现了法的可诉性

　　C. 权利人的权利受到侵害时，根据法的可诉性特征，只能向人民法院寻求救济

　　D. 人民法院在审判过程中，必须坚持法律面前人人平等，体现了法的可诉性

　　E. 法的可诉性是指社会成员认为法的规定不合法的，有权向人民法院起诉，请求修改该规定

5. 我国的基本法律部门包括(　　)。

　　A. 宪法、法律、行政法规、地方性法规

　　B. 宪法、民商法、刑法、诉讼法、行政法

　　C. 婚姻法、仲裁法、律师法、资源环境保护法

　　D. 经济法、刑法、行政法、诉讼法和非诉讼程序法

　　E. 宪法、法理、法制史、经济法

6. 关于法的空间效力的说法,正确的是(　　)。

　　A. 一国法律适用于该国主权范围所及的全部领域,包括领土、领水及其底土和领空

　　B. 一国法律适用于本国驻外使馆

　　C. 一国法律不适用于本国驻外使馆

　　D. 一国法律适用于本国在外船舶

　　E. 我国的海洋法适用于公海里的船舶

7. 下列关于法的特征的表述,正确的是(　　)。

　　A. 法律是建立在人们信仰的基础上,通过社会舆论发生作用的社会规范

　　B. 法律是一种以公共权利为后盾的、具有特殊强制性的社会规范

　　C. 法是由公共权力机构制定或认可的具有特定形式的社会规范

　　D. 法是具有普遍性的社会规范

　　E. 法是以权利义务为内容的社会规范

8. 在世界各国的法律实践中,关于法对人的效力先后采用过(　　)原则。

　　A. 属人主义

　　B. 属地主义

　　C. 从新原则

　　D. 保护主义

　　E. 以属地主义为主,属人主义和保护主义相结合

同步自测解析

一、单项选择题

1.【解析】C　在我国,法的渊源主要是以宪法为核心的各种制定法。主要包括宪法、法律、行政法规、行政规章、地方性法规,民族自治地方的自治条例和单行条例、特别行政区基本法和特别行政区法律、国际条约和国际惯例。

2.【解析】B　准确理解马克思主义法学的基本观点,必须紧抓统治阶级意志性、物质制约性两方面。根据马克思关于法的两方面社会作用的关系之观点,法既执行政治职能,即阶级统治的职能,也执行社会公共职能,即社会公务职能。A项不符合法的统治阶级意志性;CD两项不符合法的物质制约性。

3.【解析】D　根据我国法律,法对人的效力采用的原则是以属地主义为主,与属人主义、保护主义相结合。

4.【解析】B　法的溯及力是指法对其生效以前的事件和行为是否适用。如果适用,就具有溯及力;如果不适用,就没有溯及力。据此,并不是所有的法律都具有溯及力。

5.【解析】C　以债的发生原因可作如下分类:合同之债、侵权之债、不当得利之债和无因管理之债等。所以答案是 C。

6.【解析】B　宪法作为一个法律部门,是整个法律体系的基础。其他部门法必须依照宪法制定,不得与宪法相违背,否则无效。

7.【解析】D　反不正当竞争法、产品质量法、消费者权益保护法都属于经济法。

8.【解析】C　法律强制是一种国家强制,是以军队、警察、监狱、法庭等国家暴力机

构为后盾的强制。

二、多项选择题

1. 【解析】ABCE 法的普遍性是指法作为一般的行为规范在国家权力管辖范围内具有普遍适用的效力和特性。但法的效力是有局限性的，一国内具体的法律，其效力也是不同的，有些法律在全国范围内实施，而有的法律仅仅限于某个区域内适用，如地方性法规。法是由国家制定或认可并由国家强制力保证实施的，以权利义务为内容的。

2. 【解析】ABC 法的本质，首先表现为法的正式性。其次，反映为法的阶级性。最终体现为法的物质制约性。

3. 【解析】ABC 法的效力可以分为对人效力、时间效力和空间效力，其中法的时间效力是指法何时生效、何时终止效力，以及法对其生效前的事件和行为有无溯及力；法的空间效力是指法适用的地域范围；法对人的效力是指法可以适用于哪些人。

4. 【解析】AB 法的可诉性是指法律具有被任何人(包括公民和法人)在法律规定的机构(尤其是法院和仲裁机构)中通过争议解决程序(特别是诉讼程序)加以运用以维护自身权利的可能性。权利人的权利受到侵害的，既可以向人民法院寻求救济，也可以向仲裁机构或者其他机关寻求救济。人民法院在审判过程中必须坚持法律面前人人平等，体现法的普遍性特征。法的可诉性是指依据法律向国家机关申请保护自身的合法权益，而不是以法律为起诉对象向人民法院起诉。

5. 【解析】BD 我国社会主义法律体系包括6个法律部门：宪法和相关法、民法商法、行政法、经济法、刑法、诉讼法和非诉讼程序法。

6. 【解析】ABD 法的空间效力，是指法适用的地域范围。一般来说，一国法律适用于该国主权范围所及的全部领域，包括领土、领水及其底土和领空，根据有关国际条约的规定，一国的法律也可以适用于本国驻外使馆、在外船舶及飞机。

7. 【解析】BCDE 法具有如下特征：①法是调整人的行为的社会规范；②法是由公共权力机构制定或认可的具有特定形式的社会规范；③法是具有普遍性的社会规范；④法是以权利义务为内容的社会规范；⑤法是以国家强制力为后盾，通过法律程序保证实现的社会规范；⑥法是可诉的规范体系，具有可诉性。

8. 【解析】ABDE C项属于法的时间效力原则。

第二十六章　中国的法律体系

大纲解读

测查应试人员是否掌握中国的基本法律体系，宪法、刑法、民法、经济法、行政法的基本内容和它们之间的区别，并能够正确处理和解决经济生活中遇到的法律问题。

1. 法律体系的概念

法律体系的概念。

2. 中国法律体系的基本框架

宪法、行政法、民法、商法、经济法、社会法、刑法等部门法的主要内容和法律地位。

考点精讲

第一节　法律体系的概念

考点一　法律体系的概念

法律体系，是指一个国家全部现行法律规范分类组合为不同的法律部门而形成的有机联系的统一整体。简单地说，法律体系就是部门法体系。部门法，又称法律部门，是根据一定标准、原则所制定的同类规范的总称。

【例26-1】　(　　)是指一个国家全部现行法律规范分类组合为不同的法律部门而形成的有机联系的统一整体。(2012年单选题)

　　A. 法律制度　　　　　B. 法律框架　　　　　C. 法律体系　　　　D. 法律部门

【解析】C　法律体系，是指一个国家全部现行法律规范分类组合为不同的法律部门而形成的有机联系的统一整体。

第二节　中国法律体系的基本框架

考点二　中国法律体系的基本框架

1. 宪法

宪法是规定国家和社会的基本制度，公民的基本权利和义务，国家机关的地位、组织和活动原则等重大社会关系的法律的总称。作为一个法律部门，宪法是整个中国法律体系的基础，是其他部门法的制定依据。

2. 行政法

行政法是调整和规范国家行政关系的法律规范的总称。

3. 民法

民法是调整平等主体的公民之间、法人之间、公民和法人之间的财产关系和人身关系的法律规范总称。

4. 商法

商法是调整商事法律关系主体和商事活动的法律规范的总称。

5. 经济法

经济法是国家在实现经济管理职能中调整国民经济关系的法律规范的总称。

6. 社会法

社会法是指调整和规范劳动、社会保险、社会福利关系和特殊群体权益保障方面关系的法律的总称。

7. 自然资源与环境保护法

自然资源与环境保护法是关于保护环境和自然资源、防治污染和其他公害的法律，通常分为自然资源法和环境保护法。

8. 刑法

刑法是规定犯罪和刑罚的法律，是中国法律体系中最基本的法律部门之一。

9. 诉讼程序法

诉讼程序法，是指调整关于有关诉讼活动关系的法律规范的总称。

【例26-2】 在我国法律体系中，效力层级最高的法律是(　　)。(2012年单选题)

A. 刑法　　　　　　　B. 民法　　　　　　　C. 宪法　　　　　　D. 经济法

【解析】C　本题考查宪法的相关知识。宪法是规定国家和社会的基本制度，公民的基本权利和义务，国家机关的地位、组织和活动原则等重大社会关系的法律的总称。作为一个法律部门，宪法是整个中国法律体系的基础，是其他部门法的制定依据，宪法是效力层级最高的法律。

同 步 自 测

一、单项选择题

1. (　　)是规定国家和社会的基本制度，公民的基本权利和义务，国家机关的地位、组织和活动原则等重大社会关系的法律的总称。

A. 宪法　　　　　　　B. 行政法　　　　　　C. 民法　　　　　　D. 商法

2. 在刑法这一法律部门中，占主导地位的规范性文件是(　　)。

A. 《中华人民共和国民法通则》　　　B. 《中华人民共和国宪法》

C. 《中华人民共和国刑法》　　　　　D. 《中华人民共和国行政处罚法》

二、多项选择题

1. 下列属于中国法律体系基本框架的法律部门有(　　)。

A. 宪法　　　　　　　B. 行政法　　　　　　C. 会计法　　　　　D. 商法

2. 民法是调整平等主体的公民之间、法人之间、公民和法人之间的(   )的法律规范的总称。

    A. 财产关系   B. 社会关系   C. 经济关系   D. 人身关系

3. 诉讼法这一法律部门中的主要规范性文件为(   )。

    A. 刑事诉讼法   B. 民事诉讼法   C. 行政诉讼法   D. 经济法

同步自测解析

一、单项选择题

1. 【解析】A　宪法是规定国家和社会的基本制度，公民的基本权利和义务，国家机关的地位，组织和活动原则等重大社会关系的法律的总称。

2. 【解析】C　在刑法这一法律部门中，占主导地位的规范性文件是《中华人民共和国刑法》。

二、多项选择题

1. 【解析】ABD　中国法律体系的基本框架包括宪法、行政法、民法、商法、经济法、社会法、自然资源与环境保护法、刑法、诉讼程序法。

2. 【解析】AD　民法是调整平等主体的公民之间、法人之间、公民和法人之间的财产关系和人身关系的法律规范总称。

3. 【解析】ABC　诉讼法这一法律部门中的主要规范性文件为刑事诉讼法、民事诉讼法和行政诉讼法。

第二十七章　行政法基础知识

大纲解读

测查应试人员是否掌握行政法的基础知识，行政法律制度的相关规定，并能够运用行政法律知识解决经济工作中的相关问题。

1. 行政法概述

行政法的概念和特征，行政法的基本原则，行政法律关系的要素。

2. 行政主体

行政主体的法律特征。

3. 行政行为

行政行为的特征，行政行为的分类，几种主要的行政行为。

4. 行政复议

行政复议的概念和特征，行政复议的基本制度。

5. 行政赔偿

行政赔偿的概念和特征，行政赔偿的范围。

考点精讲

第一节　行政法概述

考点一　行政法概述

1. 行政法的概念和特征

行政法是国家调整行政关系的规范和控制行政权的各种法律规范的总称。行政法上的"行政"通常指公共行政，即国家行政机关或者法律、法规授权的组织对国家和地方公共事物的组织、管理、决策与调控活动。

行政法的特征主要表现在以下三个方面：①行政法部门尚无统一、完整的实体行政法典；②行政法涉及的领域十分广泛，内容十分丰富；③行政法易于变动，稳定性弱。

【例27-1】　行政法调整的社会关系不包括(　　)。(2011年单选题)

A. 平等主体之间的人身关系　　　　　B. 行政法制监督关系

C. 行政救济关系　　　　　　　　　　D. 行政管理关系

【解析】A　行政法调整的社会关系包括行政管理关系、行政法制监督关系、行政救济关系和内部行政关系。本题考查行政法的相关概念。

2. 行政法的基本原则

行政法的基本原则贯穿于国家行政机关活动的所有环节，是全部行政法规范所反映出来的基本精神。行政法的基本原则主要包括：

(1) 合法性原则：指行政权力的设定、行使必须依据法律、符合法律，而不是与法律相抵触；

(2) 合理性原则：指行政决定内容要正当、客观和适度；

(3) 行政应急性原则：指行政主体为保障国家安全、社会秩序和公共利益的需要，在面临突发事件导致公共管理危机的紧急情况下，可以实施某些没有明确法律依据的或与通常态度下的法律规定相抵触的行政应急措施。

这一原则是合法性原则的例外，但它并非排斥行政合法性原则，完全不受限制的行政应急权力同样是不容许的。

一般而言，行政应急权力的行使应符合以下几个条件：(1)存在明确无误的紧急危险；(2)非法定机关行使了紧急权力，事后应由有权机关予以确认；(3)行政机关作出的应急行为受到有权机关的监督；(4)行政应急权力的行使应当适当，应将负面损害控制在最小的程序范围内。

【例27-2】 下列法律原则中，不属于行政法基本原则的是(　　)。(2012年单选题)

A. 合法性原则　　　　　　　　　B. 诚实信用原则

C. 合理性原则　　　　　　　　　D. 应急性原则

【解析】B　本题考查行政法的基本原则。行政法的基本原则：行政合法性原则、行政合理性原则、行政应急性原则。

考点二　行政法律关系

1. 行政法律关系的概念

由行政法规范调整的具有行政法上权利义务内容的行政关系，就是行政法律关系。

2. 行政法律关系的构成要素

(1) 行政法律关系的主体，就是行政法律关系的当事人，是指在行政法律关系中依法享有权利、承担义务的组织或个人。

① 行政主体，是指依法享有国家行政权，能以自己的名义作出行政行为，并且独立承担由此产生的法律责任的组织。

② 行政相对方，也称之为行政相对人，是指在行政法律关系中与行政主体相对应一方的公民、法人和其他社会组织。

(2) 行政法律关系的客体，就是行政法律关系主体的权利与义务所指向的对象，包括物质财富、行为和精神财富等。

(3) 行政法律关系的内容。就是行政法律关系主体在行政法上的权利义务的总和。

【例27-3】 行政法律关系的客体包括(　　)。(2010年多选题)

A. 行政相对方　　　　　　B. 物质财富　　　　　　C. 行为

D. 精神财富　　　　　　E. 行政主体

【解析】BCD　行政法律关系的客体就是行政法律关系主体的权利与义务所指向的对象，包括物质财富、行为和精神财富等。

第二节 行政主体

考点三 行政主体

行政主体具有如下法律特征：(1)行政主体是享有国家行政权力，从事行政管理活动的组织；(2)行政主体是能够以自己的名义行使行政权的组织；(3)行政主体是能够独立对外承担其行为所产生的法律责任的组织。

第三节 行政行为

考点四 行政行为

1. 行政行为的概念和特征

(1) 概念：行政行为，是指行政主体行使行政职权所作出的能够产生行政法律效果的行为。

(2) 行政行为的特征：行政行为是执行法律的行为；具有一定的裁量性；行政主体在实施行政行为时，具有单方面意志性；行政行为是以国家强制力为保障实施的，带有强制性。

2. 行政行为的分类：

行政行为的分类如表 27-1 所示。

表 27-1　行政行为的分类

分 类 标 准	类 别
以行政行为适用与效力作用的对象的范围为标准	外部行政行为
	内部行政行为
以行政行为的对象是否特定为标准	抽象行政行为
	具体行政行为
以行政行为受法律规范调整的程度为标准	羁束行政行为
	自由裁量行政行为
以行政主体是否可以主动作出该行政行为为标准	依职权的行政行为
	应申请的行政行为
以决定行政行为成立时参与意思表示的当事人的数目为标准	单方行政行为
	双方行政行为
	多方行政行为
以行政行为是否具备一定的法定形式为标准	要式行政行为
	非要式行政行为
以行政行为的表现方式为标准	作为行政行为
	不作为行政行为

3. 几种主要的行政行为

(1) 行政立法。立法主体包括国务院；国务院各部门；省、自治区、直辖市人民政府和较大市的人民政府。

(2) 行政许可。行政许可有以下特点：行政许可是依法申请的具体行政行为；行政许可存在的前提是法律的一般禁止；行政许可一般为要式行政行为。

(3) 行政处罚。行政处罚包括 6 种：警告；罚款；没收；责令停产停业；暂扣或者吊销许可证、暂扣或者吊销执照；行政拘留。

(4) 行政强制。强制的对象是行政相对人的财物和人身自由；强制的目的是为了实现一定的行政目的，保障行政管理的顺利进行。

【例 27-4】 根据《中华人民共和国行政处罚法》，行政拘留只能由(   )决定和执行。(2013 年单选题)

A. 人民政府　　　　B. 公安机关　　　　C. 人民法院　　　　D. 检察机关

【解析】B　本题考查行政拘留。由于行政拘留是行政处罚中最严厉的一种，因而法律对其适用做了严格的规定：在适用机关上，只能由公安机关决定和执行。

【例 27-5】 下列人员中，可以适用行政拘留处罚的是(   )。(2012 年单选题)

A. 孕妇　　　　　　　　　　　　B. 精神病患者

C. 65 岁以上的公民　　　　　　　D. 不满 14 岁的公民

【解析】C　本题考查行政拘留的适用对象。在适用对象上，行政拘留一般只适用于严重违反治安管理法规的自然人，但不适用于精神病患者、不满 14 岁的公民以及孕妇或者正在哺乳自己一周岁以内的婴儿的妇女，同时也不适用于我国的法人和其他组织。

第四节　行 政 复 议

考点五　行政复议

1. 行政复议的概念

行政复议是指公民、法人或者其他组织认为行政机关的具体行政行为侵犯其合法权益，依法向上一级行政机关或者法定的其他机关提出申请，由受理申请的行政机关对具体行政行为依法进行行政审查并作出处理决定的活动。

2. 行政复议的特征

(1) 行政复议是行政机关的行政行为；

(2) 行政复议是以行政争议为处理对象的行为；

(3) 行政复议以具体行政行为为审查对象，并附带审查部分抽象行政行为；

(4) 行政复议是行政相对人启动的。

3. 行政复议基本制度

(1) 一级复议制度。公民、法人或者其他组织对行政机关作出的具体行政行为不服，可以向该行政机关的上一级行政机关或者法定的行政机关申请复议。

(2) 书面复议制度。我国的行政复议是以书面复议为基本方式，以其他方式为补充。

(3) 依法复议不调解制度。行政机关复议行政案件只能依法对被申请复议的具体行政行为的合法性、适当性进行裁判，合法的予以维持，违法的予以撤销，不当的予以变更，不应进行调解，也不得以调解方式结案。

(4) 复议不停止执行制度。具体行政行为不因相对人申请行政复议而停止执行。

(5) 被申请人承担举证责任的制度。被申请人承担对具体行政行为合法性和适当性的举证责任。

【例27-6】 行政复议的基本制度包括( )。(2012年多选题)

A. 一级复议制度　　　　　　B. 书面复议制度　　　　　　C. 依法复议不调解制度

D. 复议不停止执行制度　　　　E. 二级复议制度

【解析】ABCD　行政复议的基本制度包括5个，分别为一级复议制度、书面复议制度、依法复议不调解制度、复议不停止执行制度、被申请人承担举证责任的制度。

第五节　行　政　赔　偿

考点六　行政赔偿

1. 行政赔偿的概念和特征

(1) 概念：行政赔偿是指国家行政机关及其工作人员违反行使职权、侵犯公民、法人或其他组织的合法权益并造成损害，由国家承担赔偿责任的制度。

(2) 特征：行政赔偿中的侵权行为的主体是国家行政机关及其工作人员；行政赔偿的请求人是其合法权益受到侵权行为损害的公民、法人和其他组织；行政赔偿责任是由于行政机关及其工作人员的职务上的违反行为所致；行政赔偿责任由国家承担。

2. 行政赔偿范围

行政赔偿范围是指国家对行政机关及其工作人员在行使职权时对受害人所遭受的哪些损失应予赔偿。

(1) 对侵犯人身权的赔偿范围。其共有5种情形：①违法拘留或者违法采取限制公民人身自由的行政强制措施；②非法拘禁或者以其他方法非法剥夺公民人身自由的；③以殴打等暴力行为或者唆使他人以殴打等暴力行为造成公民身体伤害或者死亡的；④违法使用武器、警械造成公民身体伤害或者死亡的；⑤造成公民身体伤害或者死亡的其他违法行为。

(2) 对侵犯财产权的行政赔偿。其共有4种情形：①违法实施罚款、吊销许可证和执照、责令停产停业、没收财物等行政处罚；②违反法律规定对财物采取查封、扣押、冻结等行政强制措施；③违反国家规定征收财物、摊派费用；④造成财产损害的其他违法行为。

(3) 国家不承担赔偿责任的情形。①行政机关工作人员与行使职权无关的个人行为；②因公民、法人和其他组织自己的行为致使损害发生；③法律规定的其他情形。此外，公民、法人或者其他组织以国防、外交等国家行为或者行政机关制定发布行政法规、规章或者具有普遍约束力的决定、命令侵犯其合法权益造成损害为由，向人民法院提起行政赔偿诉讼的，人民法院不予受理。因此，此类合法权益损害不能通过提起行政赔偿诉讼从人民法院获得救济。

同 步 自 测

一、单项选择题

1. 以行政主体是否可以主动作出该行政行为为标准，可以将行政行为分为(   )。
   A. 依职权的行政行为和应申请的行政行为
   B. 要式行政行为和非要式行政行为
   C. 作为行政行为和不作为行政行为
   D. 羁束行政行为和自由裁量行政行为

2. 已满(   )周岁不满(   )周岁的人有违法行为的，从轻或者减轻行政处罚。
   A. 14 18   B. 16 18   C. 14 16   D. 18 20

3. 根据《中华人民共和国行政许可法》的规定，通过(   )事项可以设行政许可。
   A. 公民、法人或者其他组织能够自主决定的
   B. 市场竞争机制能够有效调节的
   C. 行业组织或者中介机构能够自律管理的
   D. 行政机关采用事前监督方式能够解决的

4. 某市某区人民政府决定将区建材工业局管理的国有小砖厂出售，小砖厂的承包人以侵犯其经营自主权为由提出行政复议申请。本案的行政复议机关应是(   )。
   A. 市国有资产管理局   B. 市经济贸易局   C. 市人民政府   D. 区人民政府

5. 行政行为按其表现方式可分为(   )。
   A. 外部行政行为和内部行政行为   B. 作为行政行为和不作为行政行为
   C. 羁束行政行为和自由裁量行政行为   D. 要式行政行为和非要式行政行为

6. 关于行政许可实施机关，下列说法正确的是(   )。
   A. 凡是国家行政机关都可以对公民、法人或者其他组织实施行政许可
   B. 行政机关具有的行政许可权应当在其法定职权范围内实施
   C. 受委托的组织以委托行政机关的名义行使实施行政许可，也可以再委托其他组织实施行政许可
   D. 行政机关可以将自己的行政许可权委托给具有管理公共事务职能的组织行使

7. 下列对行政处罚的管辖，叙述不正确的是(   )。
   A. 行政处罚案件的管辖一般由违法行为发生地的县级以上地方人民政府具有行政处罚权的行政机关管辖
   B. 法律、法规另有规定的，按照规定的原则确定管辖的行政机关或者组织
   C. 对管辖发生争议的，报请共同的上一级行政机关指定管辖
   D. 行政处罚案件的管辖一般由违法行为发生地的乡级以上地方人民政府具有行政处罚权的行政机关管辖

8. 关于行政复议的管辖的说法，错误的是(   )。
   A. 对海关的具体行政行为不服的，向上一级主管部门申请行政复议
   B. 对地方各级人民政府的具体行政行为不服的，向上一级地方人民政府申请行政复议
   C. 对国务院部门的具体行政行为不服的，向国务院申请行政复议

D. 对两个以上行政机关以共同的名义作出的具体行政行为不服的，向其共同上一级行政机关申请行政复议

9. 下列关于行政许可实施程序的说法，错误的是(　　)。

A. 违反法定程序，作出行政许可决定的，应当一律予以撤销

B. 国务院实行行政许可的程序，适用有关法律、行政法规的规定

C. 公民、法人或者其他组织从事特定活动，依法需要取得行政许可的，应当向行政机关提出申请

D. 行政机关受理或者不予受理行政许可申请，应当出具加盖本行政机关专用印章和注明日期的书面凭证

二、多项选择题

1. 属于行政处罚行为的是(　　)。

A. 工商管理局责令违法经营户停产停业

B. 税务机关对欠缴税的工商户进行罚款

C. 公安机关对打架斗殴者采取15天的拘留措施

D. 矿山企业对罢工的职工宣布将其予以开除的，并且罚款若干

E. 没收黄牛党倒卖火车票的收入

2. 行政复议机关履行行政复议职责时，应当遵守的原则有(　　)。

A. 合法　　　　　　　　B. 公正、公开　　　　　　C. 不适用调解

D. 及时　　　　　　　　E. 便民

3. 下列各项中，属于《中华人民共和国行政处罚法》规定的行政处罚的种类是(　　)。

A. 警告　　　　　　　　B. 罚款　　　　　　　　　C. 没收违法所得

D. 责令停产停业　　　　E. 通报批评

4. 下列行为中，属于行政行为的是(　　)。

A. 制定规章　　　　　　B. 整顿金融秩序　　　　　C. 征收企业所得税

D. 发布统计数字　　　　E. 下乡慰问五保户

5. 下列行为中属于行政许可的是(　　)。

A. 司法部对通过国家司法考试的中华人民共和国公民颁发法律职业资格证书

B. 某民政部门对王某和周某婚姻予以登记的行为

C. 专利局对赵某享有的专利强制许可他人行使的行为

D. 中国人民银行批准外汇管理局出国访问项目

E. 工商局颁给某个体工商户营业执照

6. 关于行政处罚的适用，说法正确的有(　　)。

A. 对当事人的同一个违法行为，不得给予两次以上罚款的行政处罚

B. 对14周岁以下的人，不予行政处罚

C. 间歇性精神病人在精神正常时有违法行为的，不予行政处罚

D. 违法行为在两年内未被发现的，不再给予行政处罚

E. 违法行为轻微并及时纠正，没有造成危害后果的，不予行政处罚

7. 下列各项对听证的程序叙述，错误的是(　　)。

A. 当事人要求听证的，应该在行政机关告知后马上提出

    B. 行政机关应当在听证的 7 日前，通知当事人举行听证的时间、地点

    C. 听证会一律公开举行

    D. 听证由行政机关指定或者由当事人选择的非本案调查人员主持

    E. 当事人可以亲自参加听证，也可以委托一至两人代理

8. 关于公民、法人或者其他组织依法取得的行政许可，下列说法正确的是(　　)。

    A. 行政机关可以依法变更或者撤回已经生效的行政许可

    B. 行政机关不得擅自改变已经生效的行政许可

    C. 行政机关不能撤回已经生效的行政许可

    D. 行政机关可以随时撤销已经生效的行政许可

    E. 依法取得的行政许可，不得转让

同步自测解析

一、单项选择题

1. 【解析】A　以行政主体是否可以主动作出该行政行为为标准，可以将行政行为分为依职权的行政行为和应申请的行政行为。

2. 【解析】A　裁量处罚的情节，是指行政处罚机关决定是否给予处罚、给予处罚的轻或重，以及免除处罚所依据的各种情况。从轻或者减轻处罚的情节有：已满 14 周岁不满 18 周岁的人有违法行为的；主动消除或者减轻违法行为危害后果的；受他人胁迫有违法行为的；配合行政机关查处违法行为、有立功表现的，等等。

3. 【解析】D　通过行政机关采用事前监督方式能够解决的事项，可以设行政许可。

4. 【解析】C　《行政复议法》第十三条第一款规定，对地方各级人民政府的具体行政行为不服的，向上一级地方人民政府申请行政复议。

5. 【解析】B　以行政行为的表现方式为标准，可分为作为行政行为和不作为行政行为。本题考查行政行为。

6. 【解析】B　《行政许可法》第二十二条规定，行政许可由具有行政许可权的行政机关在其法定职权范围内实施。根据《行政许可法》第二十四条的规定，行政机关在其法定职权范围内，依照法律、法规、规章的规定，可以委托其他行政机关实施行政许可；受委托行政机关在委托范围内，以委托行政机关名义实施行政许可；不得再委托其他组织或者个人实施行政许可。

7. 【解析】D　行政处罚的管辖是关于行政机关及其他组织处理行政案件权限划分的制度。它对于及时处理行政处罚案件，防止和解决行政机关之间权限冲突具有重要作用。根据《行政处罚法》第二十条的规定，行政处罚由违法行为发生地的县级以上人民政府具有行政处罚权的行政机关管辖。法律、行政法规另有规定的除外。该法第二十一条规定，对管辖发生争议的，报请共同的上一级行政机关指定管辖。

8. 【解析】C　对国务院部门的具体行政行为不服的，向作出该具体行为的国务院部门申请行政复议。本题考查行政复议的管辖。

9. 【解析】A　根据《行政许可法》第六十九条的规定，违反法定程序作出准予行政许可决定的行政机关或者其上级行政机关，根据利害关系人的请求或者依据职权，可以撤销行

政许可；撤销行政许可，可能对公共利益造成重大损害的，不予撤销。因此，违反法定程序作出行政许可决定的，并不是一律予以撤销。

二、多项选择题

1. 【解析】ABCE 行政处罚是指国家行政机关或其他组织依据法律的规定或经授权、委托，对实施行政违法行为的公民、法人或者其他组织进行行政制裁的活动。行政处罚法规定行政处罚的种类包括：警告，罚款，没收违法所得、没收非法财物，责令停产停业，暂扣或者吊销执照、许可证，行政拘留，法律、行政法规规定的其他行政处罚。矿山企业不属于国家行政机关，对其作出的罚款行为不属于行政处罚。

2. 【解析】ABDE 《行政复议法》第四条规定，行政复议机关履行行政复议职责，应当遵循合法、公正、公开、及时、便民的原则，坚持有错必纠，保障法律、法规的正确实施。由此，确立了行政复议机关履行行政复议职责时必须遵循的 5 项原则：①合法原则；②公平原则；③公开原则；④及时原则；⑤便民原则。《中华人民共和国行政复议法实施条例》第五十条规定，行政复议机关可以按照自愿、合法的原则进行调解。

3. 【解析】ABCD 行政处罚的种类分为 7 类：警告；罚款；没收违法所得、没收非法财物；责令停产停业；暂扣或者吊销许可证、暂扣或者吊销执照；行政拘留；法律、行政法规规定的其他行政处罚。

4. 【解析】ABC 行政行为是指行政主体行使行政职权而实施的能够产生法律效力的行为。它是行政主体行使行政职权的外在表现形式，是行政权力的具体实现，具有执行性、单方性、裁量性、职权职责的统一性等特征。D 项，发布统计数字的行为不具有行政法律意义，不产生行政法律效果，不属于行政行为。

5. 【解析】AE 行政许可是指行政机关根据公民、法人或者其他组织提出的申请，经依法审查，准予其从事特定活动的行为。有关行政机关对其他机关或者其直接管理的事业单位的人事、财务、外事等事项的审批不属于行政许可；同时，行政机关为确认民事财产关系、民事身份关系而进行的登记不是行政许可。

6. 【解析】ABDE 间歇性精神病人在精神正常时有违法行为的，应当给予行政处罚。所以选项 C 错误。本题考查行政处罚的适用。

7. 【解析】ACD 行政机关组织听证的程序为：①当事人要求听证的，应当在行政机关告知后三日内提出；②行政机关应当在听证的 7 日前，通知当事人举行听证的时间、地点；③除涉及国家秘密、商业秘密或者个人隐私外，听证公开举行；④听证由行政机关指定的非本案调查人员主持；当事人认为主持人与本案有直接利害关系的，有权申请回避；⑤当事人可以亲自参加听证，也可以委托一至两人代理。

8. 【解析】AB 《行政许可法》第八条规定，公民、法人或者其他组织依法取得的行政许可受法律保护，行政机关不得擅自改变已经生效的行政许可。行政许可所依据的法律、法规、规章修改或者废止，或者准予行政许可所依据的客观情况发生重大变化的，为了公共利益的需要，行政机关可以依法变更或者撤回已经生效的行政许可。由此给公民、法人或者其他组织造成财产损失的，行政机关应当依法给予补偿。该法第九条规定，依法取得的行政许可，除法律、法规规定依照法定条件和程序可以转让的外，不得转让。

第二十八章　民法基础知识

大纲解读

测查应试人员是否掌握民法的基础知识、民法的基本原理，是否能够运用民法基本原理对经济工作中遇到的民法问题进行分析并运用法律手段正确处理和解决有关问题。

1. 民法的概念与基本原则

民法的概念、调整对象与基本原则，民事法律关系的概念，民事法律关系的要素，民事法律事实的分类。

2. 民事主体

民事主体的种类，(自然人)的民事权利能力和民事行为能力的概念和内容，监护的设定、监护人的职责，宣告失踪和宣告死亡的条件，法人的概念和构成要件。

3. 民事法律行为

民事法律行为的概念和特征，无效民事行为、可撤销的民事行为和效力待定的民事行为的类型。

4. 代理

代理的概念和法律特征，代理的种类，无权代理和滥用代理权的种类，代理终止的原因。

5. 民事权利、民事义务和民事责任

民事权利的分类，民事义务的概念和分类，民事责任的概念和特征，违约责任和侵权责任。

6. 诉讼时效

诉讼时效的概念和种类，诉讼时效的中止、中断和延长。

考点精讲

第一节　民法的概念与基本原则

考点一　民法的概念与基本原则

1. 民法的概念和调整对象

民法是调整平等主体的公民之间、法人之间、公民和法人之间的财产关系和人身关系的法律规范的总称。

2. 民法的基本原则

①平等、自愿原则；②诚实信用原则；③公平原则；④合法原则；⑤禁止权利滥用原则；⑥公序良俗原则。

【例 28-1】 下列民法基本原则中，被学者称为"帝王条款"的是(　　)。(2013 年单选题)

A. 平等自愿原则　　　　　　　　B. 诚实信用原则

C. 公序良俗原则　　　　　　　　D. 公平原则

【解析】B 本题考查民法的基本原则。诚实信用原则要求民事主体在进行民事活动时应具有良好的主观心理状态，以善意的方式行使权利和履行义务，不得规避法律和合同。诚实信用的对立面是欺诈、胁迫、乘人之危和恶意串通。这一原则是道德规范的法律化，对于维护正常市场秩序很有帮助，被学者称为"帝王条款"。

3. 民事法律关系

民事法律关系是民法规范调整的社会关系，即民法确认和保护的社会关系，由主体、内容和客体三个要素构成。主体是指参加民事法律关系，享有民事权利和承担民事义务的公民和法人。内容是指主体享有的民事权利和承担的民事义务。客体是指主体享有的民事权利和承担的民事义务指向的事物，包括物、行为、智力成果和人身利益等。

能够引起民事法律关系发生、变更或者消灭的客观事实，称为民事法律事实。民事法律事实按照其是否直接包含人的意志，可以分为事件和行为。事件是指不直接包含当事人意志的法律事实。这些事实的出现与否，是当事人本身无法预见或控制的。如自然人的死亡、发生自然灾害和意外事故、时间的经过等。行为是指受人的意志支配的有意识的活动，也即与当事人意志直接相关的法律事实。行为可以分为合法的行为与违法的行为。

第二节　民事主体

考点二　民事主体

1. 公民(自然人)

公民是指具有一个国家的国籍、根据该国的法律规范享有权利和承担义务的自然人。

(1) 民事权利能力

公民的民事权利能力是指公民依法享有民事权利和承担民事义务的资格。

(2) 民事行为能力

公民的民事行为能力是指法律确认的公民通过自己的行为从事民事活动，参加民事法律关系，取得民事权利和承担民事义务的能力。

自然人的民事权利能力只是一种资格，要想以自己的行为独立参加民事法律关系，还应当具有民事行为能力。自然人具有权利能力是具有行为能力的前提；具有行为能力，则是独立实现权利能力内容的必要条件。

民事行为能力分为以下三种类型。

第一，完全民事行为能力。18 周岁以上的公民是成年人，具有完全民事行为能力，可以独立进行民事活动，是完全民事行为能力人。16 周岁以上不满 18 周岁的公民，以自己的劳动收入为主要生活来源的，视为完全民事行为能力人。

第二，限制民事行为能力。10 周岁以上的未成年人是限制民事行为能力人，可以进行与他的年龄、智力相适应的民事活动；其他民事活动由他的法定代理人代理，或者征得他的法定代理人的同意。不能完全辨认自己行为的精神病人，是限制民事行为能力人，可以进行与他的精神健康状况相适应的民事活动；其他民事活动由他的法定代理人代理，或者征得他的法定代理人同意。

第三，无民事行为能力。不满 10 周岁的未成年人是无民事行为能力人，由他的法定代理人代理民事活动。不能辨认自己行为的精神病人是无民事行为能力人，由他的法定代理人代理民事活动。

无民事行为能力和限制民事行为能力人可以从事单纯受益性质的民事活动，例如，接受奖励、接受赠与或者遗赠、继承财产等。

【例 28-2】 小李是一名17岁的中学生，暑假期间，她利用勤工俭学机会挣得了一笔零花钱。关于小李民事行为能力的说法，正确的是(　　)。(2012 年单选题)

A. 小李应当视为完全民事行为能力人　　　B. 小李属于无民事行为能力人

C. 小李属于完全民事行为能力人　　　D. 小李属于限制民事行为能力人

【解析】D　本题考查民事行为能力。10 周岁以上的未成年人是限制民事行为能力人，可以进行与他的年龄、智力相适应的民事活动；其他民事活动由他的法定代理人代理，或者征得他的法定代理人的同意。16周岁以上不满18周岁的公民，以自己的劳动收入为主要生活来源的，视为完全民事行为能力人。本题中小李只是打工挣了零花钱，并不是以自己的劳动收入为主要生活来源，属于限制民事行为能力人。

(3) 监护

监护是指对无民事行为能力人、限制民事行为能力人的人身、财产及其他合法权益进行保护的法律制度。

未成年人法定的第一顺序监护人是其父母；精神病人法定的第一顺序监护人是其配偶。监护人应当履行监护职责，监护职责主要包括：①保护被监护人人身、财产及其他合法权益；②担任被监护人的法定代理人；③教育和照顾被监护人。

监护人不履行监护职责或者侵害被监护人的合法权益的，应当承担责任；给被监护人造成财产损失的，应当赔偿损失。人民法院可以根据有关人员或者有关单位的申请，撤销监护人的资格。

(4) 宣告失踪和宣告死亡

宣告失踪：公民下落不明满两年的，利害关系人可以向人民法院申请宣告他为失踪人。宣告失踪的法律后果就是为被宣告失踪人建立财产代管制度。

宣告死亡：公民有下列情形之一的，利害关系人可以向人民法院申请宣告他死亡：下落不明满四年的；因意外事故下落不明，从事故发生之日起满两年的。战争期间下落不明的，下落不明的时间从战争结束之日起计算。

申请宣告死亡的利害关系人的范围和顺序是：①配偶；②父母、子女；③兄弟姐妹、祖父母、外祖父母、孙子女、外孙子女；④其他与被申请宣告死亡人有民事权利义务关系的人，如债权人、债务人等。

公民被宣告死亡之后，产生与自然死亡相同的法律后果，其民事主体资格消灭，民事权利能力终止，婚姻关系自动解除，个人财产作为遗产发生继承。

【例 28-3】 王某离家出走，下落不明已满4年。王某的下列亲属中，能够直接到人民法院申请宣告王某死亡的人是(　　)。(2013 年单选题)

A. 王某的父母 B. 王某的配偶

C. 王某的子女 D. 王某的兄弟

【解析】B 本题考查宣告死亡的程序。申请宣告死亡的利害关系人的范围和顺序是：①配偶；②父母、子女；③兄弟姐妹、祖父母、外祖父母、孙子女、外孙子女；④其他与被申请宣告死亡人有民事权利义务关系的人，如债权人、债务人等。

(5) 个体工商户和农村承包经营户

个体工商户：公民在法律允许的范围内，依法经核准登记，从事工商业经营的，为个体工商户。

农村集体经济组织的成员，在法律允许的范围内，按照承包合同规定从事商品经营的，为农村承包经营户。

【例 28-4】公民有下列情形之一的，利害关系人可以向人民法院申请宣告他死亡( )。(2012 年多选题)

A. 下落不明满四年的

B. 下落不明满三年的

C. 因意外事故下落不明，从事故发生之日起满两年的

D. 因意外事故下落不明，从事故发生之日起满一年的

E. 战争期间下落不明的

【解析】AC 公民有下列情形之一的，利害关系人可以向人民法院申请宣告他死亡：下落不明满四年的；因意外事故下落不明，从事故发生之日起满两年的。战争期间下落不明的，下落不明的时间从战争结束之日起计算。本题的最佳答案为 AC 选项。

2. 法人

(1) 法人的概念

法人是具有民事权利能力和民事行为能力，依法独立享有民事权利和承担民事义务的组织。

(2) 法人的分类

法人分为企业法人和非企业法人。

3. 非法人组织

非法人组织是指虽不具有法人资格但可以自己的名义从事民事活动的组织团体。

4. 国家

国家在特殊情况下才会成为民事主体。

第三节 民事法律行为

考点三 民事法律行为

1. 民事法律行为的概念

民事法律行为是公民或者法人设立、变更、终止民事权利和民事义务的合法行为。

民事法律行为应当具有下列条件：行为人具有相应的民事行为能力；意思表示真实；不违反法律或者社会公共利益。民事法律行为可以采用书面形式、口头形式或者其他形式。法律规定用特定形式的，应当依照法律规定。民事法律行为从成立时起具有法律约束力。行为

人非依法律规定或者取得对方同意，不得擅自变更或者解除。

2. 民事法律行为的特征

①民事法律行为是以发生一定民事法律后果为目的的行为；②民事法律行为以意思表示为要素；③民事法律行为是具有法律效力的合法行为。

3. 无效民事行为

无效民事行为，是指因欠缺民事法律行为的有效要件，而当然、确定地不发生法律效力的民事行为。无效民事行为的本质特征在于违法性。

下列民事行为无效：无民事行为能力人实施的行为；限制民事行为能力人依法不能独立实施的行为；一方以欺诈、胁迫的手段或者乘人之危，使对方在违背真实意思的情况下所为的行为；恶意串通损害国家、集体或者第三人利益的，违反法律或者社会公共利益的行为；经济合同违反国家指令性计划的行为；以合法形式掩盖非法目的的行为。

无效的民事行为，从行为开始起就没有法律约束力。民事行为部分无效，不影响其他部分的效力的，其他部分仍然有效。民事行为被确认为无效后，当事人应当承担财产的返还义务、损失赔偿责任和其他制裁。双方恶意串通，实施民事行为损害国家的、集体的或者第三人利益的，应当追缴双方取得的财产，收归国家、集体所有或者返还第三人。

【例 28-5】 民事法律事实可以分为事件和行为。下列客观事实中，属于民事法律行为的是(   )。(2013 年单选题)

A. 自然人的死亡　　　　B. 自然灾害　　　　C. 意外事故　　　　D. 缔结婚姻

【解析】D 本题考查民事法律行为。民事法律事实按照其是否直接包含人的意志，可以分为事件和行为。民事法律事件，是指不直接包含当事人意志的法律事实。民事法律行为，是指受人的意志支配的有意识的活动，也即与当事人意志直接相关的法律事实。A、B、C 项属于民事法律事件，D 项属于民事法律行为。

4. 可撤销的民事行为

可撤销的民事行为是指依照法律的规定，可以由当事人请求人民法院或者仲裁机关予以变更或者撤销的民事行为。

其类型主要包括：行为人对行为内容有重大误解的民事行为；显失公平的民事行为；一方以欺诈、胁迫的手段或者乘人之危，使对方在违背真实意思的情况下所为的没有损害国家利益的合同行为。

被撤销的民事行为自始无效。

5. 效力待定的民事行为

效力待定的民事行为是指民事行为虽然已经成立，但因其不符合有关生效要件的规定，其效力能否发生，尚未确定，需等待有权人表示承认后才能生效。

其类型主要包括：限制民事行为能力人订立的其依法不能独立订立的合同；无权代理人所订立的合同；法定代表人、负责人超越权限订立的合同；无处分权人处分他人财产所订立的合同。

效力待定的民事行为，在经权利人承认后即发生法律效力，成为有效民事行为。

230

第四节 代 理

考点四 代理

1. 代理的概念和法律特征

广义的代理，是指代理人以被代理人的名义或以自己的名义与第三人为民事法律行为，而产生的法律后果直接或间接归属于被代理人。

狭义的代理，是指代理人仅以被代理人的名义为民事法律行为，而产生的法律后果直接归属于被代理人。

我国现行民事立法采用广义的代理概念，既包括直接代理也包括间接代理。依照法律规定或者按照双方当事人约定，应当由本人实施的民事法律行为不得代理。

代理的法律特征主要表现在：①代理人以被代理人的名义或自己的名义与第三人进行民事活动；②代理人在代理活动中必须有独立意思表示。代理人进行代理行为，就是要代被代理人实施民事行为，代理人应以自己的判断为被代理人的利益，独立为意思表示；③代理人必须在代理权限内实施代理行为；④代理行为产生的法律后果由被代理人承担。

2. 代理的种类

代理的种类包括以下几种。

① 委托代理，指委托代理人按照被代理人的委托行使代理权。

② 法定代理，指法定代理人依照法律的规定行使代理权。

③ 指定代理，指指定代理人按照人民法院或者指定单位的指定行使代理权。

3. 无权代理和滥用代理权

无权代理是指行为人不具有代理权而以他人名义实施的代理行为。

滥用代理权包括自己代理、双方代理和恶意串通，损害被代理人利益的行为。

【例28-6】 下列行为中，属于无权代理的是( )。(2013年单选题)

A. 自己代理   B. 双方代理

C. 超越代理权的代理   D. 恶意串通的代理

【解析】C 本题考查无权代理。无权代理，是指行为人不具有代理权而以他人名义实施的代理行为。滥用代理权主要包括自己代理、双方代理和恶意串通，损害被代理人利益的行为。ABD属于滥用代理权。

4. 代理的终止

有下列情形之一的，委托代理终止：代理期间届满或者代理事务完成；被代理人取消委托或者代理人辞去委托；代理人死亡；代理人丧失民事行为能力；作为被代理人或者代理人的法人终止。有下列情形之一的，法定代理或者指定代理终止：被代理人取得或者恢复民事行为能力；被代理人或者代理人死亡；代理人丧失民事行为能力；指定代理的人民法院或者指定单位取消指定；由其他原因引起的被代理人和代理人之间的监护关系消灭。

【例28-7】 下列情形中，能够导致委托代理终止的有(　　)。(2012年多选题)

A. 代理期间届满　　　　　　　　B. 代理人死亡

C. 被代理人死亡　　　　　　　　D. 被代理人取消委托

E. 代理人丧失民事行为能力

【解析】ABDE　本题考查委托代理终止的情形。有下列情形之一的，委托代理终止：代理期间届满或者代理事务完成；被代理人取消委托或者代理人辞去委托；代理人死亡；代理人丧失民事行为能力；作为被代理人或者代理人的法人终止。有下列情形之一的，法定代理或者指定代理终止：被代理人取得或者恢复民事行为能力；被代理人或者代理人死亡；代理人丧失民事行为能力；指定代理的人民法院或者指定单位取消指定；由其他原因引起的被代理人和代理人之间的监护关系消灭。

第五节　民事权利、民事义务和民事责任

考点五　民事权利、民事义务和民事责任

1. 民事权利

(1) 概念：民事权利是指民事主体为实现某种利益，依法为某种行为或不为某种行为的可能性。

(2) 分类：民事权利可以划分为财产权与人身权、绝对权与相对权。

(3) 我国法律规定的几种主要民事权利如下所述。

① 物权

物权是指权利人依法对特定的物享有直接支配和排他的权利，物权的支配性和排他性均来自于物的归属，即法律将某物归属于某人支配，从而使其对物的利益享有独占的支配并排他的权利。物权包括所有权、用益物权和担保物权。

所有权是指所有权人对自己的不动产或者动产，依法享有占有、使用、收益和处分的权利。其类型包括国家所有权、集体所有权、私人所有权。

用益物权是指依法对他人所有物在合适的范围内以使用、收益为主要内容的权利，包括土地承包经营权、建设用地使用权、宅基地使用权和地役权。

担保物权是指为确保债权的实现而设定的，以直接取得或者支配特定财产的交换价值为内容的权利，包括抵押权、质权和留置权。抵押权是债务人或第三人向债权人提供不动产作为清偿债务的担保而不转移占用所产生的担保物权。当债务人到期不履行债务时，抵押权人有权就抵押财产的价金优先受偿。质权是债权人因担保债权，占用债务人或第三人移交的财产，并可就其卖得的价金优先接受清偿的权利。留置权是指债权人按照合同的约定占用债务人的动产，债务人不按照合同约定的期限履行债务的，债权人有权留置该动产，并依照法律的规定将动产折价或者以拍卖、变卖后的价款优先受偿的权利。留置权是法定的担保物权。留置权的成立无须双方当事人的约定，当债务人不履行其债务时，债权人可直接基于法律的规定行使留置权。同一动产上已设立抵押权或者质权，该动产又被留置的，留置权人优先受偿。

② 债权

债权是按照合同的约定或者依照法律的规定，在当事人之间产生的特定的权利和义务关系。享有权利的人是债权人，负有义务的人是债务人。债权人有权要求债务人按照合同的约定或者依照法律的规定履行义务。

因债的发生原因不同，债可分为合同之债、侵权之债、不当得利之债和无因管理之债。

③ 人格权

人格权是指权利人具有法律上独立人格必须享有的民事权利。

【例28-8】下列权利中，属于人格权的有( )。(2012年多选题)

A. 姓名权　　　　　　　　B. 监护权　　　　　　　　C. 肖像权

D. 亲属权　　　　　　　　E. 隐私权

【解析】ACE　本题考查人格权。人格权，是指权利人具有法律上独立人格必须享有的民事权利。人格权包括生命健康权、姓名权、名誉权、肖像权、隐私权等。人格权是社会个体生存和发展的基础，是整个法律体系中的一种基础性权利。B、D属于身份权。

④ 身份权

身份权是权利人因特定身份而产生的民事权利。

2. 民事义务

(1) 概念：民事义务是指民事主体为满足权利人的某种利益而依法为某种行为或不为某种行为的必要性。

(2) 分类：民事义务可以分为积极义务和消极义务。

3. 民事责任

(1) 民事责任的概念

民事责任是指民事主体因违反合同或不履行其他义务，侵害国家、集体财产或他人财产、人身而依法应当承担的法律后果。

(2) 民事责任的法律特征

① 民事责任是因为违反民事义务而承担的法律后果。

② 民事责任主要是财产性责任。

③ 民事责任的范围与违法行为所造成的损害范围相适应。

(3) 民事责任的分类

民事责任可以分为违约责任和侵权责任。

违约责任即违反合同的责任，是指合同当事人不履行或不适当履行合同义务所应承担的法律责任。

违约责任的构成要件。包括两个方面：①违约行为。违约行为是指合同当事人不履行或者不适当履行合同义务的客观事实。违约行为是构成违约责任的首要条件。②主观过错。主观过错是指合同当事人通过其违约行为所表现出的故意和过失的心理状态。债权人就债务人的主观过错不承担举证责任。债务人只有证明自己在主观上没有过错，才可以否定违约责任的构成。

承担违约责任的方式。主要包括继续履行、违约损害赔偿和支付违约金。这些承担违约责任的方式，既可以单独使用，也可合并使用。

免责事由，是指免除违约方承担违约责任的原因和理由，包括法定免责事由和约定免责事由。法定免责事由主要是指不可抗力。不可抗力是指不能预见、不能避免并不能克服的客观情况。约定免责事由即指免责条款，是合同当事人在合同中约定的免除其在将来可能发生的违约责任的条款。违反法律规定或社会公共利益的免责条款不能发生法律效力。

侵权责任是指公民、法人由于过错侵害国家的、集体的财产，侵害他人财产、人身的，应当承担民事责任。没有过错的，但法律规定应当承担民事责任的，应当承担民事责任。侵权责任是侵权行为的法律后果，具有补救性和制裁性的双重性质。根据侵权责任的构成要件，可以将其分为一般侵权责任和特殊侵权责任。

一般侵权责任是指因为故意或者过失而造成他人财产或者人身损害而应承担的民事责任。构成要件包括4个方面：①违法行为；②损害事实；③因果关系；④主观过错。

特殊侵权责任是指并不需要具备一般侵权责任的构成要件，而是根据法律的特别规定所应负的民事责任。这是无过错责任原则的运用。

承担民事责任的方式主要有：停止侵害；排除妨碍；消除危险；返还财产；恢复原状；修理、重作、更换；赔偿损失；支付违约金；消除影响、恢复名誉和赔礼道歉。以上承担民事责任的方式，可以单独适用，也可以合并适用。

第六节 诉 讼 时 效

考点六 诉讼时效

1. 诉讼时效的概念

诉讼时效是指权利人不行使权利的事实状态持续经过法定的期间届满，丧失其请求法院依诉讼程序强制义务人履行义务的权利的时效制度。

诉讼时效期间届满的法律效果，是权利人丧失胜诉权，当事人之间的实体权利义务关系并不消灭，而是变成一种不受法律强制力保护的"自然债权"。

2. 诉讼时效的种类

(1) 普通诉讼时效

这是指由民事基本法规定的，除法律有特别规定外可以普遍适用于各种民事法律关系的诉讼时效。我国民法通则规定向人民法院请求保护民事权利的诉讼时效期间为两年，法律另有规定的除外。

(2) 特别诉讼时效

这是指民事法律规定的只适用于某些特定的民事法律关系的诉讼时效。我国民法通则第136条规定下列诉讼时效期间为一年：身体受到伤害要求赔偿的；出售质量不合格的商品未声明的；延付或者拒付租金的；寄存财物被丢失或者损毁的。

(3) 权利的最长保护期限

这是指从权利被侵害之日起受法律保护的最长期限。我国民法通则第137条规定诉讼时效期间从知道或者应当知道权利被侵害时起计算。但是，从权利被侵害之日起超过20年的，人民法院不予保护。有特殊情况的，人民法院可以延长诉讼时效期间。

3. 诉讼时效期间的中止、中断和延长

在诉讼时效期间的最后6个月内，因不可抗力或者其他障碍不能行使请求权的，诉讼时效中止。从中止时效的原因消除之日起，诉讼时效期间继续计算。

诉讼时效期间的中断，是指在诉讼时效期间进行中，因法定事由的发生，致使已经经过的诉讼时效期间全部归于无效，待中断事由消除后，诉讼时效期间重新计算。引起时效期间中断的法定事由有：①起诉；②以请求、通知和催告等方式主张权利；③承认或者认诺。这是指义务人向权利人作出明确的意思表示或通过具体的行动表示其承认并愿意履行其义务。

诉讼时效期间的延长是法律赋予法院在特殊情况下，可以在诉讼时效期间届满后，对权利人的权利继续给予保护的一种专属权力，属于司法裁量权的范畴。

【例28-9】 下列事由中，可能导致诉讼时效中止的是(   )。(2012年单选题)

A. 起诉债务人　　　　　　　　　B. 发生意外事故

C. 催告债务人偿债　　　　　　　D. 债务人承认债务

【解析】B　本题考查诉讼时效中止事由。A、C、D导致诉讼时效中断。

同 步 自 测

一、单项选择题

1. 下列法律规范中，属于民事法律规范的是(   )。

A. 《中华人民共和国物权法》　　　B. 《中华人民共和国行政诉讼法》

C. 《中华人民共和国教育法》　　　D. 《中华人民共和国预算法》

2. 下列行为中，属于代理行为的是(   )。

A. 传达室的张大爷将李某寄给董事长张某的信送给董事长的行为

B. 公司董事长以公司的名义对外签约的行为

C. 李某将自己未成年儿子的压岁钱以儿子的名义存入银行的行为

D. 经销公司以自己的名义卖出委托人委托出卖的钢材的行为

3. 根据《中华人民共和国民事诉讼法》的规定，下列关于督促程序的表述中，正确的是(   )。

A. 督促程序是一种非诉讼的特别程序

B. 督促程序适用于债权人请求债务人交付房产的案件

C. 支付令的送达可以采用公告送达的方式

D. 支付令异议的提出，可以采用口头形式

4. 债发生的原因不包括(   )。

A. 侵权　　　　　B. 无因管理　　　　　C. 紧急避险　　　　D. 不当得利

5. 下列关于代理的提法中，错误的是(   )。

A. 代理人应以自己的名义实施民事法律行为

B. 依照法律规定应当由本人实施的民事法律行为，不得代理

C. 按照双方当事人约定应当由本人实施的民事法律行为，不得代理

D. 被代理人对代理行为承担民事责任

6. 民事责任的承担方式不包括(   )。

A. 停止侵害　　　　　B. 罚款　　　　　C. 返还财产　　　　D. 赔礼道歉

7. 下列(   )民事行为，一方有权请求人民法院或者仲裁机关予以变更或者撤销。

    A. 行为人对行为内容有重大误解的

    B. 无民事行为能力人实施的

    C. 以合法形式掩盖非法目的的

    D. 恶意串通、损害国家、集体或者第三人利益的

8. 甲委托乙保管其电视机，乙未经甲同意将电视机以市价卖给不知情的丙，在此情形下，下列说法正确的是(   )。

    A. 甲不得向乙要求返还卖电视机所得的款项

    B. 甲不得向丙要求返还电视机

    C. 甲可先向丙要求返还电视机，后可向乙追偿

    D. 乙可向丙要求返还电视机

9. 下列关于民事行为能力的说法，正确的是(   )。

    A. 18周岁以上的公民具有完全民事行为能力

    B. 未成年人的行为所产生的法律后果只能由其监护人或者法定代理人承担

    C. 14周岁以上不满18周岁的未成年人是限制民事行为能力人

    D. 不满10周岁的未成年人是无民事行为能力人

二、多项选择题

1. 下列权利属于用益物权的是(   )。

    A. 土地承包经营权   B. 抵押权   C. 建设用地使用权

    D. 地役权   E. 担保权

2. 下列关于民事责任的提法中，正确的是(   )。

    A. 二人以上共同侵权造成他人损害的，应当承担连带责任

    B. 受害人对于损害的发生也有过错的，可以减轻侵害人的民事责任

    C. 当事人对造成损害都没有过错的，可以根据实际情况，由当事人分担民事责任

    D. 因正当防卫造成损害的，不承担民事责任；正当防卫超过必要的限度，造成不应有的损害的，应当承担适当的民事责任

    E. 监护人尽了监护责任的，仍不能减轻其民事责任

3. 公民承担民事责任应符合下列(   )条件。

    A. 过错   B. 损害事实   C. 民事违法行为

    D. 主观上故意   E. 损害事实与行为之间的因果关系

4. 下列各项中，属于无效民事法律行为的有(   )。

    A. 无民事行为能力人实施的   B. 违反法律的

    C. 违反社会公共利益的   D. 限制行为能力人接受赠与的

    E. 以合法形式掩盖非法目的的

5. 下列属于无权代理的情形是(   )。

    A. 代理人以被代理人的名义与自己实施法律行为

    B. 代理人所为的代理行为超越其代理权

    C. 行为人自始就没有代理权而实施代理行为

    D. 代理人的代理权消灭后仍以代理人身份而为代理行为

E. 代理人和第三人恶意串通

6. 根据《中华人民共和国民法通则》的规定，法人应当具备的条件包括(　　)。

    A. 依法成立   B. 有必要的财产或者经费

    C. 有自己的名称、组织机构和场所   D. 能够独立承担民事责任

    E. 对其债务承担无限责任

7. 下列属于表见代理的构成要件的是(　　)。

    A. 行为人没有代理权、超越代理权或者代理权终止

    B. 行为人以自己名义为一定行为

    C. 相对人有理由相信行为人有代理权

    D. 相对人须善意且无过失

    E. 行为人以他人名义为一定行为

8. 下列属于人格权的范围的是(　　)。

    A. 荣誉权   B. 肖像权   C. 亲属权

    D. 姓名权   E. 健康权

同步自测解析

一、单项选择题

1. 【解析】A　在我国，已颁布的重要民事法律规范主要有《中华人民共和国民法通则》《中华人民共和国物权法》《中华人民共和国合同法》《中华人民共和国专利法》等。本题考查民法的重要法律规范。

2. 【解析】C　代理是代理人依据被代理人的委托或者法律规定以及人民法院或有关单位指定，以被代理人的名义，在代理权限内所实施的民事法律行为，这种行为产生的法律后果直接由被代理人承受。

3. 【解析】A　本题考查对督促程序的理解。督促程序是一种非诉讼的特别程序，适用于债权人请求债务人支付金钱、有价证券的案件。支付令的送达应采用直接送达、留置送达等法定送达方式。支付令异议的提出，可以采用书面形式。所以只有A选项正确。

4. 【解析】C　债的发生原因包括：合同之债、侵权之债、不当得利之债和无因管理之债等。

5. 【解析】A　A项应为，代理人以被代理人的名义在代理权限内进行直接对被代理人产生效力的法律行为。

6. 【解析】B　罚款是行政责任的承担方式。除ACD三项外，民事责任的承担方式还包括排除妨碍，消除危险，恢复原状，修理、重作、更换，赔偿损失，支付违约金，消除影响、恢复名誉。

7. 【解析】A　行为人对行为内容有重大误解的或者显失公平的民事行为，一方有权请求人民法院或者仲裁机关予以变更或者撤销。被撤销的民事行为从行为开始起无效。BCD三项均为无效民事行为，从行为开始起就没有法律约束力。

8. 【解析】B　这种情况属于表见代理的情形，符合构成表见代理的要件。甲不得请求返还，因为丙善意取得了该电视机的所有权且无过失，该代理行为有效。

9.【解析】D　公民的民事行为能力是指公民可以独立进行民事活动的能力和资格。年满18周岁以上并且精神正常的公民才具有完全民事行为能力；16周岁以上不满18周岁的未成年人能够以自己的劳动所得维持自己生活的，视为完全民事行为能力人。

二、多项选择题

1.【解析】ACD　用益物权是物权的一种，是指非所有人对他人之物所享有的占有、使用、收益的排他性的权利。比如土地承包经营权、建设用地使用权、宅基地使用权、地役权。抵押权是担保物权的一种。

2.【解析】ABCE　D项不正确。

3.【解析】ABCE　民事责任的构成要件包括：①损害事实，即损害包括财产损害和精神损害；②民事违法行为，即行为人的行为必须违反法律规范；③损害事实与行为之间的因果关系；④过错，包括故意和过失。

4.【解析】ABCE　本题考查无效民事行为。无民事行为能力人、限制民事行为能力人接受奖励、赠与、报酬，他人不得以行为人无民事行为能力、限制民事行为能力为由，主张以上行为无效。所以选项D不属于无效民事法律行为。

5.【解析】BCD　无权代理是指行为人不具有代理权而以他人名义实施的代理行为。BCD三项都是无权代理的类型。

6.【解析】ABCD　法人应当具备下列条件：依法成立；有必要的财产或者经费；有自己的名称、组织机构和场所；能够独立承担民事责任。

7.【解析】ACD　构成表见代理须具备三个要件：①行为人没有代理权、超越代理权或者代理权终止后以被代理人名义为一定行为；②相对人有理由相信行为人有代理权；③相对人须善意且无过失。

8.【解析】ABDE　人格权包括生命权、健康权、人身自由权、婚姻自主权、姓名权、名称权、肖像权、名誉权以及荣誉权。亲属权属于身份权。

第二十九章　民事诉讼与仲裁法律基础知识

大纲解读

测查应试人员是否掌握民事诉讼法和仲裁法基础知识和现行立法，并能够运用相应知识分析和解决相应法律实务问题。

1. 民事诉讼法基础知识

民事诉讼法的基本原则，民事诉讼法的基本制度，民事诉讼的管辖，第一审普通程序与简易程序，第二审程序，审判监督程序，督促程序，公示催告程序，执行程序。

2. 行政诉讼法基础知识

行政诉讼的概念和特征，基本原则。

3. 仲裁法基础知识

仲裁法的一般原则，仲裁协议的概念和生效要件，仲裁协议的效力，仲裁协议的无效及确定，仲裁的申请和受理条件及程序，仲裁庭组成的方式，仲裁开庭程序和仲裁裁决，法院对仲裁的协助与监督的内容。

考点精讲

第一节　民事诉讼法基础知识

考点一　民事诉讼法基础知识

1. 民事诉讼法的基本原则

①当事人诉讼权利平等原则；②同等原则和对等原则；③法院调解自愿和合法的原则；④辩论原则；⑤处分原则；⑥检察监督原则；⑦支持起诉原则。

2. 民事诉讼法的基本制度

①合议制；②回避制；③公开审判制；④两审终审制。

【例29-1】根据《中华人民共和国民事诉讼法》，下列案件中，一律不会公开审理的有（　　）。(2012年多选题)

A. 离婚案件　　　　　　　　　　　B. 涉及政府秘密的案件

C. 涉及商业秘密的案件　　　　　　D. 涉及个人隐私的案件

E. 涉及军事秘密的案件

【解析】BDE　本题考查公开审判制。根据法律规定，下列情形为例外：①涉及国家秘密和个人隐私的案件，一律不公开审理。②离婚案件、涉及商业秘密的案件，当事人申请不公开审理的，可以不公开审理。

3. 人民法院的民事诉讼管辖

(1) 管辖的概念和分类。管辖的概念和分类是指各级法院之间和同级法院之间受理第一审民事案件的分工和权限，民事诉讼法中的管辖主要包括级别管辖、地域管辖、专属管辖和协议管辖。

(2) 级别管辖。级别管辖是指按照一定的标准，划分上下级法院之间受理第一审民事案件的分工和权限。

(3) 地域管辖。地域管辖是指按照各法院的辖区和民事案件的隶属关系来划分诉讼管辖。

(4) 专属管辖。专属管辖是法律规定案件必须由特定法院管辖，其他法院无权受理，当事人也不得协议变更受理法院。

(5) 协议管辖。协议管辖是指合同的当事人可以在书面合同中协议选择人民法院管辖，但不得违反有关规定。

4. 第一审普通程序与简易程序

(1) 起诉。起诉是指公民、法人和其他组织在其民事权利受到侵害或与他人发生争议时，向人民法院提起诉讼，请求人民法院通过审判予以司法保护的行为。

(2) 受理。人民法院接到起诉状后，经审查，认为符合起诉条件的，应当在7日内立案，并通知当事人；认为不符合起诉条件的，应当在 7 日内裁定不予受理；原告对不予受理裁定不服的可提起上诉。

(3) 审理前的准备。是指人民法院接受原告起诉并决定立案受理后，在开庭审理之前，由承办案件的审判员依法所作的各项准备工作。

(4) 开庭审理。开庭审理是指在人民法院审判人员的主持下，在当事人和其他诉讼参与人的参加下，在法院固定的法庭上或法律允许设置的法庭上，依照法定的程序和顺序，对案件进行实体审理，从而查明案件事实、分清是非，并在此基础上对案件作出裁判的全过程。

(5) 简易程序。简易程序是指基层人民法院及其派出法庭审理简单民事案件和简单经济纠纷案件所适用的程序。

【例29-2】 根据《中华人民共和国民事诉讼法》，下列法院中，可以使用简易程序审理民事案件的是(   )。(2013 年单选题)

A. 中级人民法院   B. 高级人民法院

C. 最高人民法院   D. 基层法院及其派出法庭

【解析】D 本题考查简易程序。简易程序在我国的民事诉讼中，是指基层人民法院及其派出法庭审理简单民事案件和简单经济纠纷案件所适用的程序。

5. 第二审程序

(1) 上诉和两审终审。当事人不服第一审法院判决、裁定的，有权向该法院的上一级法院依法提起上诉。上诉必须在法定期限内提出。对判决提起上诉的期限为自判决书送达之日起15日内，对裁定提起上诉的期限为自裁定书送达之日起10日，逾期不上诉的，原判决、裁定即发生法律效力。

当事人提起上诉后至第二审审结前，原审法院的判决或裁定不发生法律效力。第二审法院的判决、裁定是终审的判决、裁定，当事人不得再上诉。

(2) 审理。二审人民法院审理上诉案件，应当组成合议庭开庭审理，但合议庭认为不需要开庭审理的，也可以进行判决、裁定。

　　第二审人民法院对上诉案件，经过审理，按照下列情形分别处理：①原判决认定事实清楚，适用法律正确的，判决驳回上诉，维持原判决；②原判决适用法律错误的，依法改判；③原判决认定事实错误，或者原判决认定事实不清、证据不足，裁定撤销原判决，发回原审人民法院重审，或者查清事实后改判；④原判决违反法定程序，可能影响案件正确判决的，裁定撤销原判决，发回原审人民法院重审。

6. 审判监督程序

　　审判监督程序即再审程序，是指对已经发生法律效力的判决、裁定、调解书，人民法院认为确有错误，依法对案件再行审理的程序。

　　【例29-3】 关于审判监督程序的说法，正确的是(　　)。(2010年单选题)

　　A. 审判监督程序是诉讼的独立审级

　　B. 若当事人向上一级法院申请再审，可判决停止执行

　　C. 法院院长有权提起再审程序

　　D. 人民法院审理再审案件，应当另行组成合议庭

　　【解析】D 审判监督程序只是纠正生效裁判错误的法定程序，不是案件审理的必经程序，也不是诉讼的独立审级，A不正确；当事人对已经发生法律效力的判决、裁定，认为有错误的，可以向上一级人民法院申请再审，但不停止判决、裁定的执行，B不正确；各级人民法院院长对本院已经发生法律效力的判决、裁定，发现确有错误，认为需要再审的，提交本院审判委员会讨论决定，因此法院院长没有权力直接提起再审程序，C不正确；民法院审理再审案件，应当另行组成合议庭，D正确。

7. 督促程序

　　(1) 概念：督促程序，又称债务催偿程序，是指人民法院根据债权人的申请，向债务人发出支付令，催促债务人在法定期限内向债权人清偿债务的法律程序。督促程序适用于债权人请求债务人给付金钱、有价证券的案件。

　　(2) 申请支付令的条件如下所述。

　　① 债权人请求债务人给付的标的必须是金钱或汇票、本票、支票以及股票、债券、国库券、可转让的存款单等有价证券。

　　② 请求给付的金钱或者有价证券已到期且数额确定，并写明了请求所依据的事实和证据。

　　③ 债权人与债务人之间没有对等给付义务。

　　④ 支付令必须能够送达债务人。支付令的送达应采用直接送达、留置送达等法定送达方式。

　　(3) 支付令的申请与审查：债权人依督促程序请求人民法院发出支付令，必须以书面形式向人民法院提出申请，并应提交必要的证据材料，如证明债权债务关系存在的合同、收据等。支付令的申请应当向债务人所在地的基层人民法院提出。债权人提出申请后，人民法院应当在5日内通知债权人是否受理。人民法院受理申请后，经审查，认为债权债务关系明确、合法，应当在受理申请之日起15日内直接向债务人发出支付令；否则，应以裁定驳回债权人的申请，该裁定不得上诉。

　　(4) 支付令的效力：债务人应当自收到支付令之日起15日内清偿债务，或者向人民法院提出书面异议。债务人收到支付令后在法定期间内不提出异议，则支付令生效，生效的支付令与生效的判决书具有同样的法律效力。如果债务人拒不履行支付令的，债权人可以向人民

法院申请执行。人民法院收到债务人提出的书面异议后，应当裁定终结督促程序，支付令自行失效，债权人可以起诉。

8. 公示催告程序

(1) 概念与适用范围：公示催告程序，是指在票据持有人之票据被盗、遗失或者灭失的情况下，人民法院根据当事人的申请，以公告的方式催告利害关系人在一定期间内申报权利，如果逾期无人申报，根据申请人的申请，依法作出除权判决的程序。适用范围：一是按照规定可以背书转让的票据被盗、遗失或者灭失的；二是依照法律规定可以申请公示催告的其他事项。

(2) 申请公示催告的条件：①申请人必须是享有申请权的票据持有人。所谓票据持有人，是指票据被盗、遗失或者灭失前的最后持有人；②具有明确、合法的申请形式和理由；③向有管辖权的人民法院申请。公示催告案件由票据支付地的基层人民法院管辖。

(3) 审查与受理：人民法院经审查，认为申请符合受理条件的，应当受理并通知申请人，并同时通知支付人停止支付该票据。如果在收到人民法院通知前，支付人已经支付了该票据，则应当裁定终结公示催告程序。对于不符合受理条件的，7日内裁定驳回申请。

(4) 公告与权利申报：人民法院决定受理申请，应当在三日内发布公告，催促利害关系人申报权利。公示催告期间的长短，由人民法院根据案件的具体情况决定，但最短不得少于60日。在公示催告期间，转让票据权利的行为无效。

(5) 除权判决：是指人民法院作出的宣告票据无效的判决。其含义包括：宣告票据无效进而排除申请人以外的其他人对该票据享有权利；通过在指定期间内无人申报权利的事实，推定票据权利归申请人所有。

9. 执行程序

(1) 执行和执行程序的概念。执行是指人民法院的执行组织依照法定的程序，对发生法律效力的法律文书确定的给付内容，以国家强制力为后盾，依法采取强制措施，迫使义务人履行义务的行为。执行程序是指保证具有执行效力的法律文书得以实施的程序。

(2) 执行申请。当事人向人民法院申请执行时，应提交申请书，说明要求执行的事实、理由，提供作为执行依据的法律文书，同时说明被执行人的经济情况。

(3) 执行措施。执行措施是人民法院执行机构依照法定程序强制执行生效的法律文书时所采取的具体的方法和手段。

(4) 执行中止和终结。执行中止是指在执行过程中，因某种特殊情况的发生而使执行程序暂时停止，待该情况消除后再恢复执行程序的制度。执行终结是指在执行过程中，由于发生了某些特殊情况，执行程序不可能或没有必要继续进行，从而结束执行程序的制度。

第二节　行政诉讼法基础知识

考点二　行政诉讼法基础知识

1. 行政诉讼的概念

行政诉讼是指公民、法人或者其他组织认为行政机关和被授权组织作出的具体行政行为侵犯其合法权益，依法定程序向人民法院起诉，人民法院在当事人及其他诉讼参与人的参加下，对具体行政行为的合法性进行审查并作出裁决的制度。

2. 行政诉讼的特征

行政诉讼的特征有：①行政案件由人民法院统一受理和审理；②人民法院审理的行政案件只限于就行政机关作出的具体行政行为的合法性发生的争议；③行政复议不是行政诉讼的前置阶段或者必经程序；④行政案件的审理方式原则上为开庭审理。

3. 行政诉讼的基本原则

(1) 当事人选择复议原则。当事人对具体行政行为不服时，既可以先向上一级行政机关或者法律规定的特定机关申请复议，对复议决定不服，再向法院起诉，也可以不经复议直接向法院起诉。

(2) 审查具体行政行为合法性原则。具体行政行为是行政诉讼的起诉对象，而抽象行为不是。

(3) 具体行政行为不因诉讼而停止执行原则。具体行政行为作出以后，当事人即使提起了行政诉讼，仍要按照具体行政行为所规定的内容履行义务。

(4) 行政诉讼不适用调解原则。人民法院审理衙政案件，既不能把调解作为行政诉讼过程中的一个必经阶段，也不能把调解作为结案的一种方式。

(5) 司法变更权有限原则。人民法院对被诉具体行政行为经过审理后，认为该具体行政行为违法而改变该具体行政行为的权力。

(6) 被告行政机关负举证责任原则。也即被告行政机关负责举证责任。

第三节　仲裁法基础知识

考点三　仲裁法基础知识

1. 仲裁法的一般原则

(1) 自愿原则。仲裁方式的选择以双方当事人的自愿为前提。

(2) 仲裁独立原则。仲裁机构独立于行政机构和其他机构，仲裁机构之间也无隶属关系。

(3) 仲裁一裁终局原则，仲裁裁决一经仲裁庭作出，即发生法律效力，这使得当事人之间的纠纷能够迅速得以解决。

(4) 仲裁保密原则。仲裁以不公开审理为原则，有关的仲裁法律和仲裁规则也同时规定了仲裁员及仲裁秘书人员的保密义务。

【例29-4】　下列原则中，不属于仲裁法原则的是(　　)。(2012年单选题)

A. 辩论原则　　　　　　　　　　　B. 仲裁变革原则

C. 仲裁一裁终局原则　　　　　　　D. 自愿原则

【解析】A　本题考查仲裁法的一般原则。仲裁法的一般原则：自愿原则、仲裁独立原则、仲裁一裁终局原则、仲裁保密原则。

2. 仲裁协议

(1) 概念：仲裁协议是指双方当事人自愿将他们之间已经发生或者可能发生的争议提交仲裁解决的书面协议。仲裁协议有排除法院管辖的效力。

(2) 生效要件：形式要件、实质要件。

(3) 仲裁协议的效力和无效仲裁协议的确定。

仲裁协议的效力：①仲裁协议是仲裁机构管辖案件的前提；②只要有仲裁协议，法院对案件就没有管辖权；③仲裁协议是仲裁裁决可以具有强制执行力的前提。

仲裁协议的无效及其确定：在违背法律规定的情况下，双方当事人所订立的仲裁协议是无效的，没有法律效力。

3. 仲裁程序

(1) 申请与受理

申请仲裁是指平等主体的公民、法人和其他组织就他们之间发生的合同纠纷和其他财产权益纠纷，根据他们所签订的仲裁协议，提请所选定的仲裁机构进行仲裁审理和裁决的行为。

当事人申请仲裁应当符合以下条件：第一，有仲裁协议；第二，有具体的仲裁请求和事实、理由；第三，属于仲裁委员会的受理范围。

【例29-5】 根据《中华人民共和国仲裁法》，关于仲裁协议的说法，正确的是( )。(2013年单选题)

A. 仲裁协议应当写明提交仲裁的事项

B. 仲裁协议既可以是书面形式，也可以是口头形式

C. 仲裁协议无须选定具体的仲裁委员会

D. 限制民事行为能力人可以订立仲裁协议

【解析】A 本题考查仲裁协议。仲裁协议应具备书面形式，B错误。仲裁协议应当写明提交仲裁事项和选定的仲裁委员会的名称，同时还应包括请求仲裁的意思表示，A正确，C错误。无民事行为能力人或者限制民事行为能力人订立的仲裁协议无效，D错误。

【例29-6】 关于我国仲裁制度的说法，正确的是( )。(2012年单选题)

A. 仲裁一律开庭进行

B. 仲裁庭仲裁纠纷时，可以就部分事实清楚的内容，先行裁决

C. 根据不会公开审理原则，仲裁一律不公开进行

D. 仲裁庭作出仲裁前，必须先行调解

【解析】B 本题考查仲裁制度。仲裁应当开庭进行，但是当事人协议不开庭的，仲裁庭可以根据仲裁申请书、答辩书以及其他材料作出裁决，所以选项A错误。仲裁不公开进行，但是除涉及国家秘密的以外，当事人协议公开进行的，则可以公开进行。

(2) 组成仲裁庭

仲裁庭有两种组成方式：一种是由三名仲裁员组成，即合议仲裁庭，合议仲裁庭设首席仲裁员；另一种则是由一名仲裁员组成，即独任仲裁庭。

(3) 开庭和裁决

开庭，即开庭审理，是指在仲裁庭的主持下，在双方当事人和其他仲裁参与人的参加下，按照法定程序，对案件进行审理并作出裁决的方式。

4. 法院对仲裁的协助与监督

法院对仲裁活动的协助，主要表现在财产保全、证据保全和强制执行仲裁裁决三个方面。

法院对仲裁活动的监督：①撤销仲裁裁决；②不予执行仲裁裁决。

同 步 自 测

一、单项选择题

1. 根据《中华人民共和国民事诉讼法》关于专属管辖的规定,下列各项中错误的是(　　)。

　　A. 因不动产纠纷提起的诉讼,由被告住所地人民法院管辖

　　B. 因港口作业中发生纠纷提起的诉讼,由港口所在地人民法院管辖

　　C. 因继承遗产纠纷提起的诉讼,被继承人死亡时住所地人民法院有管辖权

　　D. 因继承遗产纠纷提起的诉讼,被继承人主要遗产所在地人民法院有管辖权

2. 根据《中华人民共和国民事诉讼法》的规定,下列有关管辖的表述,正确的是(　　)。

　　A. 民事案件地域管辖的一般原则是"原告就被告"

　　B. 合同纠纷案件不可以实行协议管辖

　　C. 重大涉外案件的一审法院是基层人民法院

　　D. 高级人民法院管辖的案件实行一审终审

3. 根据《中华人民共和国民事诉讼法》的规定,(　　)按专属管辖办理。

　　A. 企业破产案件　　　　　　　　　　　B. 保险合同纠纷

　　C. 不动产纠纷　　　　　　　　　　　　D. 票据纠纷

4. 人民法院受理案件后,当事人对管辖权有异议的,应当在(　　)提出。

　　A. 递交起诉状时　　　　　　　　　　　B. 提交答辩状期间

　　C. 法院开庭审理期间　　　　　　　　　D. 判决宣告之前

5. 根据《中华人民共和国民事诉讼法》的规定,下列关于公示催告程序的表述,正确的是(　　)。

　　A. 公示催告期间最短不得少于 90 日

　　B. 在公示催告期间,转让票据权利的行为无效

　　C. 公示催告案件由票据持有人所在地的基层人民法院管辖

　　D. 公示催告申请人申请人民法院作出除权判决的,应自申报权利期间届满的次日起一年内提出

6. 根据《中华人民共和国仲裁法》的规定,仲裁裁决应当按多数仲裁员的意见作出,仲裁庭不能形成多数意见时,裁决应当按照(　　)的意见作出。

　　A. 首席仲裁员　　　　　　　　　　　　B. 仲裁委员会主任

　　C. 仲裁委员会的专家委员会　　　　　　D. 仲裁委员会集体讨论

7. 如果一方当事人申请撤销仲裁裁决,而另一方当事人申请执行仲裁裁决的,人民法院首先应当裁定(　　)。

　　A. 中止执行裁定　　　　　　　　　　　B. 终结执行裁决

　　C. 撤销裁决　　　　　　　　　　　　　D. 通知仲裁庭在一定期限内重新仲裁

8. 《中华人民共和国产品质量法》所称产品不包括(　　)。

　　A. 建设工程　　　　B. 服装　　　　C. 建筑构配件　　　　D. 酒类

二、多项选择题

1. 根据《中华人民共和国民事诉讼法》的规定，可以上诉的判决有(　　)。
   A. 地方各级人民法院适用普通程序审理后作出的第一审判决
   B. 地方各级人民法院适用简易程序审理后作出的第一审判决
   C. 按照第一审程序对案件再审作出的判决
   D. 第二审法院的判决
   E. 第二审法院发回重审后的判决

2. 根据《中华人民共和国民事诉讼法》的规定，可以上诉的判决有(　　)。
   A. 地方各级人民法院适用普通程序审理后作出的第一审判决
   B. 地方各级人民法院适用简易程序审理后作出的第一审判决
   C. 按照第一审程序对案件再审作出的判决
   D. 第二审法院的判决
   E. 第二审法院发回重审后的判决

3. 根据《中华人民共和国民事诉讼法》的规定，下列关于督促程序的表述，错误的是(　　)。
   A. 督促程序是一种非诉讼的特别程序
   B. 督促程序适用于债权人请求债务人交付房产的案件
   C. 支付令的送达可以采用公告送达的方式
   D. 支付令异议的提出，可以采用口头形式
   E. 督促程序是诉讼程序中必须的环节

4. 关于民事审判程序，表述正确的是(　　)。
   A. 最高人民法院管辖的案件实行一审终审
   B. 简易程序中由审判员一人独任审理
   C. 在督促程序中，支付令异议的提出，必须采取书面形式
   D. 在公示催告程序中，公示催告的期间不得少于90日
   E. 人民法院审理再审案件，上级人民法院按照审判监督程序提审的，按第二审程序审理

5. 根据《中华人民共和国仲裁法》的规定，下列关于仲裁程序的表述，正确的是(　　)。
   A. 仲裁以不公开审理为原则
   B. 仲裁庭仲裁纠纷时，其中一部分事实清楚，可以就该部分先行裁决
   C. 裁决书自作出之日起发生法律效力
   D. 仲裁一律开庭进行
   E. 对于仲裁结果不服的，可进行诉讼

6. 仲裁的特点主要有(　　)。
   A. 自愿性　　　　　　　　B. 专业性　　C. 灵活性
   D. 经济性　　　　　　　　E. 公开性

7. 根据《中华人民共和国民事诉讼法》，可以上诉的裁定包括(　　)。
   A. 不予受理的裁定　　　　　　　　B. 对管辖权有异议的裁定
   C. 驳回起诉的裁定　　　　　　　　D. 第二审法院的裁定
   E. 驳回债权人申请支付令的裁定

8. 根据《中华人民共和国民事诉讼法》的规定，下列有关管辖的表述，不正确的是(　　)。

A. 民事案件地域管辖的一般原则是"原告就被告"

B. 合同纠纷案件不可以实行协议管辖

C. 重大涉外案件的一审法院是基层人民法院

D. 高级人民法院管辖的案件实行一审终审

E. 简易程序中由审判员一人独任审理

同步自测解析

一、单项选择题

1. 【解析】A　因不动产纠纷提起的诉讼，由不动产所在地法院管辖。

2. 【解析】A　本题考查对于管辖的相对内容的掌握。对于合同纠纷案件可以实行协议管辖，但不得违反《中华人民共和国民事诉讼法》对级别管辖和专属管辖的规定。重大涉外案件的一审法院是最高人民法院。最高人民法院管辖的案件实行一审终审。所以此题的正确答案是A。

3. 【解析】C　专属管辖是指法律规定某些类型的案件专门由特定的法院管辖；《中华人民共和国民事诉讼法》规定的"因不动产纠纷提起的诉讼，由不动产所在地法院管辖，因港口作业中发生纠纷提起的诉讼，由港口所在地法院管辖，因继承遗产纠纷提起的诉讼，由被继承人死亡时住所所在地或主要遗产所在地法院管辖"。

4. 【解析】B　《中华人民共和国民事诉讼法》第三十八条规定，人民法院受理案件后，当事人对管辖权有异议的，应当在提交答辩状期间提出。人民法院对当事人提出的异议，应当审查。异议成立的，裁定将案件移送有管辖权的人民法院；异议不成立的，裁定驳回。

5. 【解析】B　公示催告期间最短不得少于60日。公示催告案件由票据支付地的基层人民法院管辖。除权判决自公告之日起生效，当事人不得提起上诉。只有选项B正确。

6. 【解析】A　《中华人民共和国仲裁法》第五十三条规定，裁决应当按照多数仲裁员的意见作出，少数仲裁员的不同意见可以记入笔录。仲裁庭不能形成多数意见时，裁决应当按照首席仲裁员的意见作出。

7. 【解析】A　如果一方当事人申请撤销仲裁裁决，而另一方当事人申请执行仲裁裁决的，人民法院首先应当裁定中止执行裁定。

8. 【解析】A　《中华人民共和国产品质量法》所称产品是指经过加工、制作、用于销售的产品，不包括建设工程。

二、多项选择题

1. 【解析】ABCE　本题考查《中华人民共和国民事诉讼法》关于上诉的规定。第二审法院的判决、裁定是终审的判决、裁定，当事人不得再上诉，所以选项D错误。

2. 【解析】ABCE　第二审法院的判决、裁定是终审的判决、裁定，当事人不得再上诉。

3. 【解析】BCD　督促程序是一种非诉讼的特别程序，适用于债权人请求债务人支付金钱、有价证券的案件；支付令的送达应采用直接送达、留置送达等法定送达方式；支付令异议的提出，应当采用书面形式。

4. 【解析】ABCE　公示催告期间的长短，由人民法院根据案件的具体情况决定，但最短不得少于60日。

5.【解析】ABC 《中华人民共和国仲裁法》第三十九条规定，仲裁应当开庭进行。当事人协议不开庭的，仲裁庭可以根据仲裁申请书、答辩书以及其他材料作出裁决。据此，仲裁是以开庭审理为原则，以不开庭审理为例外的。

6.【解析】ABCD 与其他解决经济纠纷的方式比较，仲裁主要具有以下特点：自愿性、专业性、灵活性、保密性、快捷性、经济性、独立性。

7.【解析】ABC 根据《中华人民共和国民事诉讼法》，可以上诉的裁定包括不予受理的裁定、对管辖权有异议的裁定以及驳回起诉的裁定。选项DE不得再上诉。本题考查可以上诉的裁定。

8.【解析】BCD 对于合同纠纷案件可以实行协议管辖，但不得违反《中华人民共和国民事诉讼法》对级别管辖和专属管辖的规定；重大涉外案件的一审法院是最高人民法院；最高人民法院管辖的案件实行一审终审。

2013 年经济基础知识(初级)考试真题

一、单项选择题(共70题，每题1分。每题的备选项中，只有一个最符合题意。)

1. 民事法律事实可以分为事件和行为。下列客观事实中，属于民事法律行为的是(　　)。

　　A. 自然人的死亡　　　B. 自然灾害　　　C. 意外事故　　　D. 缔结婚姻

2. 我国划分货币层次通常采用的依据是(　　)。

　　A. 本位制　　　　　　B. 货币资产的流动性　　C. 货币材料　　D. 货币单位

3. 在其他因素不变的条件下，如果一国政府在社会保障政策上降低保障标准，则其财政支出占国内生产总值的比重的变化情况是(　　)。

　　A. 相对提高　　　　　B. 相对下降　　　C. 保持不变　　D. 上下波动

4. 反映企业一定会计期间内现金和现金等价物流入和流出的会计概念是(　　)。

　　A. 财务状况　　　　　B. 经营成果　　　C. 现金流量　　D. 权益变动

5. 在公平交易中，熟悉情况的交易双方资源进行资产交换或者债务清偿的金额，会计上称为(　　)。

　　A. 历史成本　　　　　B. 可变现净值　　C. 公允价值　　D. 重置成本

6. 商品经济是市场经济的(　　)。

　　A. 经济基础　　　　　B. 内在属性　　　C. 必然趋势　　D. 必然结果

7. 下列民法基本原则中，被学者称为"帝王条款"的是(　　)。

　　A. 平等自愿原则　　　B. 诚实信用原则　　C. 公序良俗原则　　D. 公平原则

8. 通常情况下，比例税率的优点是(　　)。

　　A. 税负公平　　　　　　　　　　　　B. 具有自动调节功能

　　C. 边际税率高于平均税率　　　　　　D. 计算简便

9. 关于统计分组的说法，正确的是(　　)。

　　A. 组数的确定，要尽量保证组间资料的差异性与组内资料的同质性

　　B. 对于变量值较少的离散变量，通常采用组距分组

　　C. 统计分组时习惯上规定"下组限不在内"

　　D. 组距与组数成正比关系，组数越多，组距越大

10. 现代市场经济国家中，政府发行公债的最初目的是(　　)。

　　A. 用于弥补财政赤字　　　　　　　　B. 用于固定资产投资

　　C. 用于中央银行的公开市场操作　　　D. 用于公共消费

11. 我国行政单位会计核算采用的记账基础是(　　)。

　　A. 收付实现制　　　　　　　　　　　B. 实地盘存制

　　C. 永续盘存制　　　　　　　　　　　D. 权责发生制

12. 在企业会计核算时，通常将企业发生的、只与本期收益有关的、应当在本期已实现的收益中得到补偿的支出，称为(   )。

    A. 货币支出　　　　　　　　　　　　B. 收益性支出

    C. 资本性支出　　　　　　　　　　　　D. 投资性支出

13. 关于商品使用价值的说法，正确的是(   )。

    A. 商品的使用价值是商品的社会属性

    B. 商品的使用价值反映的是人与人之间的关系

    C. 商品的使用价值是商品价值的表现形式

    D. 商品的使用价值是商品交换价值和价值的物质承担者

14. 下列统计数据类型中，由定距尺度和定比尺度计量形成的是(   )。

    A. 数值型数据　　　　B. 分类数据　　　　C. 顺序数据　　　　D. 定性数据

15. 下列金融工具中，属于短期金融工具的是(   )。

    A. 公债　　　　　　　　　　　　　　B. 股票

    C. 银行债券　　　　　　　　　　　　D. 大额可转让定期存单

16. 2012年年底，某地级市下辖6个区县的民用汽车拥有量(单位：万辆)分别为：10、14、16、18、19、22，这组数据的中位数是(   )万辆。

    A. 16　　　　　　　B. 16.5　　　　　　C. 18　　　　　　　D. 17

17. 某国有企业工人的工资水平按有关规定从低到高分为一级至五级。根据下表中(表30-1)该企业按2012年年底工人工资状况整理的累积频数分布表，该企业工资等级为四级的工人占全体工人的百分比为(   )。

表30-1　某国有企业2012年年底工人工资等级累积频数分布表

工人工资等级	向上累积百分比/%
一级	10
二级	20
三级	50
四级	85
五级	100

    A. 50%　　　　　　B. 67.5%　　　　　C. 35%　　　　　　D. 85%

18. 下列产业分类方法中，能够比较全面地反映包括非物质生产部门在内的整个国民经济各部门发展状况和相互关系的是(   )。

    A. 生产要素密集程度分类法　　　　　B. 三次产业分类法

    C. 两大部类分类法　　　　　　　　　D. 企业规模分类法

19. 李某向某商业银行借款100万元，年利率为5%，以复利计算，两年后应偿还本息共计(   )万元。

    A. 110.25　　　　　B. 110.50　　　　　C. 150.00　　　　　D. 200.50

20. 在概率抽样中，每隔一定距离抽选一个被调查者的抽样方法是(   )。

    A. 分层抽样　　　　B. 系统抽样　　　　C. 整群抽样　　　　D. 判断抽样

21. 在借贷记账法下，权益类账户的记账规则是(　　)。

    A. 借方表示减少，贷方表示增加，余额在借方

    B. 借方表示增加，贷方表示减少，余额在贷方

    C. 借方表示增加，贷方表示减少，余额在借方

    D. 借方表示减少，贷方表示增加，余额在贷方

22. 王某离家出走，下落不明已满4年。王某的下列亲属中，能够直接到人民法院申请宣告王某死亡的人是(　　)。

    A. 王某的父母　　　　　　　　　　B. 王某的配偶

    C. 王某的子女　　　　　　　　　　D. 王某的兄弟

23. 下列行为中，属于无权代理的是(　　)。

    A. 自己代理　　　　　　　　　　　B. 双方代理

    C. 超越代理权的代理　　　　　　　D. 恶意串通的代理

24. 在会计实践中，通常将单位在日常经营和业务活动中的资金运动称为(　　)。

    A. 价值规律　　　　　　　　　　　B. 经济活动

    C. 经济业务事项　　　　　　　　　D. 持续经营

25. 反映企业在一定期间经营成果的会计报表是(　　)。

    A. 利润表　　　　　　　　　　　　B. 资产负债表

    C. 所有者权益变动表　　　　　　　D. 现金流量表

26. 我国公司法规定，股份有限公司的股东以其(　　)为限对公司承担责任。

    A. 个人全部财产　　　　　　　　　B. 个人及家庭全部财产

    C. 所持有的公司股份　　　　　　　D. 个人全部货币资产

27. 按照法律规则内容的不同，可以将法律规则分为义务规则和(　　)。

    A. 委任性规则　　　　　　　　　　B. 准用性规则

    C. 授权性规则　　　　　　　　　　D. 强行性规则

28. 2012 年某地区外商投资工业企业利润情况如下表(表 30-2)所示。

表 30-2　某外商投资工业企业利润情况表

利润总额(万元)	外商投资工业企业数
2000～3000	2
3000～4000	8
4000～5000	2

该地区外商投资工业企业平均利润总额为(　　)万元。

    A. 2500　　　　　B. 3500　　　　　C. 3000　　　　　D. 4000

29. 在利率体系中，起主导作用的是(　　)。

    A. 固定利率　　　　B. 浮动利率　　　　C. 实际利率　　　　D. 基准利率

30. 根据《中华人民共和国行政诉讼法》，人民法院在审理行政诉讼案件时，认为被诉具体行政行为违法而可以判决变更该行为的情形是(　　)。

    A. 行政处罚显失公平　　　　　　　B. 行政许可超越权限

C. 行政命令违反法律   D. 行政立法违法程序

31. 下列财政支出科目中，不属于购买性支出的是(　　)。

    A. 工资福利支出   B. 商品和服务支出

    C. 对个人和家庭的补助   D. 基本建设支出

32. 国民经济中各产业之间及产业内部各部门之间的比例关系和结合状况称为(　　)。

    A. 产业结构   B. 产业布局

    C. 产业比例   D. 产业特征

33. 关于现阶段我国中央银行主要职能的说法，错误的是(　　)。

    A. 办理工商信贷和储蓄业务   B. 制定和执行货币政策

    C. 维护金融稳定   D. 提供金融服务

34. 根据《中华人民共和国行政处罚法》，行政拘留只能由(　　)决定和执行。

    A. 人民政府   B. 公安机关   C. 人民法院   D. 检察机关

35. 在一定社会形态中占主导地位的生产关系的总和，构成这个社会的(　　)。

    A. 上层建筑   B. 社会制度   C. 意识形态   D. 经济基础

36. 某银行挂出英镑对美元的牌价为 GBP1=USD1.5100/1.5130，该银行从客户手中买入 100 万英镑需要支付(　　)万美元。

    A. 150.10   B. 151.30   C. 152.10   D. 151.00

37. 社会主义宏观经济调控的基本目标是(　　)。

    A. 保持充分就业和收入分配公平   B. 保持物价总水平基本稳定

    C. 保持经济总量平衡和经济结构优化   D. 保持经济适度增长

38. 关于货币本质的说法，错误的是(　　)。

    A. 货币是固定充当一般等价物的商品

    B. 货币体现一定的生产关系

    C. 货币可以表现商品价值，但本身已经没有使用价值

    D. 作为一般等价物，货币具有直接同所有商品相交换的能力

39. 下列经济项目中，列入国际收支平衡表资本账户的是(　　)。

    A. 侨汇   B. 移民转移   C. 职工收益   D. 无偿捐赠

40. 从总体上讲，我国实行的开放型经济是一种(　　)。

    A. 阶段性开放   B. 临时性开放   C. 差别性开放   D. 制度性开放

41. 下列税种中，纳税人自己承担税负，不发生转嫁关系的是(　　)。

    A. 财产税   B. 增值税   C. 消费税   D. 营业税

42. 某产品的生产需经过 8 道不同的加工工序，根据各道工序的合格率计算该产品的平均合格率，应使用(　　)。

    A. 算术平均数   B. 中位数   C. 众数   D. 几何平均数

43. 假设某一预算年度中央本级预算支出规模安排为 3 万亿元，根据我国预算法，则该预算年度中央预备费的最大规模可设置为(　　)亿元。

    A. 300   B. 600   C. 900   D. 1500

44. 由会计部门根据审核无误的原始凭证对经济业务事项的内容加以分类，并据以确定会计分录后填制的会计凭证称为(　　)。
    A. 原始凭证
    B. 记账凭证
    C. 收款凭证
    D. 转账凭证

45. 国家垄断资本主义的产生是(　　)的结果。
    A. 社会制度变革
    B. 资本主义基本矛盾尖锐化
    C. 经济基础改变
    D. 政治制度变革

46. 根据《中华人民共和国仲裁法》，关于仲裁协议的说法，正确的是(　　)。
    A. 仲裁协议应当写明提交仲裁的事项
    B. 仲裁协议既可以是书面形式，也可以是口头形式
    C. 仲裁协议无须选定具体的仲裁委员会
    D. 限制民事行为能力人可以订立仲裁协议

47. 商品经济产生和发展的根本条件是(　　)。
    A. 社会生产的系统化和网络化
    B. 政府减少对经济活动的干预
    C. 要素市场的产生和发展
    D. 生产资料和产品属于不同的所有者

48. 增值税一般纳税人应纳税额的计算方法是(　　)。
    A. 进项税额扣除销项税额
    B. 销售额乘以适用税率
    C. 销项税额扣除进项税额
    D. 销售额乘以征收率

49. 根据《中华人民共和国民事诉讼法》，下列法院中，可以使用简易程序审理民事案件的是(　　)。
    A. 中级人民法院
    B. 高级人民法院
    C. 最高人民法院
    D. 基层法院及其派出法庭

50. 关于货币制度的历史演变过程，下列排序正确的是(　　)。
    A. 金银复本位制—银本位制—金本位制—不兑现的纸币本位制
    B. 金本位制—金银复本位制—银本位制—不兑现的纸币本位制
    C. 银本位制—金本位制—金银复本位制—不兑现的纸币本位制
    D. 银本位制—金银复本位制—金本位制—不兑现的纸币本位制

51. 社会主义经济制度的经济基础是(　　)。
    A. 现代企业制度
    B. 生产资料公有制
    C. 无产阶级政权
    D. 按劳分配制度

52. 在价值形式发展过程中，一切商品的价值都统一表现在从商品世界中分离出来充当一般等价物的某一种商品上，这种价值形式是(　　)。
    A. 简单的价值形式
    B. 偶然的价值形式
    C. 一般价值形式
    D. 扩大的价值形式

53. 下列对数据离散程度的测度中，可以消除变量值水平高低和计量单位不同因素对离散程度测度值影响的是(　　)。
    A. 离散系数
    B. 极差
    C. 标准差
    D. 方差

54. 现代企业制度是与社会化大生产和现代市场经济相适应的企业制度，形式是(   )。
　　A. 企业法人制度　　　　　　　　　　B. 有限责任制度
　　C. 现代公司制度　　　　　　　　　　D. 分层管理制度

55. 传统的公共物品理论认为，公共物品供给的资金提供者是(   )。
　　A. 私人企业　　　　B. 居民家庭　　　　C. 政府　　　　D. 慈善机构

56. 集中趋势测度值对一组数据的代表程度，取决于该组数据的(   )。
　　A. 数值水平　　　　B. 离散程度　　　　C. 计量单位　　　　D. 相关程度

57. 价值规律通过市场商品价格的涨落来调节资源配置和经济活动，这种调节通常只能是一种(   )。
　　A. 事后调节　　　　B. 事前调节　　　　C. 随机调节　　　　D. 全程调节

58. 关于行政复议的说法，错误的是(   )。
　　A. 行政复议以书面复议为基本方式，以其他方式为补充
　　B. 行政机关复议案件不能以调解方式结案
　　C. 行政复议的被申请人承担对具体行政行为合法性和适当性的举证责任
　　D. 具体行政行为因为相对人申请复议而停止执行

59. 《中华人民共和国民事诉讼法》规定，对污染环境、侵害众多消费者合法权益等损害社会公共利益的行为，法律规定的机关和有关组织可以向人民法院提起诉讼。这种诉讼制度属于(   )制度。
　　A. 行政诉讼　　　　B. 督促程序　　　　C. 支持起诉　　　　D. 公益诉讼

60. 复式预算中经常预算的主要收入来源是(   )。
　　A. 收费收入　　　　B. 债务收入　　　　C. 税收收入　　　　D. 基金收入

61. 下列对数据特征的测度中，既适用于品质数据也适用于数值型数据的是(   )。
　　A. 离散系数　　　　B. 众数　　　　C. 算术平均数　　　　D. 方差

62. 下列会计项目中，属于企业非流动负债的是(   )。
　　A. 应付账款　　　　B. 长期借款　　　　C. 应付工资　　　　D. 其他应付款

63. 我国个人所得税制的改革方向是(   )。
　　A. 建立综合个人所得税制
　　B. 建立分类个人所得税制
　　C. 建立统筹与分类相结合的个人所得税制
　　D. 建立综合与分类相结合的个人所得税制

64. 在金融领域，一级市场是指通过金融工具的(   )来融通资金的市场。
　　A. 发行　　　　B. 交换　　　　C. 抵押　　　　D. 转让

65. 企业应当以实际发生的交易或事项为依据进行会计核算，如实反映，这体现了会计信息质量的(   )要求。
　　A. 可靠性　　　　B. 明晰性　　　　C. 及时性　　　　D. 重要性

66. 根据购买力平价理论，关于货币购买力的说法，正确的是(   )。
　　A. 两国货币的购买力之比是决定汇率的基础
　　B. 购买力平价是指两国货币的汇率之比

C. 货币的购买力与一般物价水平成正比

D. 如果绝对购买力平价成立，相对购买力平价不一定成立

67. 某年我国全国财政收入为68 518亿元，其中中央本级收入为35 916亿元，当年国内生产总值为340 507亿元，则当年我国的中央财政集中度为(   )。

    A. 10.5%   B. 20.1%   C. 47.6%   D. 52.4%

68. 下列会计要素中，能够反映企业财务状况的是(   )。

    A. 收入   B. 费用   C. 资产   D. 利润

69. 下列统计误差中，无法消除、但事先可以进行控制或计算的是(   )。

    A. 有意瞒报造成的误差   B. 填报错误造成的误差

    C. 代表性误差   D. 汇总错误造成的误差

70. 在人类社会的物质资料生产过程中起决定作用的环节是(   )。

    A. 生产   B. 消费   C. 分配   D. 交换

二、多项选择题(共 35 题，每题 2 分。每题的备选项中，有两个或两个以上符合题意，至少有一个错项。错选，本题不得分；少选，所选的每个选项得0.5分。)

71. 在使用第二手统计数据时，应注意的事项有(   )。

    A. 引用统计数据时，一定要注明数据来源

    B. 无须评估保存完好的历史资料的可用价值

    C. 只要统计指标名称未变，不同时期的历史数据具有可比性

    D. 对不完整的历史数据，要根据需要和可能，设法进行适当的补充

    E. 在使用不同时期的统计数据时，要进行必要的调整，保证数据可比性

72. 党的十七大在十六届三中全会提出的"五个统筹"的基础上新增加的统筹内容包括(   )。

    A. 统筹中央和地方的关系

    B. 统筹个人与集体、局部与整体、当前与长远之间的利益

    C. 统筹各收入阶层的利益

    D. 统筹国内与国际两个大局

    E. 统筹一、二、三次产业

73. 下列经济业务中，会导致企业现金流量表中现金流量发生变化的有(   )。

    A. 从银行提取现金   B. 支付职工工资

    C. 以固定资产对外投资   D. 收到税费返还

    E. 取得银行借款

74. 下列记账方法中，属于复式记账法的有(   )。

    A. 增减记账法   B. 收付记账法   C. 补充登记法

    D. 划线更正法   E. 借贷记账法

75. 根据《中华人民共和国民法通则》，无民事行为能力人和限制民事行为能力人可以从事的民事活动有(   )。

    A. 接受赠与   B. 房屋买卖   C. 委托代理

    D. 继承遗产   E. 接受奖励

76. 关于抽样调查的说法，正确的有(　　)。
 A. 抽样调查具有周期性　　　　　　　　　B. 抽样调查具有经济性
 C. 抽样调查一般需要规定统一的标准调查时间　　D. 抽样调查可以频繁地进行
 E. 抽样调查只适用于某些特定领域

77. 商业银行向消费者提供消费贷款，这种信用形式属于(　　)。
 A. 银行信用　　　　　　B. 国家信用　　　　　　C. 商业信用
 D. 直接信用　　　　　　E. 消费信用

78. 关于投资银行的说法，正确的有(　　)。
 A. 投资银行的主要资金来源是商业银行贷款
 B. 投资银行可以代理证券买卖
 C. 投资银行可以向工商企业提供中长期贷款
 D. 投资银行可以参与工商企业的并购重组
 E. 投资银行可以代理发行或包销国债

79. 影响财政支出规模的因素有(　　)。
 A. 财政收入变化　　　　B. 消费结构调整　　　　C. 发生重大自然灾害
 D. 调整社会福利标准　　E. 老年人口比重变化

80. 不兑现纸币本位制的特点包括(　　)。
 A. 流通中的现金包括钞票和硬币
 B. 黄金和钞票可以并行流通
 C. 货币供给信用化
 D. 货币形式多样化
 E. 汇价由不同货币的购买力之比来确定

81. 关于货币供应量的说法，正确的有(　　)。
 A. 货币供应量包括现金和存款
 B. 流通中货币包括存款类金融机构所持有的现金
 C. 流通中货币包括企事业单位所持有的现金
 D. 广义货币供应量不包括财政存款
 E. 狭义货币供应量包括个人存款

82. 关于征信的说法，正确的有(　　)。
 A. 征信可以帮助客户判断、控制信用风险
 B. 征信可以帮助授信方了解信用申请人的真实资信状况和如期还款能力
 C. 企业和个人两大信贷征信系统已成为我国金融业的统一征信平台
 D. 征信服务包括提供信用报告、信用评估、信用信息咨询等活动
 E. 征信无法对失信行为进行纠正

83. 下列统计指标中，属于总量指标的有(　　)。
 A. 财政收入　　　　　　B. 年末人口数　　　　　C. 国内生产总值
 D. 商品零售额　　　　　E. 人均利润

84. 金融市场的基本要素包括(　　)。
 A. 交易对象　　　　　　B. 交易工具　　　　　　C. 交易主体

D. 交易场所　　　　　　　　E. 交易价格

85. 根据《中华人民共和国民事诉讼法》，实行一审终审的案件有(　　)。
    A. 使用特别程序审理的案件　　　　　　B. 适用督促程序审理的案件
    C. 适用公示催告程序审理的案件　　　　D. 高级人民法院直接审理的案件
    E. 适用企业法人破产还债程序审理的案件

86. 关于诉讼时效中止的说法，正确的有(　　)。
    A. 导致诉讼时效中止的是由必须发生在诉讼时效期间的最后6个月内
    B. 诉讼时效中止后，已经经过的诉讼时效期间归于无效
    C. 中止时效的原因消除之日起，诉讼时效期间重新计算
    D. 权利人起诉至法院将导致诉讼时效中止
    E. 诉讼时效中止的事由包括不可抗力和其他障碍

87. 根据《中华人民共和国会计法》，企业应办理会计手续并进行会计核算的经济业务事项包括(　　)。
    A. 款项和有价证券的收付　　　　　　　B. 会计人员的交接
    C. 债权、债务的发生和结算　　　　　　D. 收入、支出、费用、成本的计算
    E. 财务成果的统计分析

88. 人类社会发展至今，曾出现过的基本社会经济形态有(　　)。
    A. 个体经济　　　　　B. 自然经济　　　　　C. 商品经济
    D. 计划经济　　　　　E. 市场经济

89. 下列统计数据整理与显示方法中，适用于分类数据的有(　　)。
    A. 条形图　　　　　　B. 圆形图　　　　　　C. 饼图
    D. 频数分布表　　　　E. 累积频数分布图

90. 根据《中华人民共和国民事诉讼法》，下列由人民法院作出的裁定中,可以上诉的有(　　)。
    A. 对回避申请的裁定　　　　　　　　　B. 中止执行的裁定
    C. 不予受理的裁定　　　　　　　　　　D. 对管辖权有异议的裁定
    E. 驳回起诉的裁定

91. 关于企业财务会计报告编制要求的说法，正确的有(　　)。
    A. 财务会计报告编制前应做好财产清查和债务核实
    B. 财务会计报告应当根据真实的交易事项及完整准确的账簿记录等资料编制
    C. 财务会计报告的结账日应依据国家规定，不得提前或者延迟
    D. 财务会计报告应当按照国家统一的会计制度规定的格式和内容编制
    E. 财务会计报告格式和内容可以根据企业每年情况进行调整

92. 根据马克思主义的观点，在发达的商品经济中，货币的基本职能有(　　)。
    A. 核算标准　　　　　B. 价值尺度　　　　　C. 分配工具
    D. 生产要素　　　　　E. 流通手段

93. 我国实施营业税改征增值税改革的重要意义在于(　　)。
    A. 降低企业税收负担　　　　　　　　　B. 促进制造业产业升级和技术
    C. 支持发展现代服务业　　　　　　　　D. 支持发展社会专业化分工
    E. 完善所得税制度

94. 下列财政收入中,属于一般性财政收入的有( )。
    A. 资源性收入　　　　　B. 债务收入　　　　　C. 规费收入
    D. 国有资产收入　　　　E. 教育附加费收入

95. 我国对市场中介组织的管理方式主要包括( )。
    A. 立法管理　　　　　　B. 经济管理　　　　　C. 行业管理
    D. 协商管理　　　　　　E. 自律管理

96. 在我国法律体系的基本框架中,属于经济法部门的法律有( )。
    A. 《中华人民共和国会计法》
    B. 《中华人民共和国中国人民银行法》
    C. 《中华人民共和国行政诉讼法》
    D. 《中华人民共和国个人所得税法》
    E. 《中华人民共和国刑法》

97. 下列税种中,属于流转税的有( )。
    A. 增值税　　　　　　　B. 消费税　　　　　　C. 资源税
    D. 车船税　　　　　　　E. 营业税

98. 一般侵权责任的构成要件包括( )。
    A. 违法行为　　　　　　B. 损害事实　　　　　C. 主观过错
    D. 法定义务　　　　　　E. 因果关系

99. 影响财政收入规模的主要因素有( )。
    A. 税收征管人员的数量　B. 经济发展水平　　　C. 价格总水平
    D. 经济结构　　　　　　E. 分配制度和分配政策

100. 关于我国社会主义初级阶段的说法,正确的有( )。
    A. 社会主义初级阶段尚不具备社会主义经济制度的一般经济特征
    B. 社会主义初级阶段是指我国在生产力相对落后、商品经济欠发达条件下建设社会主义必然要经历的特定阶段
    C. 社会主义初级阶段标志着我国已经进入社会主义社会
    D. 社会主义初级阶段的基本经济制度是公有制为主体、多种所有制经济共同发展
    E. 社会主义初级阶段必须建立和发展社会主义市场经济体制

101. 关于各类统计调查方式的说法,正确的有( )。
    A. 统计报表均为全面调查　　　　B. 抽样调查的数据质量比全面调查低
    C. 普查使用的范围比较窄　　　　D. 重点调查适用范围很广
    E. 典型调查具有机动灵活的特点

102. 下列会计概念中,属于会计核算基本前提的有( )。
    A. 历史成本　　　　　　B. 货币计量　　　　　C. 会计主体
    D. 持续经营　　　　　　E. 公允价值

103. 建立宏观经济调控综合协调体制的基本要求有( )。
    A. 保障重点　　　　　　B. 目标统一　　　　　C. 功能互补
    D. 直接干预　　　　　　E. 适时适度

104. 在社会经济形态的发展过程中，构成人类社会基本矛盾的有(　　)。
    A. 生产力和生产关系的矛盾　　　　B. 经济基础和上层建筑的矛盾
    C. 阶级矛盾　　　　　　　　　　　D. 社会总供给与总需求的矛盾
    E. 各产品生产部门之间的矛盾
105. 关于公共财政的说法，正确的有(　　)。
    A. 公共财政具有营利性特征
    B. 公共财政是与市场经济发展需要相适应的财政类型
    C. 公共财政为市场提供公共物品和服务，以满足社会公共需要
    D. 公共财政具有法制性特征
    E. 公共财政具有资源配置、收入分配、经济稳定和发展职能

参 考 答 案

1	2	3	4	5	6	7	8	9	10
D	B	B	C	C	A	B	D	A	A
11	12	13	14	15	16	17	18	19	20
A	B	D	A	D	D	C	B	A	B
21	22	23	24	25	26	27	28	29	30
D	B	C	C	A	C	C	B	D	A
31	32	33	34	35	36	37	38	39	40
C	A	A	B	A	D	C	C	B	D
41	42	43	44	45	46	47	48	49	50
A	D	C	D	D	B	C	A	C	C
51	52	53	54	55	56	57	58	59	60
A	A	D	D	C	A	A	D	D	C
61	62	63	64	65	66	67	68	69	70
B	B	D	A	A	A	D	C	C	A
71	72	73	74	75	76	77	78	79	80
ADE	ABD	BDE	ABE	ADE	BD	AE	BCDE	ACDE	ACDE
81	82	83	84	85	86	87	88	89	90
ACD	ABCD	ABCD	ABCE	ABCE	AE	ACDE	BC	ABCD	CDE
91	92	93	94	95	96	97	98	99	100
BCD	BE	ABCD	ACDE	ACE	ABD	ABE	ABCE	BCDE	BCDE
101	102	103	104	105					
CDE	BCD	BCE	AB	BCDE					